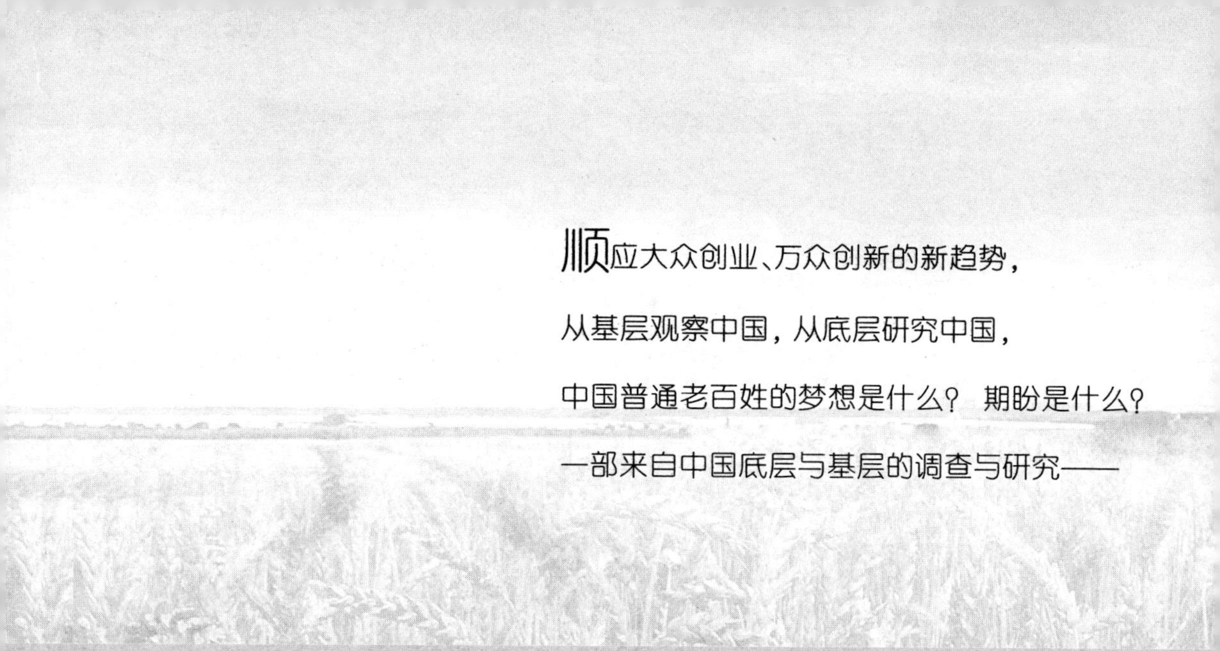

顺应大众创业、万众创新的新趋势，

从基层观察中国，从底层研究中国，

中国普通老百姓的梦想是什么？ 期盼是什么？

一部来自中国底层与基层的调查与研究——

如何实现中等富裕

Ruhe Shixian Zhongdeng Fuyu

李俊峰　著

中国农业出版社

本书将回答以下问题：

创富之道是什么？

坚持致富的五个要素是什么？

凡人致富的五种方式是什么？

思考致富的五步要领是什么？

国人致富的五大基石是什么？

什么是正确的人生观、价值观和幸福观？

财富的本质、种子和土壤是什么？

改变命运、财运靠什么？

实现中等富裕的目标及关键点是什么？

实现中等富裕的目标和关键点

【自　序】

中国经济发展进入新常态，大众创业，万众创新，民众创富成为这个时代的主旋律，“互联网＋”将成为众创商业新模式。为鼓励大众创新创业，国务院办公厅 2015 年 3 月 2 日颁发了《关于发展众创空间　推进大众创新创业的指导意见》（国办发［2015］9 号），旨在激发亿万群众创造活力，打造经济发展新引擎。

不是所有的人、所有的家庭都能够成为亿万富豪，但经过勤劳致富，多数人和大多数家庭都可以实现中等收入，进而成为百万富人直至千万富翁。说到中等富裕，首先要实现中等收入。中等收入虽然不完全等同于中等富裕，但它是实现中等富裕的前提和保障。中等收入按照国家统计局的概念，就是一个居民家庭年纯收入达到 6 万元至 50 万元就算是进入中等收入群体。为此，这几年我在工作之余，对身边众多的中等收入人群进行了广泛的调查和研究，同时根据中国的基本国情与民情，以普通老百姓为对象，以就业成功为基础，以成功创业为主线，以事业成功为标准，以追求中等富裕为目标，以创新性的逻辑思维，开始思考知识经济时代下凡人步入中等收入群体、实现中等富裕的众创之道。

经过调查与学习、践行与思考，我终于悟到，从中华民族传统秉性以及“儒、释、道”优秀传统文化与“改革、开放、合作、创新”的时代精神中找答案，从现代经营实践与管理科学中找方法，从而总结出秉承中华传统文化精髓，符合现代市场运作规律的中等富裕众创之道，它不但注重教人创新创业创富的观念与心态，更让人掌握创新创业创富的技能与方法，实际运用起来也更好理解、更加方便。

实现中等富裕的关键点有四，依次构成四个基本章节：

第一，奠定五大基石，好心性，会做人，是根本。其基本点是修五心（爱心、企图心、决心、专心、恒心），炼四性（勤奋性、勇敢性、智慧性、坚韧性）。当一个人修得五心练得四大成功品性的时候，就会感召来一群好人，与其合作，为其服务，大家和和美美，和气生财，长久致富自然是理所当然的事情。

第二，掌握五步要领，入对行，干对事，是关键。其基本点是选择自己有兴趣、有发展前景的行业，干自己特长的职业。只有行业职业选择正确，“钱”景才会辉煌。当一个人入对了行做对了事的时候，兴趣盎然，得心应手，金钱自然就会源源不断地流入我们的口袋。

第三，善用五种方式，知天赋，会致富，是方法。其基本点是根据自己的职业特点、天赋秉性与敏感神经，选择适合自己的致富方式。只要我们用对心，把心思聚焦到与自己职业、与个人致富有关的事业与目标上，同时运用好一些致富的策略和方法，就能取得好的致富效果。

第四，抓住五个要素，有耐心，能坚持，是精神。其基本点是坚定信念，增强自信，修炼提能，意志坚强。有钱靠钱，有关系靠关系，钱和关系都没有，只有依靠那神奇的精神力量，人间最可贵的是精神。有耐心有毅力我们就能站在财富人生的尖峰，失去耐心失去毅力我们可能就半途而废，走向失败！

本书重要观点提炼

改造命运的关键不是与命运抗争，而是要养成良好的习惯，修炼成优良的品性。

命运的好坏就是一个“性”字，成功的大小就是一个“能”字，“勤劳、勇敢、智慧、坚韧”，构成中华民族的四大成功品性。

人究竟为什么活着？人活着到底为了什么？每个人都有其自己的人生观。我觉得人就是为追求幸福而活着，人生就是追求幸福的过程。人活着就是为了认识世界、改造世界、享受世界。学习就是为了认识世界，工作就是为了改造世界，生活就是为了享受世界。一个人自觉自愿地认识世界是幸福的，改造世界是幸福的，享受世界更是幸福的。致富仅仅是个过程，幸福才是终极的目的。

人生德行是根本，健康是前提，事业是基石，好姻缘是基础，经济是保证，幸福是归宿。要过幸福的日子，就得建设好“113”幸福工程：围绕一个根本（德行），奠定一份基石（事业），做好三个支撑（平安健康、家庭和睦、经济宽裕)。

不学习中华传统文化我们不知道自己少了什么，学习中华传统文化我们方知自己获得什么，大智慧永远和优秀的中华传统文化相联系！

什么是人生价值观？真正的人生价值观就九个字："做好人，干成事，挣到钱。"做个有能力认识世界、服务世界、改造世界、享受世界的好人。低调做人，智慧处事。一个人智慧的高度将会决定其事业的高度。

怎样做好人？就是要时刻注意用我们的观念开导人，用我们的良言激励人，用我们的行动引导人，用我们的能力、权力、事业帮助人，用我们的钱财资助人，用我们的真诚感动人，让人向往我们，让人学习我们，让人追随我们，让人成就我们，最终达到人心换人心，四两拨千斤，干成大事业，体现我价值之目的。

"人和"首先是"家和"，"家和"首当"夫妻和"，家和万事兴，妻贤夫更旺。夫妻一条心，财富聚成金；夫妻不一心，贫穷伴终身。

聚财良善，迟早积淀；聚财不善，早晚要散。

财富只因是有财富的种子。种子是什么？其实就是"需求"二字。需求决定生产、需求决定流通、需求决定交易、需求决定财富，种财富实质就是种需求。只要我们不断地去发现需求、研究需求、创造需求、引导需求、激发需求，我们就能及时捕捉到市场机会，把握新的财富增长点。实现财富的过程其实就是在相互交易中满足社会需求的过程。

财富从"满足需求"和"善舍"中得到。要求我们懂得投入，善于付出，学会施舍。舍是因，得是果。太抠门的人，发不了大财。假若我们吝啬地连一句赞美别人的话都舍不得说出来，那我们怎能够首先赢得别人的好感与认同呢？

服务观念特别重要，我们之所以能够赚钱获利，就是因为我们对他人提供了某种服务，他人才觉得应该回馈我们、感谢我们、报答我们、支持我们、奖赏我们、资助我们，等价交换于我们。

用欣赏去认同客户，用赞美去鼓励客户，用形象去影响客户，用魅力去吸引客户，用观念去引导客户，用故事去打动客户，用真诚去感动客户，用价值去激励客户，用数字去说服客户，用服务去留住客户。

对顾客的热情服务、真诚服务、细腻服务、创新服务、专业服务、增值服务、耐心服务、持续服务才是吸引顾客、锁定顾客、留住顾客，甚至让顾客成为忠诚客户的秘诀。要让顾客主动购买产品、乐意使用产品并自觉介绍，就应当将服务做到至尊。

不赚钱的买卖不是好买卖，透支性的服务不是好服务，缺乏现金流入的交易不是好交易，没有收益的经营算不上经营。赚到钱的商人就是成功的商人，不赚钱的商人必定是个失败者。人要过好日子，就要想赚钱、敢赚钱、会赚钱，赚大钱。

德行德行，德贵在行，别人就是通过我们在与人交往过程中的说话和做事来判断其德行大小。如果我们藏德而不用，那怎么能够显灵呢？实际情况是，一个乐于社交但德行相对差的人远比一个不善社交但德行较好的人，取得的社会影响力和占有的社会财富相对要多。所以说，美德是相对的，而不是绝对的。美德是需要展现的，而不是内敛的。

谁在对外交往中优先主动去关心、关怀和帮助他人，谁将赢得社交的主动权。当我们给不了他人更多的物质上的满足时，请赐予其一定的精神快乐及感情上的满足，这样他的心灵将会聊以慰藉，精神得到满足，情绪得以稳定，他发自内心将会记住我们、感激我们。

一个人与人打交道的情趣能力往往决定了这个人的交际面和交往层次，也决定了这个人事业机会的多少和能够借力的程度。一个人善于谋划决策和识人用人的领导能力往往会决定这个人事业的大小。一个人利用自己可以掌控的资源（包括权力、人力、财力、物力、知识、技术、能力、时空、信息等）为社会提供服务的质和量将会直接决定这个人收入的多与少，这就是我们所要尊崇的致富法则。

创业是智者的游戏，知识是创业的资本，专业知识和技能是通向财富的阶梯。

穷人因为技能精湛而富，富人因为知识渊博而贵。

打造核心能力，需要我们准确定位。定位的目的就是要将自己的最大长处经营发挥到极致，成为行业数一数二的人物。

业务风格贵在专心、专注、专业、创新，只有创新才能胜出。因为人们往往记不住共性，只记得个性。

管理风格贵在标准、规范、人性、精细，只有精细才有效益。因为只有精细，才能降低成本、控制费用，提高效益。

领导风格贵在决策民主、推进强势，只有适当强势才有作为。因为强势领导会使组织内部成员从思想上、行动上达到高度的统一与协调，快速实现领导目标。

事在钱中，钱在事中。人要有钱，就得干事。

要跟对人走，跟着事业走，不要跟着钱走。跟对人，前程无限；干对事，前景无量；跟着钱走会迷失方向，一不小心会误入歧途，陷入深渊。

人生需要展示的舞台，致富需要赚钱的平台。

勤奋工作受尊敬，打工也能成富翁。投资决定产出，理财助我收益。人脉决定财脉，关系助我腾飞。演讲改变命运，口才助我成功。创新展示未来，创业改变世界。凡人激情创业，演绎不凡人生。

创新不一定去创业，但创业一定要善于创新，只有打造出与众不同的老板风格和品牌风格，经营才会有新作为，企业才会有新成就。

有识无胆，事难进展，怕字当头，一事无成。远见卓识是成功的前提，超常胆量是成功的关键，是胆识造就了古今中外名声显赫的成功者。

有学习不思考等于零，有知识不会用等于零，有能力不发挥等于零，有价值没体现等于零，只知做事不知做人等于零。有梦想没机会等于零，有机会没抓住等于零，有职业不干事等于零，有目标没胆量等于零，有计划没决心等于零，有思考不行动等于零。有打工没工钱等于零，是名人没效应等于零，有投资没产出等于零，有人脉不利用等于零，有口才不演说等于零，有创造不推销等于零，有创业没收益等于零。有事业没信念等于零，有行动不自信等于零，有热情没定力等于零，有意志不坚定等于零，想致富没恒心等于零。

人生 80％的时间在做累积性工作，取得的成就也可能只有 20％；人生 80％的成就就是在最后 20％的时间内突破或快速创造的。伟大的人也从来都是通过伟大的目标把日常一些琐碎细小的行动累积起来，形成一个伟大的事业！

创富之道就在于选对自己的行业、职业与平台，同时把握好需求与供给、天时与地利、修行与人和，并把个人追求事业的良好心性和核心技能不断发挥到专业水准，坚持经营到满意程度！具体讲，勤奋打工重在提拔晋升，成为高薪人物；投资理财重在善于投资，产生收益；人脉关系重在以心换心，达成并实现某种商业交易；口才演说重在引起共鸣，进而成为名家名嘴明星人物，使听众不但愿意腾出时间更愿意花钱来听；创新创业重在知卖善卖，善于创新，营心营信营销，实现经济效益。

目　录

【第一章】

奠定五大基石

本章提示：要富口袋，先富脑袋，致富要有学习力。学习力就是一种进入社会后持续地自发地接受教育汲取知识的能力。学而时习之的目的就是通过修身养性，转变观念，调整心态，掌握技能，领悟方法，把我们变成一个致富能手和时代人物。其区别点，通俗地讲：心性就是从心而发表现出来的与众不同的秉性特点。观念就是别人没有认识或认识不到位的事情，我有充分认识、认识非常到位；心态就是别人做事消极我积极，别人悲观我乐观，别人没有更大的企图心我有，别人急功近利，我却把它当作一份事业长远坚持去做；技能就是别人不会做的我会做；方法就是我比别人做得更好。由此奠定我们致富的五大基石：良好心性、道德观念、积极心态、专业技能、智慧方法。其中，心性决定命运，观念决定行为，态度决定速度，能力决定成败，方法决定效果。

01 第一章 奠定五大基石

一、良好心性

中华民族的秉性特点

说到实现中等富裕，一定得了解中华民族的秉性特点。

一是中国人爱虚荣，爱炫耀，爱面子，有时候面子比生命还重要。一旦有伤面子、有失尊严，这样的钱宁可不赚取。我们给他面子，他给我们出路、他想法子成就我们；我们不给他留面子，他会让我们不舒服，甚至让我们付出沉重代价。决定了想成事，就得注意情商，克制不良情绪，给办事人留足面子；想赚钱，就得给客户留足面子；想发财，就得注重形象，营造气势，给自己留足面子。

二是中国人都希望受尊重。只要有人送他点礼物他就高兴，认为这是看得起他、尊重他的表现。决定了成大事者，一定是舍得之人、善于激励别人之人。只有善舍，他们才会觉得我们看得起他、我们心里有他，这样他们才会帮助我们、才会追随我们，我们才会形成朋友圈子、才会形成核心团队、才会形成客户群，最终因为班底过硬、销售量大集聚财富。

三是中国人论关系、讲交情、看情势。用情、讲理、知法，用“情、理、法”来处理社会事务。寓人治于法治之中，情理中有法治概念，法治中有情理成分。不违法也不愿意犯法，但研究法制、研究政策、研究文件，推敲文字，有时给予模棱两可的回答，似乎怎么解释都言之有理，一切都得“看着办”。人熟有情有关系一切好办，人生无礼无关系诸事受阻。决定了凡事必须重人情、讲人情，有人情，合情合理合法，寓情治、德治于法纪治理之中，动之以情，晓之以理，法网柔情，得人心者得天下之财。

四是中国人有集体荣誉感但团结合作意识不强。往往互不服气，暗中较劲，习惯于自作主张，甚至唯我独尊，这种“不服人、不服气、不服从、不认命、不认输、暗较劲、暗竞争”的性格很难达成高度共识。决定了个人自主创业、家庭式经营，中小微型企业将成为致富的主要形式。

五是中国人对新事物都将信将疑，轻易不会相信别人说的话。没有把握的事情一般不做，决策力求稳妥、无大风险、随机应变。决定了成大事者要有毅力，反复讲说，反复体验、反复证明，最终方能取信于民。

六是中国人注重家庭，追求合家团圆的幸福日子。做事虽然勤奋、吃苦、耐劳，但有时懈怠、不用心，更不追求过度紧张，不愿冒大风险，见好就收，差不多就行，知足者常乐。收入只求均衡富裕，不求大富大贵，注重追求家庭和睦、稳定、顺当，生活过得心安理得、坦然、幸福。决定了全民奔小康、实现中等富裕是众望所归。

七是中国人崇尚现代但秉持中华理念，时尚中渗透着朴实，大方中渗透着节俭，合作中渗透着自立，先富中渗透着引领。决定了中国人致富必然是老爸带儿子，兄弟带姐妹，邻里带乡亲，干部带群众，上级带下级，先富带后富，最终实现共同富裕。

中国传统文化

八是中国人几千年来修炼出成功的品质，习就了成大事情的“五心四性”，那就是：对人对事有爱心、对未来有企图心、干事有决心、投入很专心、坚持有恒心，勤奋性、勇敢性、智慧性、坚韧性。决定了富贵之人，必定是拥有胆识与智慧，行动力、意志力强的人。

了解了中华民族的秉性特点，我们就能初步悟到自己该怎样去做人、该怎么去致富。

改变命运、财运靠什么

生命生命，生决定命；命运命运，命决定运。这就是说，人一生下来就有其自身命运。这里肯定有人要问：既然人一生下来命运就定了，那人为什么还要去努力、去奋斗呢？

人常说，三分命运，两分天赋，五分努力。也就是说，人一生下来，只能定命三分，剩下那七分命运可通过发挥个人天赋和努力奋斗去改变。努力一定有结果，奋斗一定有收获。如果我们一生都不愿去努力、去奋斗，那我们的人生就只好听天由命了。所以说，“命自我立，福自我求”，“我的命运我做主”。那我们可通过什么途径去努力、去奋斗，才能改变自身命运呢？

有人说，知识可以改变命运；也有人说，观念能够改变命运；又有人说，机会可以改变命运；还有人说，职业能够改变命运；更有人说，资源可以改变命运。那改变命运，根本靠什么呢？

刚直不阿的陕西生力集团董事长杨贵合，20 世纪 90 年代开始创办企业，当时项目没少换，钱却始终不见赚，历时六年亏损，背上了上百万元的沉重债务。整天债户营门，压得他喘不过气来。他进不知所向，退没有出路，有时也长叹命运的凄惨，抱怨老天的不公："为什么我这样勤奋努力，却始终没有一个好结果？"就在万般无奈的情况下，他找到了一个幽静的地方躲藏起来，开始冷静思索："我到底是哪里做错了？"经过反复思考，不断琢磨，他终于悟到了经营不佳皆是人际关系上出了问题："政府不支持、客户不给力、员工心不向"，其根本原因是自己的性格太直，言语间伤了人心。于是他开始注重不断修炼其品性，注意处理好同生意伙伴、员工、顾客、债权人、政府各部门及周围人的关系，这时好多人也都开始理解他、同情他、关心他，帮助他，出谋划策于他。他也重新确定了经营战略，转变了经营观念和策略，走出去考察新项目，进行市场定位和客户定位，最后决定在县城与他人合作创办水泥制管厂。由于项目决策正确，加之几名合作人关系处理的融洽和谐，对客户诚实守信，结果企业销售收入和经营利润年年攀升。经过几年的发展和积累，他们先后进军西安，组建陕西生力建材化工有限公司。在兰州、银川、杨凌、内蒙古、北京组建了分公司，至此市场由三秦大地走向全国。2003 年公司实行经营战略调整，将目光进一步瞄向城市基础设施投资、房地产投资、国企兼并，到目前总资产 15.6 亿元，形成以装备制造业、都市房地产、县域基础设施投资开发、水泥制品四大产业为主体拥有17家控股单位的企业集团。

杨贵和的创业故事，说明了致富不仅靠系统、靠资源，更要靠思维的改变和观念的更新！那改变思维、转变观念，究竟靠什么呢？

经过研究，我们发现，是一个人的性格志趣决定了其追求知识的兴趣。性格不同，兴趣点不同，追求的知识领域不同，所获得的专业知识就不同，因而其人生观念就会有所不同。于是，面对某一个人，或者面对某一件事情，甚至当某一个机会降临身边时，由于各个人的认识不同，因而就会表现出不同的心态。有些人积极，有些人消极。所持心态不同，大脑思维就不同。积极的人开始活跃思维，消极的人放弃思维。思维决定行为，积极的人亲近这个人，消极的人冷漠这个人；积极的人赞成这件事，消极的人反对这件事。积极的人抓住机会，消极的人放弃机会。行为决定效果，积极的人选择了与这个人交往合作，或者选择了做这件事情，或者抓住了这次机会；消极的人放弃了这个人、放弃了这份事情，或者放弃了这次机会。选择去做一件事情或者抓住了一次机会，就意味着可能从事了一份职业，就可以支配某一种或者某几种资源为社会服务。例如，选择了党和国家公务员，就可以利用党和国家赋予的某种权力资源为人民服务；选择了党和国家事业单位，就可以利用党和国家的某种资源和个人的某种专业技术资源为社会服务；选择了在企业打工，就可以利用企业的某种资源和个人的某种技能为企业服务；选择了经商创业，就可以利用某种产品、商品资源为社会大众服务。一个人利用自己可以掌控的资源（包括权力、人力、财力、物力、技术、能力、时空、信息等）为社会提供服务的质和量将会直接决定这个人收入的多与少，这就是我们所要尊崇的致富法则。

同时性格决定一个人的交往频率，有些人就不喜欢整天与人交往，交际对这些人来说反倒成了精神负担；而有些人却喜欢经常与人打交道，乐在其中。事实上，一个人与人打交道的情趣能力往往决定了这个人的交际面和交往层次，也决定了这个人事业机会的多少和能够借力的程度。机会有时会决定一个人的职业，有时会决定一个人的财运。职业又往往决定一个人所能支配的社会资源，资源决定其服务类型，服务的质和量决定其收入大小，收入大小直接决定着财富的多少。

所以说，性格决定知识，知识决定认识，认识决定观念，观念决定心态，心态决定思维，思维决定行为，行为决定结果。决定财运的因素是知识、是观念、是心态，更是行动、是交往、是机会、是职业、是资源、是服务，但归根结底还是性格，性格才是决定一个人命运、财运的关键因素。比如，外向型性格的人：胆大、热情、开朗、和气、善于交往、乐于与人打交道，就比内向型性格的人：胆小、拘谨、面冷、寡言、生倔硬撑，更讨人喜欢，更受人欢迎，信息更灵通，遇到的机会更多。这就是同样的天时地利，同样的政策条件，同样的蓝天白云，为什么有人会长期徘徊在温饱线上，而有人却月入万元乃至数十万元的道理。看看那些百万富人、千万富翁、亿万富豪，想想自己身边真正的有钱人，哪一个不是敢于与人打交道的高手，哪一个不是擅长经营人脉关系的高手，哪一个不是善于领导人的高手……

说到命运，有人天生不认命、不服命、糊里糊涂坚持与命运抗争，请问有用吗？我说对于一般人来说几乎一点也没用。只有那些有一股神奇的精神力量在支撑，个人意志力特别坚强的人，才有资格与命运抗争。他们毅力超人，能够长期顽强地坚持与命运抗争，因而命运最终给予他们意想不到的收获。进入知天命岁月的我，觉得佛家的观点是有道理的，它首先承认人生顺也罢，逆也罢，都与命运有关。命决定运，叫命运；运决定气，叫运气；气决定色，叫气色；色决定相，叫色相。所以说，一个人的命好不好是可以从色相即面部表情上反映出来的，为此成就了一些看面相的先生。但佛家同时也承认，人的命运是由人的心性决定的，即所谓的性格决定命运之说。同样的环境，同样的事情，不同心性的人，他的“起心动念、言语造作”不同，人生际遇就不同，前程就有所差异，因而命运就会有所不同。所以说命运是可以改造的。改造命运、改变财运的关键不是与命运抗争，而是要放正身心，力求从心底明白事理，并养成良好的习惯，修炼成优良品性。

良好心性既是爹妈先天给的，更是经过后天修炼得来的。一个人的性格与遗传、与血型有关，与属相、与星座有关，与从小家庭生活环境有关，但更与工作环境、教育环境和个人自觉修行有关。它既是时代（大环境）、空间（小环境）特征的反映，同时也渗透着一个人文化修养的内涵。为此，改造命运、改变财运的方法可以概括为两句话：

第一句话是“进对环境跟对人”。人常讲“环境造就人”。优良的环境可以使不良的人从良，不良的环境能使优良的人变劣。环境分地域环境（如东南沿海、中西部、城市、农村等），行业环境（如政治、法律、经济、文化等），职业环境（如秘书、会计、行政、警察、销售等）和职场环境（同样的职业，不同的单位它的职场环境是不一样的），不同的环境将会塑造出不同性情的人。

假如我们经常处在一个互帮互学、互促互进，开心快乐，积极向上的职场环境氛围中，每天都在进步一点点，那我们就会快速成功。好的政策、好的机制和好的职场环境可以使穷人变富。例如，从安徽霍邱县冯井镇这个穷乡村走出来的1100多位农民，进入北京中关村后从事电子产品的销售，就牢牢控制了北京中关村CPU市场60%以上的市场份额，其中资产积累多的农民已经达到上百万元，甚至上千万元。这些人当初虽然文化水平低、知识少、资金缺乏，经营高科技产品不是他们的优势，但是他们走入了一个好的环境，有激励机制、有公平竞争，这就使得他们的积极性与潜能得到了充分的发挥。

假如我们经常处在一个不求有功，但求无过，消极怠工，无所事事，勾心斗角，尔虞我诈，伤心费脑，争功揽利的职场环境，每天都在消磨着意志，那我们就是在一步一步地打垮自己。

优良环境就是指正能量占主导地位的积极环境。优良环境表现在：领导人心态积极、思维活跃、工作中善于创新，职场中处处散发着正能量，他们关心下属生活，关注下属进步，言行一致，说到做到，是非分明、功过分明、奖惩分明；团队成员综合素质较高，爱岗敬业，团结协作，行动力强，工作成效显著。不良环境表现在：领导人心态消极，思维偏差，工作墨守成规，因循守旧，职场中潜在负能量，他们不关心下属生活，不关注下属进步，只关心自己的利害得失，只想让马儿跑得快，不想让马儿多吃草，政策制度，朝令夕改，言行不一；团队成员思想混乱，行为懒散，行动力差、凝聚力没有，工作成效不明显。

有句话说得好，“经常跟什么样的人在一起，你最终就会成为什么样的人。”它说明了人一生交对朋友跟对人干对事的重要，至于怎样才算交对知己跟对领导人，待后阐述。

第二句话是“修身养性做好人”。重要的有两点：虔诚忏悔，断恶改过；修身养性，行善积德。

虔诚忏悔，断恶改过

农民出身的河北唐山某煤炭转运公司王总经理，通过经营挣得了一些钱后，就把持不住自己，开始坠入攀比虚荣，吃喝嫖赌抽的扭曲人生。每天不是进酒场，就是在赌场，不是醉醺醺，就是情悠悠。常年豢养情人，寻求精神刺激，哪还记得起父母养育之恩、夫妻恩爱之情；购买超豪华小轿车，进入各种高档消费娱乐场所，哪还记得赈灾济民做善事弘扬我中华传统之美德。结果每天由于精神如痴如醉，致使对市场前景判断失误，导致决策严重错误。当他大量囤积煤炭，准备大赚一把时，天不随他愿，让他从此负债千万，整天陷入无休止的债务纠缠当中……他一时不知道该怎么办，更不知道怎样才能扭转困局。有一天，朋友邀请他去山东一个地方游玩，他也正想走出这个环境，换一换空气，于是就答应前往。到了旅游点，朋友了解到这里有一个中华传统文化讲坛，就建议他一同去听课。他开始不愿意去，朋友说中华传统文化课咱没听过，既来此地，难得碰上，就去试听一堂，不好听咱们立即就走。于是，他们进去试听。听着中华传统文化的老师们一个个讲着自己的亲身经历和人生故事，他似乎渐渐找到了自己的感觉，怎么就跟自己的经历有相似之处。同频道感悟至深，结果他放弃了游玩，一连听了三天的课程也不觉得累，反而觉得心情豁然开朗，比吸大烟还过瘾。自从他学习、践行和传播中华传统文化后，他就开始不断地忏悔，给父母磕头，给妻子鞠躬，让家人原谅他，并力求从心底里坚决改掉吃喝嫖赌抽的恶习，并发善心救济十多位贫困大学生完成学业，他公司的业绩也从原来月入300万元做到月入3 000万元，增长十倍。正所谓“积善之家必有余庆，积不善之家必有余殃。”

“命”字笔画怎么解释？就是说人以鞠躬、以叩头就会改变命运。即人一旦心态归零，懂得尊重别人，谦卑虔诚，放下架子，从给父母和长辈、首长以及我们的恩人和我们曾经伤害过的人磕头、鞠躬开始，我们的命运就会改变。所以说，改造命运首先要放得下心态，低得下头来，从心底里学会尊重他人，诚恳鞠躬、不断忏悔、认真改过。古语讲：“未先行善，先求断恶。人非圣贤，孰能无过，过而能改，善莫大矣。”

过失往往从心念而起，修心才是改过的最好方法。为此，改过必须克服“五种不良心态”，抑制五种负能量。即贪婪之心、嗔恨之心、傲慢之心、疑妒之心、虚荣之心。

贪婪心：即贪食、贪利、贪色、贪名、贪权，整天心地不宁，郁郁寡欢，患得患失，害怕失去既得利益，结果带来了权利色相名誉之争，最后欲壑难填，走上极贪之路，因此葬送了自己的美好前程。为此正常人应驱除贪念，心平气和，豁然大度，顺其自然，健康生活，快乐工作。

嗔恨心：性情急躁，感情冲动，缺乏情商，常怀怒气怨恨之心，动不动就埋怨他人、对他人发脾气，老是拿着别人的错误时常来惩罚自己，结果气淤生毒，气大伤身。人要健康不生病，就必须少发脾气少生气。否则，几经努力，将毁于一暴。看看全世界范围内，爱怨恨、爱生气、爱发脾气的人哪一个命运好，哪一个身体好，哪一个日子过得令人羡慕？爱发脾气其实就是没有头脑或者不动脑筋不用心做事的表现，用心去做事的人是不会乱发脾气的。因为他们知道乱发脾气只会乱局而无济于解决问题，所以他们才会在关键时候控制住自己的不良情绪。实际生活中我们也常常看到，有些人心地良善，为人耿直，常做好事，从不计较个人得失，就因为爱生气爱发脾气伤人过深而毁于一暴，因而命运不怎么好。假若我们的心如《大学》所说：有所愤怒，有所恐惧，有所忧患的时候，整天“怨、恨、恼、怒、烦”，就不得其正，就会视而不见、听而不闻、食而不知其味，心不在焉，说出话来似是而非，做出事来就会离谱，哪还能滋生成就事业的智慧与胆识，以成就伟业。

傲慢心，轻慢无礼，趾高气扬，为人缺乏礼仪礼节礼貌，高傲自负，显摆势，难接近，看不起他人，待人漫不经心，对谁都漠不关心，结果别人也就不愿关注他，更不关心他，支持他，帮助他。

疑妒心，时不时就怀疑、计较、嫉妒、仇恨、敌视、设法整治他人，哪还能容得下他人，因而也就把心操偏了，结果斗则两亏，不但贻误了自己的事业，而且伤害了别人，破坏了双方团结，更失去了合作共赢的机会。

虚荣心：过分爱慕虚荣，生活在自不量力靠借贷维持表面光鲜的生活中，不务实，不现实，不敢直面生活，最终纸包住火，为了一时的面子而贻误终生的幸福，可悲。

克服不良心态的最好办法，一是常怀正心善念；二是常抱成事之心；三是常拥平和心态。要敢于正视人生，积极应对困难挫折，从而开阔心胸，放大心量，修炼其心理承受能力和心理调节能力，练就过硬的心理素质。有个人以前心胸狭小，斤斤计较，一毛不拔，自从做生意亏损 50 万元，被人骗走 10 万元后，他痛定思痛，反而想开了，心胸变宽广了，待人也大方了，遇事也不那么较真了，表现出来的心态也显得平和了，时常挂在口头上的语言就是“做事要大方点，吃点小亏算什么，没有什么了不起，有舍有得嘛”可见，挫折能改变人。当我们的视野望着远方时，就不会被脚下的几颗石头绊住。

现代人几乎以“自我”为中心，也就是以自私自利为中心，这是“过错”的根源。自私自利之心严重的人，就会产生恶言、恶行。然而，佛家告诫人们，心地尖酸刻薄的人、爱抱怨发牢骚的人、爱占便宜的人、无礼混闹的人、生活奢侈的人，则容易得到灾祸；心地仁慈厚道的人、恭敬知其感恩的人、肯吃亏的人、易忍让的人、生活节俭的人，这种人有后福。年轻时虽然家境差一点，中年时勤勉能过活，但老年时福报就来了，年老时有福才是真正的福。所以人一生要懂得修福惜福。马年初到山东曲阜孔庙孔府孔林一拜，知道孔圣人的后代有福，就是他们一生奉行“温厚、善良、恭敬、节俭、忍让”五种品德的结果。

佛家认为，恶有十种，即贪欲（贪婪）、嗔恨（怨恨）、痴心（妄想）、两舌（挑拨是非）、恶口（恶语伤人）、妄言（说大话空话假话）、绮语（花言巧语迷惑他人）、滥杀、盗抢、淫乱。而现代社会的人们把吃、喝、嫖、赌、抽、坑、蒙、拐、骗、偷也列为十恶的表现。尽管古人讲十恶不赦，但人生存在这个社会上，就不可能没有“过错”。有了做坏事错事的念头，或者说了错话坏话，做了错事坏事，就要勇敢断恶，坚决改过。

断恶改过之法，用袁了凡老先生的话讲，一要发羞耻心。不知羞耻，就跟禽兽一样。二要发敬畏心。人在做事，天在看，举头三尺有神明。恶有恶报，时到就报。三要发勇猛心。力求从事上、从理上、从心上彻底改正。

修身养性，行善积德

春秋时期的范蠡，著名的政治家、军事家和实业家。是修身养性，智慧处事的典范，他协助越王勾践，卧薪尝胆，成就霸业。功成名就之后急流勇退，改名换姓，游历民间。期间三次经商成巨富，三散家财于平民，乃中国儒商之鼻祖。他既拥有古代儒家治国平天下的远大抱负，也有道家顺应自然大道的豁达人生观，外道内儒，顺应自然，心态平和，从容淡定，世人称赞其“忠以为国，智以保身，商以致富，成名天下。”被誉为“治国良臣，兵家奇才，商人始祖。”后人尊称“商圣”，供奉他为“财神”。

山东临沂市莒南县大店镇的庄氏家族，经历明、清、民国，之所以能够兴盛400余年，就在于他们家族能够始终遵循儒家思想。首先提出了“种德收福、乐善永年”的理念；其次提出了“读好书、说好话、行好事、做好人”的家族格言；三是在当时制定有管好家族、保障家族兴盛的家训族规十多则，主要包括不准争打官司、不准贿买科名、不准赌博、不准吃鸦片、不准建造华屋、不准损人利己、不准游手好闲、不准虐待佣工、不准不敬师友等。他们家族始建于明朝末年的庄氏庄园，曾是中国北方地区著名的以堂号为特色的庄园式建筑群体，至今已有600余年历史。当年方圆十五里内宅院相连，四周有厚厚的城墙，四大城门，是当时实力最大的地主家族聚居地。他们的土地遍及鲁、苏、豫、皖；民族资本业萌芽时，家族的实业遍及中国，例如开办有北京银行、临沂客运货运公司等。繁盛时期号称“人行千里不宿别家店，马行千里不食外姓草”。

江苏黄埔再生资源利用有限公司董事长陈光标，之所以能够荣获“中国首善”之称，就在于他时刻不忘修心修身，有颗爱心忧国忧民，懂得分享财富；天天历练涵养性情，勇敢智慧成就伟业，铸就舍得品性。伟大的行动必然有一颗伟大的思想在支撑，这正如他所说："财富如水，如果你有一杯水，你可以独自享用；如果你有一桶水，可以存放家中；但如果你有一条河，就要学会与他人分享。如果没有改革开放，就没有我们企业家的今天。我们赚的每一分钱里，都有国家的无形股份。所以我们应该与政府共同履行社会责任，与社会共同分享财富！"

既然心性决定一个人的命运，我们就必须修正其心，养正其性，不断释放正能量。

《大学》讲道："欲修其身者，先正其心；欲正其心者，先诚其意；欲诚其意者，先致其知；致知在格物。"格物就是要研究出事物的道理。研究的方法依据《中庸》所说："博学之，审问之，慎思之，明辨之，笃行之。"格物之后方能获得真知，有了真知我们的意念方能真诚，只有我们的意念真诚，我们的心自然就能够端正。人的能量从心而发，有了正心，才会发出正能量。

修心之人首先要进入一个优良环境。人与人的成长环境不同，尤其是家庭环境、接受教育环境和工作环境的不同，接受的熏陶就不同，人的心思就有所不同，这就是所谓的环境影响人（的心境和思想）之说。于是不同环境下的人们致富观念、致富心态、致富行为就不同。难怪乎，美国人、日本人和中国人的致富观念不同，南方人和北方人、沿海人和内地人的致富观念有差异，这个人和那个人的致富观念有区别，这就是为什么同在一片蓝天下，致富结局差异较大的主要原因。

其次，修心之人要重点修炼爱心，也就是修炼"五种仁爱之心"，释放五种正能量。即：孝敬之心、宽容之心、忠诚之心、诚信之心、感恩之心。不懂孝敬，父母即使不怪罪老天也难宽恕。不懂宽容，再多的朋友也终将离去。不懂忠诚，再多的提升机会也不会降临身边。不懂诚信，与人交往、交易终究不长远。不懂感恩，再聪明再优秀都难以成功。

再次，修心之人要修炼致富的企图心、致富的决心、行业的专心和坚持的恒心，这些在以后章节中都会写到，这里重点谈一下养性。

养性，就是培养良好的习性，即习惯决定一个人的性格。为此应学习圣贤，思考人生，修炼心量，涵养性情，锤炼品格。命运的好坏就是一个“性”字，成功的大小就是一个“能”字，“勤奋、智慧、勇敢、坚韧（毅力）”，构成中华民族的四大成功品性。为此养性的重点就是要修养其“四性”。

一养勤奋性。表现在个人精力充沛、勤劳、吃苦、敬业，脑勤、嘴勤、腿勤、手勤。脑勤善于思考，嘴勤乐于与人交往和交流，腿勤说动就动立即行动，手勤说干就干雷厉风行。在曾国藩看来，拯救命运的学问，就在于积极主动。一个人只要积极主动，还有什么事做不成呢？对致富而言，一个眼光、一个好的想法、一次及时行动可能会给我们带来意想不到的现金流。

勤劳致富，它既包括依靠体力劳动去致富，也包括依靠脑力劳动去致富。“小富由俭，大富由勤”说的就是这个道理。在别人休息的时候，在别人度假的时候，在别人看电视、看泡沫剧的时候，在别人玩耍的时候，我们在思考、在行动，我们就会收获别人所得不到的东西。

然而有人提出，中国农民勤劳为什么却不富有？对此我们会常常看到，有的人整天眼睛一睁，忙到熄灯，手脚勤快一辈子，也没有取得多大的收益和创造多少财富，这究竟是为什么呢？那是因为多少年来，大部分中国农民只知勤于劳作而不勤于思考，无智吃力的结果。只知埋头拉车，不知抬头看路。要么致富的路子走错了，没有找到适合自己兴趣、更能发挥个人核心能力的致富方式，要么就是致富的方法不得当。这正如《大学》中所讲："仁者，以财发身，不仁者，一身发财。"也就是说，仁德之人，以钱生钱，并将得来的财富去施予他人，以此来立身安命，结果是身心安康，名扬四海。不仁之人，将身心投入到敛财中去，卖苦力、卖武力，作践身体，用折磨、透支自己身心的办法去发财，结果挣来的钱往往只是维持贫贱生活和来日治病的费用。看来，勤奋的人不一定富有，而富有的人一定勤奋。越是瞎忙活的人，勤奋而不动脑筋的人，最后越不富有；只有始终保持一颗宁静之心、平和之心、思虑之心而勤于行动的人，最终才会富有。

二养智慧性。表现在为人不卑不亢，遇事沉着冷静，心态平和，不急、不惊、不烦、不躁，不随意发脾气，头脑清醒，技强理端，凡事有主见，胸有成竹，善于应变。话说有一天，一个健康专卖店来了许多体验顾客，为了公平起见，店里让大家按先来后到顺序排队体验。每组四个人，对应四台机子，有大有小。可其中有一个人无形中被排到小机子上体验，他就不愿意。店里服务人员对他做耐心解释，他就是听不进去……还扬言："要让店里难看。"服务人员一看，来者不善。于是灵活处事，来了个以大善对不善，说："我们这里有个贵宾间，请先生前往贵宾间免费体验。"这人一听，脸露喜悦，只好说："没关系，谢谢你们！我在这小机子上体验就好。"在服务人员的再三请求下，这位不好惹的顾客心平气和下来，答应依店规体验，并自觉担任起维护店规的义务员。

那什么是智慧呢？智慧就是对事物能迅速、灵活、正确地理解和解决问题的能力。智慧有慧眼、慧脑、慧心、慧嘴。卓越的眼光、思路、点子、心计、谋略、策划、设计、方案、发明、创造以及妙趣横生的语言等，都是人类智慧的结晶。从政要有政治智慧，赚钱要有经营智慧，为人处世更要有智慧。奉行孝、悌、忠、信是智慧，懂得礼、义、廉、耻也是智慧；仁爱、宽容是智慧，感恩、舍得更是智慧。经营人心笼络人心是智慧，乱发脾气伤害人心是愚痴；诚信经营是智慧，过分老实是愚痴；大度豁然是智慧，斤斤计较是愚痴；思利及人是智慧，一毛不拔是愚痴；依法经营是智慧，违法经营是愚痴；依道做人行事是智慧，挑战道德底线是愚痴；古圣先贤经典是智慧，中规中矩是愚痴；现代经营管理和科学技术是智慧，生搬硬套是愚痴。一个人智慧做人与处事的高度将会决定其事业的高度。

至于道德与智慧的关系，可以这样描述：道德引领智慧，智慧必须合道。脱离开人道、命道，脱离开天道、地道、物道的任何智慧，都不能圆满。只有合道之方，才能圆满解决问题。

关于知识与智慧的关系，可以这样来说：知识是我们知道的集合，智慧是我们思想的灵性。知识是学来的，智慧是悟来的。知识是所知，智慧是经验。知识是根是茎是秆是枝是条是叶，智慧是芬芳的花朵和丰硕的果实。有知识不代表有智慧，有智慧不一定知识很多。“知识”是死的，“智慧”是活的，能够灵活运用知识的人便拥有了智慧。知识必须转化为智慧，才显示出它的价值。知识若不转化为智慧，知识越多越是负担。一个只知读书，不善钻研，不善思考，缺乏悟性的人，纵使拥有再多的知识，也没有多大价值。作者、演讲者的任务不单是介绍有关知识，更重要的是集聚智慧、展现思想、创新观点，只有思想观点和表现手法上的创新才会胜出。

智慧的产生源于个人生活的历练、修炼与总结。首先是静心，平静能致远，宁静出智慧。看书、下棋、练书法、绘画、绣花、编织是最能静心的方法，它们既能让我们静下心来修炼技能，熟能生巧，又能让我们达到修身修心，涵养性情，启迪智慧。诸葛亮有“非静无以成学”之说。其次是控制，善于控制自己膨胀的欲望和不良情绪。作为商人，求财求利，本无可厚非，但一意孤行，私欲过大，就会驾驭失控。这里要理智，适当戒欲。欲望少了，心态就好了，脾气也就小了。要学会忍耐，有卧薪尝胆的精神，能够坦然处事。如曾国藩就非常推崇“忍”的功夫。成也坦然，败也坦然，遇到矛盾更要坦然。坦然接受别人的成功，坦然面对别人的指责，端得起，放得下，不要动不动就发起火来，甚至与人不断较劲，以助长其难填的欲壑。曾红极一时，拥有 2 000 多万辆白银的一代红顶“商圣”胡雪岩的迅速衰落就是因为其野心过大，扩充过速，又坚持与洋人叫板，以致囤积蚕茧，积压严重，导致资金周转不灵，引发钱庄挤兑风波，出现金融信用危机的结果。再次是总结，智慧人生要总结。认识自己的成就是财富，改变自己的不足是收获。“行有不得，反求诸己”，这是古训。胡雪岩就总结出：“处逆境容易因为小心，处顺境很难因为大意”的人生智慧。

三养勇敢性。表现在为了成就梦想，拿得出气势和魄力，敢于去追求；为了实现目标，敢于放下身架、放下面子；与人交往，敢说会说，说话算数，一言九鼎；做起事来，敢想敢干，胆识过人，行动力强；为了小家，为了大家，困难和挫折面前，敢于立足现实，直面人生，担当责任。对致富来说，最重要的就是敢于与人打交道，敢于抓住商机，果断决策；敢于吃苦，敢于冒险，行动力强。在商场不冒风险赌一把，想成为富豪是绝对不可能的。开国元勋彭德怀也曾经说过："任何高明的指挥员，也只能做到七分把握，而另外的三分就是冒险，百分之百的把握就叫人无法相信了，也不可能。"为此应多参加一些机构的拓展训练培训，多在人前说话，多上台演讲，多参加社会实践活动，多多适应环境，以便克服胆怯的心理障碍，练就应有的胆量，从而逐步改变自己的性情，以适应当前形势对个性的特殊要求。例如，好多人当领导之前都不敢上台，不善言辞，当了领导人后，天天在人前、在大会上讲话，最后胆量有了，口才有了，讲起话来出口成文，顺理成章，滔滔不绝。

四养坚韧（毅力）性。表现在胸怀宽广，容忍性强；意志力坚，不人云亦云；干事很执著，专心、专注有恒心；能够忍得一时之不公，坚持卧薪尝胆，持之以恒成就心中的梦想。为此应坚持晨练、跑步、做瑜伽、打太极拳、登高爬山，简单的事情重复做不断做等来修养自己的意志力。

只要我们的四种秉性修炼到家，我们对人对事的爱心、人生的企图心、干事的决心、投入的专心、坚持的恒心就会在致富实践中自然体现出来，从而成就我们的财富人生。

至于为什么要倡导人行善积德，这是因为儒家《周易》有载："积善之家，必有余庆，积不善之家，必有余殃。""天行健，君子以自强不息；地势坤，君子以厚德载物。"道家老子《太上感应篇》有云："人为善，福虽未至，祸已远离；人为恶，祸虽未至，福已远离。为善不昌，乃其自身或祖上前有余殃，殃尽定昌；为恶不殃，乃其自身或祖上前有余昌，昌尽定殃。""祸福无门，惟人自召，善恶之报，如影随形。"《朱子治家格言》讲道："伦常乖舛，立见消亡；德不配位，必有灾殃。"意思是说我们的德行如果违背、出格、偏离了伦常关系，就会倒运、遭遇灾祸。清华大学的校训是“厚德载物”，厚，深厚的意思；德，按照自然规律去工作、去生活、去做人做事；载，就是承载；物，就是我们说的福报。以上古训说明，只有行善，方能积德；只有厚德，方能担当重任，包容接纳承载万物。相反，就是德不配位，说明我们的德行不配我们的所有待遇与福报，其结果必然是灾殃。

那什么是善？佛家认为，善相对于恶也有十种，表现在意念、口上和身上。即有三种善的意念：不贪婪，不嗔恨，不痴迷。四种善的口语：不两舌，不恶口，不妄言，不绮语。三种善的行为：不杀生，不偷盗，不淫乱。所谓大善，就是做到了孝、悌、忠、信。所谓至善，就是志在天下，善达万民，关注民生，拯救世民之举。

行善之法，用袁了凡老先生的话讲，应“与人为善、爱敬存心、成人之美、劝人为善、救人危急、兴建大利、舍财作福、护持正法、敬业尊长、爱惜物命。”

二、道德观念

人道、命道与天地万物之道

2010年，我聆听朋友的教诲，去听了两天的国学课程，受益匪浅，明白了好多前所未闻的做人做事的“道”与“理”。讲堂上，一位姓李的国学老师深入浅出、侃侃而谈，他开门见山、开宗明义讲道：“人类在社会上生存，就得遵循人道、命道与天地万物之道，否则就会受到自然规律、经济规律和社会规律的惩罚。人道、命道与天地万物之道，是中国”儒、释、道“三家早有研究、反复证明、被历代公认、几千年传承下来的中华优秀文化理念。”

这时我提问到：“那什么是人道、命道、天地万物之道呢?”

只见李老师胸有成竹，逐一道来。他说：以孔子、孟子为代表的中国儒家文化，强调人要处理好与他人之间的关系，也就是要善处“五伦”关系，即“父（母）慈子（女）孝，兄和弟睦，夫义妻顺，君仁臣忠，朋诚友信”，说这就是“人道”。处理好五伦关系的标准是有“八德”：孝、悌、忠、信、礼、义、廉、耻。五伦关系处理得好，人就做得好。人会做人，凡事可为。处理不好五伦关系，事事会受阻，诸事都不顺，怎能有成就。

以古印度佛陀——释迦牟尼为创始人，以中国佛教十三宗为代表的佛家文化，强调人要处理好与自性之间的关系，也就是要不断修身养性，修行自己的心性、心胸、心量与心念，心性改变命运，说这就是“命道”。心决定性，叫心性；性决定命，叫性命；命决定运，叫命运。所以说，我们的心什么时候修炼好了，我们的命运自然就会变好。

以老子为代表的道家文化，强调人要处理好与天地万物之间的关系，即人应遵循自然规律，探索自然，了解自然，利用自然，改造自然，加强生态建设，保持生态平衡，天人合一，和谐相处。说这就是“天道、地道与物道”。否则，违背了天地万物之道、违背了自然规律，乱挖滥伐，乱捕滥杀，就会导致天怒人怨，进而受到自然法则的惩罚。

当我问到为什么要把“儒、释、道”三家的文化理念作为中华传统文化的核心理念时，李老师是这样来诠释的：

“儒、释、道”三家的文化理念有其共同之处，都体现在“以人为本”这四个字上，主要研究人的命运与幸福。其精髓就是：“命自我立，福自我修。”立命修福之法就在于“仁爱”二字。对父母的爱称之为“孝”，对兄弟的爱称之为“悌”，对夫妻的爱称之为“情”，对领导的爱称之为“忠”，对朋友的爱称之为“信”，对常人的爱称之为“礼”，对国家、民族、社会、家庭的爱称之为“义”。

“那中国传统文化都有些什么样的特点呢?”我继续问道。

他说:“大道至简”,中国传统文化,用八个字概括,就是“孝、悌、忠、信、礼、义、廉、耻”;用两个字概括,就是“道”与“德”;用一个字概括,就是“孝”。所以说中华优秀传统文化归根结底就是“孝”的文化,正所谓“国以人为本,人以德为本,德以孝为本。”一个孝字全家安,一个安字智慧生,一个慧字富一生!

中国传统文化是自然孕育而成的,它的实质是“道与德”的文化,“道”指规律、指方向,是真理、是法则、是秩序。“德”指依道行驶也,即要按照规律、真理、法则、秩序办事情,二者合称“道德”。道德的本意就是要人们的一切活动符合自然规律、经济规律和社会规律,它奉行“天人合一”,把天道、地道变成人道,既符合天道、地道,又符合人道。有句话说得好,“顺道者昌,逆道者亡。”我们今天谈致富,经济运行自有其规律,有些钱可以赚取,有些钱就不可以去赚,如果我们脱离开天道、地道和人道,违背规律去发展,到头来只能是“大逆不道”,自取灭亡。

中国传统文化讲究以人为本,以和为贵,其核心价值观是仁者爱人,宽容,感恩,谦让,吃得小亏,和谐相处,共同致富。但也有一些国家和地区奉行以武为本,以斗为贵,征服自然,其核心价值观是极端竞争、过度斗争、掠夺与战争,强调更高、更快、更强,结果贫富差距拉大,两极严重分化,最终导致不和谐、不平衡,甚至毁灭。这就是中国与其他一些国家和地区文化的本质差异。

中国传统文化崇尚和谐思维。和谐思维,就是要强化和谐理念,养成和谐的思维方式，把致富建立在和谐的人际关系基础之上。就是要用和谐的思维理念来强化我们的服务意识，在最大限度地为社会大众提供某类产品需求或做好某项服务的前提下，取得社会对我们应有的回馈和回报，而非强取豪夺。同时要用和谐的思维方式来破解致富当中遇到的各种矛盾，化解冲突，和解纷争，拯救危机。当然，和谐致富并不等于不讲原则、不讲法制，一味迁就、一团和气，对于非法致富行为自然应给予坚决的抵制。和谐致富它只是相对于极端竞争、过度斗争甚至暴力致富而言的。和谐性、共生性、共赢性的思维理念是相对于矛盾性、斗争性、压倒性的思维理念而言的。矛盾论讲到，矛盾无处不有，处处有；无时不有，时时有。遇到矛盾就应该去化解，有时为了达到更高一级的和谐与致富，还得进行必要之斗争，这就是一个矛盾的两个方面。人常讲一种环境影响下会塑造出价值观念相似的一类人。在一个充满和谐的环境氛围中，和谐性思维、和谐相处的理念自然受人尊崇，必然有其生存和发展的无限空间。在一个充满极端竞争的环境氛围中，斗争性思维、斗争性理念自然受到追捧，必然有其生存和发展的有限市场。这是因为不论在什么地域什么时候，人都必须先要适应环境，而后改造环境。物竞天择，适者生存，不适者淘汰，这是永恒的必须遵守的自然法则。中国是个讲文明讲美德通人情的国家，也以文明、美德、情治而成名。中国人在华人圈子内生存和发展，就必须遵循中华民族五千年传承下来的优秀文化理念，否则，不合辙就得出辙、不相融就被相斥，更何谈富贵之说。脱离开中华优秀文化理念的任何致富行为在国内都是不长远的，抛开中华民族之魂的任何致富结果最终都是过眼烟云，靠不住的。

“那作为一个从未学过的人，如何学习和掌握中国传统文化呢?”我问。

李老师讲：中国传统文化的学习重点是儒家、释家、道家“三家”思想尤其是中国儒家的经典著作“四书五经”。“四书”即《论语》、《孟子》、《大学》、《中庸》；“五经”即《周易》、《尚书》、《礼记》、《春秋》、《诗经》。以及《孝经》、《佛经》、《道德经》、《太上感应篇》、《十善业》、《三字经》、《曾国藩家书》、《朱子治家格言》、《颜氏家训》等。然而，作为普通人，只要挤时间重点学习、领会掌握、带头践行《弟子规》和《了凡四训》，从起心动念、言语造作开始管住自己，就很不容易了。

他继续讲到：《弟子规》是道，是德行，是中华民族第一规，是中国人做人的一种标准，也是一种活法，它同《三字经》一起构成中华传统文化的两只脚。它由清代康熙年间李毓秀所作，贾存仁修订。全文1080个字讲了113件事情，分为五个部分，具体列述弟子在家、出外、待人、接物与学习上应该恪守的守则规范。“三岁小孩能背过，八十老翁难做到。”读后能使人放下身心，自觉践行做人处事的规矩和礼仪。学习《弟子规》要有诚敬之心，即一门深入，长时熏修。一分诚敬，就会得一分利益。落实《弟子规》的关键是要改过，改过就是修行。

《了凡四训》是理，要明白修身养性、行善积德之道理。它由明朝袁了凡先生，结合自己亲身的经历、学问与修养，为了教训他的儿子袁天启，认识命运的真相，明辨善恶的标准，知晓改过迁善的方法以及行善积德的种种效验而作。袁了凡，他在早期验证了命数的准确性，后来进一步通晓了命数的由来，知道人们可以掌握自己的未来，改造自己的命运。就在他的下半生中，又验证了人们完全可以自我“立命”，自求多福的准确性。文章篇幅短小，寓理内涵深刻，兼容儒释道三家思想，尽现真善美中华文化，通过“立命之学”“改过之法”“积善之方”“谦德之效”四训，讲述了命运犹存、造命在天、立命在人、命遂人愿之理。它作为修身之名言，为人处世之准则，是滋育身心、明理处事、自救救人的最佳读本。

经营企业也有道

有人讲，撑饱胆大的，饿死胆小的。现在社会上发大财的人，都是些敢于挑战传统道德、脸厚心黑、能打善战的社会名流，好人们都惹他不起，多给他们让路；或者是一些背靠大树，官商勾结，投机钻营的人，他们有后台，能够享有一些稀缺资源，靠勤奋劳动很难致富。对此，我也在想：为什么一代创业富豪李嘉诚、鲁冠球、刘永好、郭广昌、马云、牛根生、柳传志、陈安之……他们是经营常青树，资产百十亿，人生路子越走越好？而天津大邱庄庄主禹作敏、黑马富豪杨斌、资本大鳄唐万新、飞机富商牟其中、浙江东阳本色控股集团80后富姐吴英、中国首富黄光裕富后却入狱？为什么江苏铁本集团戴国芳糊里糊涂进监所？为什么一些人先富后被劫、先富后遇灾、先富后遇病、先富后被骗、先富而后变穷呢？为什么还有一些人起早贪黑、辛苦创业几十载，不论经营什么最终都没有富裕起来？

三年前，我在国学讲堂接触到了中华传统文化光盘。2013年7月，我和妻子飞往甘肃兰州市参加了西固区举办的“弘扬中华传统文化，提高公民道德素质”为主题的大型公益论坛活动。会上，青岛亨达股份有限公司副总裁单玉萍应邀给我们做了《恪守五伦家和业兴》的报告。她把中华优秀传统文化与企业经营管理相融合，内外兼修，恪守女德，结婚30年一直与婆婆、4个兄弟姐妹未分家，在家秉持孝悌、孝亲敬老、助夫成德。从守小家到襟怀企业、关爱社会，她以“为往圣继绝学，为万世开太平”为使命，走上弘扬传统文化的道路，积极营造和谐企业文化，其经验分享，尤以女德教育为精华，近几年足迹遍布大江南北。通过她的分享，使我们不但对这家企业有了一定的了解、认识和敬重，而且从中认识到把中华优秀传统文化作为企业核心文化的重要性与必要性。1984年创立的青岛亨达公司，创始人单副总裁的母亲就是世代的“积善之家”。她乐善好施，行善积德，刚开始创业就践行中华传统文化，时刻不忘以回报国家、回报顾客、回报员工的感恩之心进行企业经营，从860元的小作坊发展成为现代化的大型民营企业集团，中国最大的皮鞋生产企业之一。三十年的发展，公司已逐步形成了以中华传统文化为基础、以民主化管理为核心、以建设人性化和谐企业为宗旨的亨达“家”文化。企业在方方面面无不打上了中国传统文化的烙印，使大家感动的事、感动的人更是层出不穷。作为亨达员工，回到家中是幸福之家，走进企业是和谐之家，以人为本、服务至上、人性化的“家”文化让每一个员工都受益匪浅。通过企业文化氛围的营造和传统文化活动的开展，企业内一条条流水线因为员工和主管观念的转变，产量突飞猛进，质量指数提高，人员稳定，经营业绩攀升，劳动关系和谐。2011年以前，公司每年老员工春节返厂率都在97%左右，而2012年春节过后，亨达老员工返厂率达到了99.3%，有的员工一人就能带回11个老乡到亨达上班。在诸多企业遭受用工荒困扰的情况下，亨达却出现“用工热”的现象。亨达也因此连续两届被评为“青岛企业100强”。对比2005年100强名单，发现六年前入选名单的企业里已经有50家左右下榜，其中，有的企业倒闭、有的企业被重组、有的企业经营形势不容乐观。然民营企业亨达股份的名次却一直在不断提升。放眼全国同行，浙江等地制鞋企业因资金链断裂、成本提高等因素纷纷倒闭、破产，而青岛亨达虽然没有良好的产业集群优势，却历经30年发展，依然保持者持续、健康、稳定的优良态势。难怪英国历史学家汤恩比博士曾经说道：21世纪是中国的世纪，拯救世界只有靠以儒家思想为核心的传统文化。

不学习中华传统文化我们不知道自己少了什么，学习中华传统文化我们方知自己获得什么，大智慧永远和优秀的中华传统文化相联系！通过学习中国优秀传统文化，我心里感到豁朗了许多。原来，中华传统文化是“道”的文化，致富也必须尊重自然规律、经济规律、循道而行，因而致富更应该践行和弘扬中华优秀传统文化。回想前边疑惑的问题，原来他们那些经营天才之所以得到不同的经营结果，就在于他们学习和践行的内容不同。前者的人生不但学到位，而且悟到位，更重要的是做到位，因而也就得到位。后者的人生他们不仅没有学到，更不可能悟到，因而没有做到，所以糊里糊涂就出事，“人去财空”。为此我觉得生命的密码就是一个“爱”字，福报的大小就是一个“仁”字，幸福的人生就是一个“度”字。善有度，恶有度；好有度，瞎有度；公有度、私有度；爱有度、情有度；食有度、色有度；劳有度、逸有度；名有度、利有度；财有度、物有度，勤俭有度，奢侈有度，一切都得把握个限度。否则，成也欲望败也欲望，欲壑难填，物极必反，毁其福矣。人生是平衡的，凡事不可为过。

财富的本质、种子和土壤是什么

种瓜得瓜，种豆得豆，这是人人都知道的自然规律。那有人要问：是否种财富方能得财富呢？通过学习“儒、释、道”中华传统文化，了解财富的本质，我认为答案是肯定的。问题是我们要弄清楚财富的种子究竟是什么？生长财富的土壤又是什么？

《大学》里讲道："有德此有人，有人此有土，有土此有财，有财此有用。"意思是说，当一个人有德行的时候，就说明他通人性，他就会感召来一批德才兼备的"人才"来为他服务。有了人才，人才就会带来各种资源（包括财力、物力、信息、技术、智慧等）。有了资源，我们就会通过投入将其整合转变成新的财富。

《大学》里还讲道："德者本也，财者末也。"意思是说，"德"才是做人处事、发财致富的根本。"德"要求我们的言行首先合乎"人道"，有成全他人之愿、满足他人需求、乐于为他人服务的一颗"爱心"。这里的"德"主要指口德和行德。德行立身，会说善做。说得听者高兴，说得利于事成；做得互惠互利，做得合作共赢。这里的"爱心"主要指爱他人和爱事业。爱敬存心，爱人如己，民之所需就是己之所求。爱一行，专一行，精一行，成一行。

《大学》之道理，不仅道出了财富的本质，而且说明财富只因是有财富的种子。种子是什么？其实就是"需求"二字。需求决定生产、需求决定流通、需求决定交易、需求决定财富，种财富实质就是种需求。只要我们不断地去发现需求、研究需求、创造需求、引导需求、激发需求，我们就能及时捕捉到市场机会，把握新的财富增长点。

财富的增长不仅要有财富的种子，而且要有滋润种子发芽生长的土壤。生长财富的土壤，它不是别的，其实就是我们的亲人、朋友、邻里乡亲、一方群众和社会。当我们对亲人、对朋友、对邻里乡亲、对股东、对债权人、对员工、对客户、对群众、对社会、对国家有一份责任心、事业心的时候，我们就应该量力而行，敢于担当，要么勤奋去打工，要么勇于去创业，及时满足社会对人力资源和物质、精神生活的需求。实现财富的过程其实就是在相互交易中满足社会需求的过程。

对此，可能有人会提出，我也是一位有德性有文化程度的人，我靠勤奋敬业过日子，从不做损人利己、坑害别人的事情，为什么我未能进入富贵行列？

在此，我要问这些人，咱们虽然不做损人利己、坑害别人的事情，但咱们是否整天考虑社会需求、市场需求、人们需求，从而把个人美德与赚钱致富很好地结合起来，以德去赚钱，赚取有德行的钱？是否把德与才很好地兼备起来，使才在德的统领下充分发挥其能动作用，为社会提供更多更好的服务，以满足人们的某种需求？是否把德与行协调起来，乐于与人交往与交流呢？这里我要强调，对于一个不善于与他人交往和交流、为他人服务的人来说，纵使有很高的内在品德，也发挥不了他应有的能量，也就不会产生多大的社会价值，因而也就实现不了多少社会财富。这就好比原子弹、导弹，尽管内在威力非常大，但如果不发射，照样也显示不出来它的能量。德行德行，德贵在行，别人就是通过我们在与人交往过程中的说话和做事来判断其德行大小。这里我还要说，一个人取得财富的多少，与文化程度的高低并不成正比例关系。如果我们想获得轻松、稳定、相对富裕又受人尊重的职业，那我们就得进取学士，甚至硕士、博士研究生的学业水平。但如果我们想发大财，我们只要拥有职业技术大学的学业水平就可以了。事实上，亿万富翁一般都没有很高的学历，但是他们胆识过人，善于抓住机会，经营人心，创造奇迹！

从 1999 年在竞争对手的围追堵截中赤手创业，到 3 年后销售收入直逼20亿元大关，支撑蒙牛高速成长的动力源泉是什么？蒙牛的核心经营理念和核心竞争力到底是什么？

在牛根生看来，一切经营活动的成功都是这殊途同归的四个字："经营人心"。

努力奋斗　拼搏实践

经营是对资源的配置与利用，而一切资源中最重要的就是人力资源，人力资源中最本质的就是"人心"。怎么样赢得人心所向？怎么样激发出人性中善良的一面和积极向上的精神动力？怎么样汇聚人心为蒙牛所用？牛根生从不同角度实践着他"经营人心"的理念：他一次次地赠出蒙牛股份；他自己花钱为下属们购置了第一套高级套装、四季礼服、学习材料等；他赞助各级管理者，买房、买车；他让所有的高管在举办第一次员工集体婚礼时，每人开上自己的私家车，担任司机为员工接送新娘，以致于当50辆杂色的车队绕行市区时，呼和浩特的在岗交警们主动敬礼……

致富就是满足需求做买卖搞营销的过程

市场是我们的最高领导，也是我们理应遵循的最高致富法则。市场经济条件下，凡事都必须以市场需求和社会需要为导向，进行科学决策。凡是市场需要的，我们就干；凡是市场需要量大的，我们就大干；凡是市场特需的我们就特干；凡是市场急需的我们就急干；凡是市场不需要的我们就不能干。否则我们就要受到市场经济规律的惩罚。

52岁的茅理翔当年毅然决定二次创业，生产抽油烟机或微波炉。于是他说服自己的儿子茅忠群放弃出国进修机会来帮助他创业。父子俩经过市场调研，得到以下信息：抽油烟机市场上既有进口的，又有国产的，还有玉立、帅康等名牌产品，国内人对使用抽油烟机有了一定认识。但进口的抽油烟机在中国表现出水土不服，国产的抽油烟机品质又不高。而微波炉市场在国内还没有名牌。父亲认为应该生产微波炉，而精明的儿子认为，应该生产抽油烟机。为什么？

认识决定需求，需求决定生产，微波炉当时还不被消费者认可，而抽油烟机刚被消费者接受和认可。于是他竭力说服父亲上马抽油烟机项目。事实证明，儿子的思路是正确的。没用几年，"方太"牌抽油烟机就成了国内名牌产品。

市场经济条件下，一切都将商品化，社会成为大卖场。人人都要学会卖，只是卖的所不同。奴隶社会，人们就知道买卖苦力。到商品经济社会，人们不仅仅卖体力、卖苦力、卖武力、卖技能，还卖智力、卖知识、卖智慧，卖产品、卖商品、卖品牌，更重要的是卖机会、卖希望、卖真诚、卖爱心、卖观念、卖想法、卖思路、卖点子、卖文化、卖艺术、卖快乐、卖开心、卖服务。我们究竟想卖什么、能卖什么、敢卖什么、会卖什么，全靠我们对市场的洞察力和手中拥有的资源和核心能力。

不赚钱的买卖不是好买卖，透支性的服务不是好服务，缺乏现金流入的交易不是好交易，没有收益的经营算不上经营。赚到钱的商人就是成功的商人，不赚钱的商人必定是个失败者。人要过好日子，就要想赚钱、敢赚钱、会赚钱，赚大钱。做买卖、搞营销就是赚钱最快的事情。

营销观要求我们必须遵循马斯洛的需求层次论，不断满足人的生理需要、安全需要、社交需要、尊重需要和自我实现需要，最大限度地满足人的某些正常欲望，如吃穿住行游玩乐，教育就业与致富，仕途事业与成就，爱情婚姻与家庭，医疗健康与养老，从而帮助他人实现其梦想。

营销观要求我们必须善于利用媒介、机会进行自我宣传和广泛推介，让该认识的人认识我们，让消费者了解我们，让身边的人信任我们，有需要求助于我们或者购买我们的产品，从而使我们在为他人服务当中取得理所当然的收益。

营销观要求我们在力所能及的范围内，善于替人说话、替人跑腿、替人办事，办成他人所期望办的事情。

营销观要求我们做买卖尽量做消费群体大、销售量大、价值高的买卖，因为没有量的积聚就不会有财富质的飞跃，量大才是致富的关键。

但值得注意的是，做买卖搞销售必须警惕出现“被欠”“被骗”“误入陷阱”。

只有真诚服务才能长久获取社会财富

现实生活中，麻将馆几乎遍地开花，在此我想问大家一个问题：这些麻将馆的长久赢家是谁？显然不是打麻将的人，因为他们今天赢了明天输，很不稳定。最稳定的赢家而是麻将馆的老板。为什么呢？因为经营麻将馆的老板天天为他们提供了麻将、桌椅、饮食、保安等方面的服务。所以只有不断为社会、为人们提供所需要的服务才能长久获取社会财富。

八月十五，我随家人冒着大雨慕名去海底捞吃火锅，一进门就受到海底捞员工的热情接待与服务。他们首先替我收起雨伞，然后装进一个塑料袋里，把我们领进就餐座位，真诚地给我们每人送上一碗热豆浆，让我们暖暖身子。当我们对每样菜都点了一份的时候，服务人员考虑到我们的点菜数量和就餐人数，就建议我们都点半份，以免造成财物上的浪费和不必要的额外支出。更为感动的是，任何时候我们的需要都能轻易在附近找到他们的目光。从停车、等位、点菜、中途上洗手间、刷卡结账等全流程的各个环节，我们都能够感受到这种细微的服务。当我们吃饭的时候，服务员会帮我们把手机装到小塑料袋以防进水，适时送上并更换热毛巾，会给长头发的女士提供橡皮筋和小发夹，为戴眼镜的顾客送来擦镜布，这确实让我们有宾至如归的感觉。

在海底捞，每位服务员都有自己熟悉的顾客，这些服务员不仅熟悉我们的名字，甚至记得我们的生日或者结婚纪念日，是日将给予祝贺。海底捞的服务理念留住了老顾客，吸引来新顾客，因而人气指数不断上升，给其带来源源不断的现金流也就成为必然。

海底捞考核一个店长或区域经理的标准只有两个，顾客满意度和员工满意度。尽管每家海底捞的营业面积达三千平方米，但几乎每天仍然座无虚席。在大众点评网等网站上，海底捞则一直牢牢占据着“服务最佳”榜单的前列。

把功夫下在服务上的理念，来源于海底捞火锅店董事长张勇的创业经历。海底捞的前身是四川路边一个并不起眼的小摊小贩。16 年前，下岗工人张勇在家乡简阳支起了 4 张桌子，利用业余时间卖起了麻辣烫。那时的他对餐饮业一窍不通，按照他的话来说：“店址和东西都不好，想要生存下去只能态度好些，别人要什么快一点，有什么不满意多陪笑脸。结果大家都说我的东西不好吃，却又都愿意过来吃。”从而让他确定了海底捞的经营宗旨：服务为王，服务高于一切，必须把顾客当家人看待。

海底捞的一大招牌就是服务。他们热情服务、礼貌服务、微笑服务、专业服务、诚信服务、耐心服务、及时服务、创新服务。在海底捞我们会看到，员工端着菜盆跑步前进，用极快的速度抹桌子，铺桌布。当某些顾客在海底捞等待区等待的时候，热心的服务人员立即会为他们送上炸虾片、自助水果以及豆浆、柠檬水、薄荷水等饮料。此外，还提醒他们可以在此打牌下棋、免费上网冲浪，在这里还可以享受免费美甲、擦皮鞋等服务……这些众多看似微不足道的服务项目却赢来了顾客心甘情愿的等待。这就是“海底捞”成功密码之一。

服务就是指为他人做事，并使他人从中受益的一种有偿或无偿的活动。我们服务社会、服务人民的特征既可以实物形式（提供产品、商品、货币等），也可以提供劳动的形式（脑力劳动与体力劳动、办成某件事情）来满足社会的某种特殊需要。如果我们想为自己的工作对象、用户服务好，我们就得像海底捞的服务人员一样，不但为人们提供、销售美味可口的饭菜，而且更加注重端正服务态度、销售至尊的服务。能够始终欣赏我们的客户，善待我们的客户，尊重我们的客户，真正把客户当上帝来对待，从而架起与顾客贴心的桥梁。

服务观念特别重要，我们之所以能够赚钱获利，就是因为我们对他人提供了某种服务，他人才觉得应该回馈我们、感谢我们、报答我们、支持我们、奖赏我们、资助我们，等价交换于我们。我们只有真正从心底里树立起为社会服务的观念，不断满足社会的某种需求，我们才有资格获得持续的社会财富。我们为社会、为顾客提供服务的质和量将直接决定我们受益的多与少。

诚信经营企业长远

从山西农村走进北京创业而后成为亿万富翁的张选，当年入冬与北京某热力公司订立煤炭供应合同后，遇到国家政策强行限载，运营成本大幅提高。这时，如果停止执行合同，还有50万元的已获利润。执行合同吧，只能是亏而不赚。但他为了兑现合同承诺，竟然放弃50万元的已获利润，继续履约完成合同。到第二年三月底一算账，好家伙，短短几个月，就背负起260万元的亏损。就这样，张选吃亏守信誉的故事在业内传开，到第二年冬，就有十多家供热企业主动要和他打交道，他的煤炭生意也因此越做越大。眼前吃了些亏，却换得那永久的无形价值——“诚信”二字，他觉得这样做实在“值”。他说：“经营人生就是经营诚信。人失去了诚信，就像鱼失去了水。今天的诚信，就是明天的市场，后天的利润，未来的财富，永久的价值。当你的员工和顾客满意时，你将获得最大的满意。”

诚信＝诚实＋信用。诚信既是一种观念，更是一种做人做事的智慧和方法。诚信表现在日常交往中就是要信守时间、信守承诺，说到做到；体现在生意上就是信守合同，信守质量，信守服务、信守交货和结款期；应用到做产品中，就要按配料规则办事，不偷工减料，不弄虚作假，实现产品、工程质量管理零投诉。

诚实做人，智慧做事，做诚实而智慧的人。进入不惑之年的杨馥侠，原本非常强势也非常能干，当过小学教师，摆过服装地摊，当过某大商场经理，做过中学政教主任，干过工业企业，开过小型旅馆，做过花卉培训，接触过保健品直销，从事过商业保险，但几十年来的辛辛苦苦换来的却是生活的坎坎坷坷，一次次的失误接踵而至，家庭经营债台高筑，没脸见生她养她的父老乡亲。如今她总算活明白了，知道原来是由于自己一直没有选对产业，职业变换过于频繁，在每个行业都没有积淀的结果。三年前，杨馥侠决定抓住老年服务这一产业机遇，申请加盟具有“20 年行业资历、3A 诚信企业、中国驰名商标”的广东紫微星实业有限公司，为中老年慢性病人提供理疗、食疗健康服务。经营实践中她觉得，要把紫薇星事业经营好，既要学习传统文化把人做好，又要精通专业知识做好事情。为了打造紫薇星陕西诚信经营第一店，她为自己的专卖店提出了“专心传送健康、专业奉献爱心，专注于家庭医疗保健工程和绿色健康疗法。我们专心的程度、专业的水准和专注的功夫将会决定我们的市场份额”的经营理念和“您的健康需求，我的努力方向。能为您的健康服务，将体现我们的人生价值”的核心价值观以及“秉承传统文化，倡导仁爱精神，践行《弟子规》，做到八个字：孝（孝敬父母常回家看看、孝敬老人多真诚关怀），悌（与商业对手正当竞争，与合作伙伴双方共赢，与员工姐妹和睦相处，与顾客朋友真诚相见），忠（忠于祖国、忠于人民、忠于职守），信（信守承诺、信守合同），礼（注重商务礼仪、懂得知恩感恩），义（祖国有难伸援手、员工有难去帮助、顾客有难需排解），廉（廉洁处事，不占他人便宜），耻（业绩一般、弄虚作假、坑蒙拐骗、骄奢淫逸、嗔痴慢疑、违法乱纪可耻）”的职业道德观，并着力塑造“精满、气足、神旺、热情、微笑、温暖、团结、和睦、仁爱、感动”的企业精神。经营管理中她始终坚持一条自己的做人准则，不属于自己的绝不贪占。不仅在经营中做到了优惠于顾客，就是在日常生活中也从不占别人的便宜。每当遇到公司多付货、顾客多付款、顾客遗留物品时，他都嘱咐营业员及时通知对方，还给人家。凭着自己的诚信，公司逐步形成了自己的顾客群，打出了自己的信誉和品牌，现在每年都能取得倍增性收益。

致富不能以牺牲幸福为代价

2013年11月8日，陕西省第三届农民文化节在古城西安人民剧院隆重开幕。我和妻子应邀观看了这场晚会，演出剧中有一个名叫《路遇》的节目格外发人深省：说省城里的一对夫妇为了创业挣钱，根本没时间照顾自己的父母和孩子。为此，他们给自己家里找了个农村保姆，料理家务，照顾老人，管理孩子。孩子经常想爸爸和妈妈，一月也难得见上一面。这位农村保姆，也为了在城里挣钱，几年都没回一次家，自己的孩子利用假期来到城里的大街上卖柿子挣学费，和城里的这个孩子相遇，这位保姆竟然不认识自己的孩子。试想想，这些人为了挣钱，竟然漠视亲情，甚至还有的以牺牲亲情、牺牲爱情、牺牲人格、牺牲个人喜欢的事业，或者以常年透支个人身体为代价，这样的致富行为正常吗？合乎中华民族的幸福观吗？幸福不全是鲍鱼海参，幸福不全是名牌服饰，幸福不全是金碧别墅，幸福不全是奔驰宝马，幸福不全是周游世界，要知道幸福首先是亲情、是团聚、是自尊，是一种精神满足、一种心里感觉、一种身心愉悦和快乐，而不是金钱物质至上。

致富不能一心钻到钱眼里六亲不顾，甚至六亲不认。每个人都应树立起正确的人生观。人究竟为什么活着？人活着到底为了什么？我觉得人就是为追求幸福而活着，人生就是个追求幸福的过程。人活着就是为了认识世界、改造世界、享受世界。学习就是为了认识世界，工作就是为了改造世界，生活就是为了享受世界。一个人自觉自愿地认识世界是幸福的，改造世界是幸福的，享受世界更是幸福的。致富仅仅是个过程，幸福才是终极的目的。要过幸福的日子，就得建设好“113”幸福工程：围绕一个根本，奠定一份基石，做好三个支撑。即以“德”为根本，修身养性，改造身心，做好人。否则，整天被人骂、被人咒、被人追打，能幸福吗？以“事业”为基石，干自己有兴趣、喜欢干、特长干的事情，改造世界，事业有成，受人尊重。否则，整天被人安排着、左右着、强迫着，硬着头皮干自己没兴趣、不喜欢的工作，能幸福吗？以平安健康、家庭和睦、经济宽裕为支撑。全家平平安安，人人身体健康。否则，灾祸不断，身体病恙，能幸福吗？夫妻恩爱，生活快乐，家庭和睦。否则，整天生活得凑凑合合、勉勉强强、磕磕碰碰，一方看不起一方，一方不爱一方，甚至互不理睬，互不信任，互相埋怨，互相攻击，家庭暴力、家庭战争延续，能幸福吗？合法挣自己喜欢挣的钱，吃穿住行游乐基本生活有保障，经济宽裕，心满意足。否则，钱财有限，经济拮据，身不由己，想去的地方去不了，想见的人见不了，想买的东西买不来，想做的事情做不成，能幸福吗？

致富更要做好人

商人刘老板，在陕开了家机电设备公司。有一次，一个老客户急匆匆来买电器配件，可刘老板找遍了公司的全部库存，就是没有这个配件。客户说如果拿不到这个配件，他所在的企业就面临停工，而停工一天的损失就是5万多元。无论如何也要他想点办法，就是多付点钱也行。看到客户如此着急，刘老板该怎么办呢？

他一边安慰，一边承诺在一天之内把货搞到。客户刚走，刘老板便直奔西安供货方。谁知西安也没货了。他只好连夜乘飞机到杭州，然后再叫车赶往各厂家。刘老板不顾饥饿与疲劳，连续联系了十几个厂家后，终于让他找到了这个电器配件。第二天，当他把货交到客户手中时，客户感动得无法言语。当客户要付款时，刘老板该收多少钱呢？

尽管刘老板一趟交通费就花去3000多，但他还是收取了300元的配件钱，利润也只是30元。从表面上来看，刘老板吃亏好几千元，但是，他却得到了客户的永远信任。第二天，客户所在的企业就敲锣打鼓地送来大匾，还带上当地媒体来采访刘老板，宣传他这种一心替客户着想的事迹。

就这样，刘老板吃亏待客户的消息在业内广泛流传，刘老板的客户越来越多，生意自然越来越红火，所得到的财富自然比失去几千元的损失要大好多倍。

人会做人，凡事可为。其实，做官、做学问、做生意都是做人。做人做成什么样，当官就会当成什么样，做学问、做生意也会做成什么样。作为国人要致富，做个有礼、重义、知廉耻，受人欢迎的人固然重要，但最起码要做个中国人心目中的好人。

中国人心目中的好人应该是“智慧处事，低调做人”的人。

所谓智慧处事，也就是对待一件事情，我们必须知道这件事情究竟是应该做还是不应该做？为什么要去做？如果应该做，那么由什么人、在什么时间、什么地点、采用什么方法去做效果最好。宜高调处事还是宜低调处事，是公开办理还是秘密办理，常规办理还是需要借势去办理，等等。一般情况下，“语以泄败，事以密成”，还是以低调秘密办理为好。但对于涉及全局目标的事情，则应高调公开处事，这样则有利于感召人心，形成压力，限期完成。

低调做人，就是不要自以为是、目中无人、桀骜不驯、趾高气扬，不要过分显摆自己的地位和权力、财富和金钱，要看得起人，要关注弱势群体，要乐于帮助他们，赢得社会广泛尊重。

话说赵敬川在2003年进入房地产业，成为楼盘销售员。第一年他就挣了30万元，相当于他父母一辈子积攒下的积蓄。他接的第一单来自山西煤老板家族一位农村妇女打扮的大姐，这位大姐决定买三千多万元的房子。签约那天赵敬川在售楼处等她，快到下午两点半了，她还没到，赵敬川于是给那位大姐打了个电话，大姐说，“我坐938公交车，马上到站了。”赵敬川不信买几千万房产的富豪竟然会坐着公交车来。他站在公交车站牌下迎接她，果然过了几分钟，938公交车到站，这位熟悉的身影显现。这一幕深深地震撼了赵敬川：啊，有钱人更懂得低调。

是啊，人活着必须有自己的价值观。有人说，高调做事、高调做人有价值。有人说，低调做事、低调做人有价值。有人说，“官”做得越大越有价值。有人说，“钱”挣得越多越有价值。还有人说，当个官二代、星二代、富二代，不劳而获，占有的社会财富、享受的美景、美味、美色越多越有价值。更有人说，吃喝嫖赌四堵墙，人人都在里面藏，藏得越有档次越有价值……凡是种种，不同的人有着不同的人生价值观。其实，为官掌权也罢，学术研究也罢，经商发财也罢，打工挣钱也罢，享受人生也罢，都能够体现我们的人生价值。但真正的人生价值观就九个字：“做好人，干成事，挣到钱。”做个有能力认识世界、服务世界、改造世界、享受世界的好人。做好人的标准就是：我们的言行符合“爱国、敬业、诚信、友善”的社会主义核心价值观和“孝、悌、忠、信、礼、义、廉、耻、仁爱、和平”的中华传统美德。习近平总书记也曾讲到，培育和弘扬社会主义核心价值观必须立足于中华优秀传统文化，博大精深的中华传统文化是我们在世界文化激荡中站稳脚跟的根基。

至于怎样做好人？我认为就是要时刻注意用我们的观念开导人，用我们的良言激励人，用我们的行动引导人，用我们的能力、权力、事业帮助人，用我们的钱财资助人，用我们的真诚感动人，让人向往我们，让人学习我们，让人追随我们，让人成就我们，最终达到人心换人心，四两拨千斤，干成大事业，体现我价值之目的。并在实际生活中扮演好以下角色：

一会做父母，养育子女。

作为父母，不但要把孩子养好，更重要的是把孩子教育好。什么是教育，父母的身教重于言教。留钱留物于子孙，都不如留德行。家里是教孩子尽义务、教孩子付出、教孩子感恩、教孩子养成良好习惯、教孩子尽做人之本分的地方，绝不是用钱来激励儿女行动的地方，所以教育孩子坚决不能靠物质刺激、金钱鼓励。

二会做儿女，孝敬父母。

古人讲：“百善孝为先。孝悌之至，无所不通。孝心一开，百慧皆开。”也就是说，一个人只要能做到孝，那就是大善。只要我们有一颗孝敬父母、感恩父母之心，我们的行为就符合人道，顺道者昌，我们的智慧之门就将打开。当我们的智慧之门打开了的时候，也就等于成功的大门向我们打开了。所以说，诸事不顺皆因不孝，孝敬父母才是事业顺利、万事兴盛的根本。孝敬父母不但要懂得孝敬父母之身、孝敬父母之心，更要知道孝敬父母之志、孝敬父母之慧。不单是给父母零花钱、给父母买好东西，还要经常带着爱人、子女常回家看看父母，和父母促膝谈心，有耐心聆听父母的往事。节假日尽量与父母共度，对父母的爱要说出口，打开父母的心结，常给父母做交心的沟通，给予父母心灵上的安慰。适时为父母举办生日宴会，抽时间亲自给父母做饭。每周抽空给父母打个电话，报告工作，报个平安，让父母高兴，让父母少操心。叫父母学会上网视频，带父母一起出席亲戚朋友的一些重要活动、出外旅行、参观他们工作过的地方或故地重游，为父母拍照，留下难忘的一页。支持父母的业余爱好，支持单身父母再婚，定期带父母做体检。适当参与父母的一些活动，陪父母拜访他们的老朋友，等等。

三会做兄妹，和睦相处。

在家，兄弟姐妹，亲情至上，打断骨头连着筋。一定要互相宽容，互相帮助，互相提携，共同进步。

四会做夫妻，夫义妻顺。

人和首先是“家和”，家和首当“夫妻和”，家和万事兴，妻贤夫更旺。作为丈夫，要承担起家庭责任，让妻儿过上幸福生活；作为妻子，要恪守女德，贤惠柔顺，慈眉善目，端庄吉祥。好的婚姻可以使一个家庭获得安宁，获得幸福，可以使一对夫妇相互提携，顺利走向成功。不好的婚姻则会给一个家庭带来困难、灾难和厄运。构建和谐社会应以构建和谐家庭为主，构建和谐家庭应以构建和谐夫妻关系为主，而和谐的夫妻关系，应以互爱为前提，以爱情为基石。好姻缘才能成就好家庭，好家庭才能成就好事业，好事业才能成就富裕人生。夫妻一条心，财富聚成金；夫妻不一心，贫穷伴终身。为此，处理夫妻关系的基础是要找对自己的老公或老婆。一般情况下还是情趣相投的好，包括家庭背景、文化程度、经济状况、性格爱好等基本相当，这样将来夫妻双方生活习惯上基本趋同，文化观念易沟通，持家经营好融合，家庭和睦程度高。婚后夫妻生活要学会经常性地沟通和表现爱心，要善于营造温馨和谐的快乐气氛。例如，演员梁丹妮经营幸福婚姻的重要做法之一就是写情书。从开始的写信，到现在发手机短信，她一直是维护幸福婚姻的主动方。她和丈夫冯远征用恋爱时的热情过婚后的生活，时时捕捉属于他们自己的那份幸福。

五会做上司，仁慈宽厚。

要爱护下属，关心下属生活，关注下属工作，关爱下属成长，处事公允，是非分明，功过分明、奖惩分明，敢于承担责任。

六会做下属，忠诚领导。

从古到今，忠臣一般都出自于孝子之门，即有孝心的人一定会忠于自己的领导，对领导常怀恭敬之心。中国人用人、荐人最讲究“忠诚和信任”，忠诚并服从我们的领导是最大的德，忠诚为上，服从是第一位的。切记：不要动不动就对自己的领导不满，甚至和领导对着干，这是一种违反伦常关系的行为。人可以有个性，但只能遵从社会原则，不能有个人原则。

七会做朋友，仁爱为上。

与朋友打交道，一要保持良好的精神状态。交往时精满、气足、神旺，态度积极、面带微笑、语言热情、活泼有朝气，给人一种积极向上的精神感染。然而，人际交往最忌讳的就是一脸萎靡相、穷困相、死板相，怯懦相、严肃相、冷漠相、吝啬相，吝啬得连一句话都不愿意多说。二要懂得在交往中尊重他人，表现出一定的文化素养。只有我们首先尊重他人，他人才会尊重我们。有人说，国人有仇富心理。这显然是不对的，国人人人向往富裕，尊重劳动致富。所谓的仇富，也只是仇恨那些缺乏道德素养的暴发户。原因是中国人打心眼里看不起他们，甚至蔑视、反对和抵制他们，认为他们人品不端、钱路不正，他们最终是要自取灭亡的。中国现代好多暴发户的埙落就是例证。三要注意待人接物细节到位。人与人的差异就体现在做人的细节礼节上，做人就是做细节，只要我们为人的细节做好了，人自然就做好了。待人体贴入微，关怀无微不至，称赞恰到好处，懂得礼貌、礼仪、礼节，善用礼品、礼金，明白国内礼多人不怪，有“礼”走遍天下，无“礼”寸步难行的规矩。一言一行，虔诚温和，尊重他人，成就自己。

从山西大同走出去闯北京的张选董事长，从小生活困难，历尽艰难，但能孝敬父母，尊敬村里老人，乐于帮助别人。每次回家，不论兜里有多少钱，都会拿出去救急帮困。前些年虽说通过运煤，财富上亿，但一颗积德行善的心念没有变，每年还坚持建一所希望小学，并带头传播中华优秀文化。现在他每年的营业收入比过去增长了 20 倍，从当初的年营业额 2000 万元达到年营业额 4 个亿。为此他说：“当你为所有人着想时，其实是为自己着想得多，这个时候所有人都会让你满意。拿你的金钱物质帮助别人是下策，拿你的能力帮助别人是中策，拿你的思想观念去帮助别人才是上策。德性是财富之本，财富是德行的结果。要让爱心传播爱心、爱心引导爱心，爱心启发爱心，爱心复制爱心。”听了他的演讲报告，我开始践行中华优秀传统文化，决心改变自己的不足，坚持每天检讨自己，断恶念、改过错，扬正气、做善事，根除以前存在的“贪、嗔、痴、慢、疑”“恨、怨、恼、怒、烦”等坏毛病坏脾气，在自己的职权范围内，能给他人办点好事就义不容辞去办，能帮助别人就帮助别人，能做多大的善事就做多大的善事，力所能及，尽心尽力，结果天遂人愿，连续几年，心想事成，事业一帆风顺！

三、积极心态

穷人心与富人心

聪明的导游很清楚靠自己携带过多的免税过境商品几乎是不可能的。于是他们盘算，服务好游客，争取游客的帮助，让不愿购买过境商品的游客帮助自己带上规定数量的免税过境商品，过境之后再加价卖给当地商人，从中赚取较多利润。正是这种投机取巧的团队战术和“瞒天过海”之计，使他们成功交易，由此发了大财。

《富人是怎么想的?》作者 Steve Siebold 也曾在近 30 年里采访过世界各地的富豪，看究竟是什么让富豪从普通人中脱颖而出。结果他发现，这和金钱本身基本没有什么关系，反而和他们赚取金钱的思维方式有非常大的关系。那究竟是什么决定一个人的思维方式呢？我们说，观念决定心态，心态决定心念，心念决定思维，创新性的工作思维一定源于积极进取的工作心态。积极进取的心态在每一次忧患中都会看到希望，消极悲观的心态在每次机会面前都将看到某种忧患。富人富在心态，穷人穷在心态，其根本差异在人生态度。

（1）富人知道要想坐拥财富，就得勇于改变自己。穷人知道要成为有钱人，就得干点什么。

（2）富人知道要创业，穷人习惯于去打工。

（3）富人做事看发展趋势，看值得投入否，看发展前景如何，而不局限于自己是否有所需要的资金。穷人做事看眼前结果，看别人是否挣了钱，再考虑自己是否有能力投资。

（4）富人因为相信而看到前景，并能整合各种资源去做。穷人就是看见有时也不相信前景，半信半疑地拿点钱去做。

（5）富人看事情目光长远，不会计较眼前的一点利害得失。穷人看事情目光短浅，对眼前利益往往斤斤计较，从而失去长远利益。

（6）富人做事总是关注我要什么，穷人做事总是关注他人会说什么。

（7）富人做事绝不自我设限，很自信，认为自己一定行。穷人做事则顾虑重重，很自卑，担心自己怕不行。

（8）富人做事认为自己有智慧、会遇到贵人、有门路、有人帮，车到山前必有路。穷人做事认为自己老实本分不会用心计、没有什么关系、没门道、缺少帮助，一旦失误没退路。

（9）富人思想中充满着“一定能”三个字，穷人思想里存在着“不可能”三个字。

（10）富人做事问行业内的富专家，穷人做事问身边的穷熟人。

(11) 富人心智胆大，胆识过人，赚钱敢冒险。穷人心怯胆小，识浅无胆，怕失去，图安稳。

(12) 富人展望未来，做事看准了就付诸行动，雷厉风行，说干就干，总会不断地挑战自己。穷人追忆过去，做事总想碰碰运气，往往想得多做得少，在低期望中求得没有大的失望，优柔寡断，行动迟缓，难以行动。

(13) 富人对钱很理性，喜欢投资赚钱，认为投入才有产出，付出才有收获，有舍才有得。穷人对钱很感性，喜欢储蓄攒钱，总想一毛不拔，天上掉饼，一夜暴富。

(14) 富人懂得借力与合作来发展，事业越干越大。穷人却喜欢单打独斗，害怕被他人利用或上当受骗，所以事业永远干不大。

(15) 富人常怀宽容之心、快乐之心、诚敬之心、感恩之心，做事心胸宽广，心态积极，乐观开朗，尊敬他人，知恩感恩。穷人时有狭隘之心、傲慢之心、抱怨之心、嫉妒之心，做事心胸狭窄，心态消极，悲观厌世，鄙视他人，仇视他人。

(16) 富人事业心强，对工作满腔热情，刻苦钻研，工作开心。穷人事业心差，对工作牢骚满腹，得过且过，厌倦工作。

(17) 富人珍惜时间、总觉得时间不够用，常常倍增时间去工作。穷人浪费时间、总觉得时间很宽裕，常常消磨时间去工作。

富人心与穷人心

（18）富人思想活跃，积极进取，总想挖掘潜力，赚更多的钱。穷人思想保守，知足常乐，容易满足，吃饱喝足，翩跹聊天，搬砖打游戏。

（19）富人喜欢教育、进修学习，以便丰富脑袋，获得更多致富机会。穷人喜欢娱乐，认为自己这辈子不是学习的料子，学也白学，生死由命、富贵在天，还是提前寄希望于下一代吧。

（20）富人做事激流勇进，越做越勇，永不言弃。穷人做事急流想退，越做越弱，最后放弃。

（21）富人做事对个人行为负责，不轻易推卸责任。穷人总是为失败找借口，为放弃找理由，为错误找辩解。

（22）富人知道挣钱不易，该节俭时要节俭。穷人打肿脸充胖子，为了脸面要大方，口袋却一贫如洗。

（23）富人不觉得自己有多富，随时提醒自己要有忧患意识。穷人小富即安，趾高气扬，语无伦次，就向世人宣布他似乎成了富人。

（24）富人知道市场是不理性的、贪婪的，善于出奇制胜，独辟蹊径。穷人总认为市场是理性的，应按理出牌，依常规挣钱。

（25）富人教会孩子生财之道，穷人教给孩子生存之道。

在此，请仔细想想，我们到底是富人心态还是穷人心态？

致富要有企图心

当刘晓燕满心欢喜准备嫁给自己相恋三年的恋人的时候，男朋友却突然选择离开了她，娶了一个家境十分优越的女孩为妻。男朋友的做法，深深地刺痛了她的心，父母着急询问的目光让她一刻也待不下去，这个城市让她充满了绝望。那么她该去哪儿呢？

带着悔恨，带着忧伤，背着父母，她悄悄离开了自己生活20多年的家乡，去了深圳。她下决心一定要活出个人样来！并在心里暗暗发誓，我要成为有钱的富姐，我一定要不惜一切努力实现它，不达目的决不回到这块土地上！

陌生的深圳，举目无亲，找工作很不容易，虽然吃了无数次闭门羹，但刘晓燕还是充满着希望与期待。两周后，刘小燕找到了一份服装厂的工作。她给自己定了个规矩，每月必须存下70%的工资钱。一年后当她攒下2万多元的时候，她有了自己新的想法。她的想法是什么呢？

拿着自己省吃俭用节省下来的钱，刘晓燕创办了自己的服装铺子。没钱雇人，刘小燕经常要把几百斤布料扛回去。刚开始因为她不会挑选布料，所做衣服存在严重的缩水、脱色问题，看着日夜赶制的衣服一件一件地退回，钱没赚到，连本都搭进去了，她心里特别难受、特别着急、又特别伤心，真不知道自己还能不能继续下去？

可每天早上，随着太阳的冉冉升起，她又看到光明了，又觉得还是要做下去。凭着一股子的韧劲，刘小燕边干边学边提高，两年后，竟然赚到了10多万元。刘晓燕明白，要想赚更多的钱，获得更高的利润，就必须创建自己的服装品牌。那么如何创建自己的品牌呢？

刘小燕很快请到了服装设计师，精心设计几个月。拿着设计的精品服装，刘小燕直奔北京服装博览会。刘小燕的女装设计新颖，价位低廉，迅速吸引了大批经销商的眼球，获得大批量订单。刘小燕从此在全国拥有了41家分销商，销售货款持续进账。这时她在深圳高档的写字楼租下了整整一层，有了自己的生产车间，有了自己的服装公司，有了自己宽敞办公室。经过十五年努力，她带动并影响了一批追随者，她的资产做到了千万。

这就是说，当一个人怀揣企图与梦想，目标明确而坚定之时，她就会表现出一种积极向上、朝气蓬勃的心态，这时不论环境多么恶劣，条件如何不利，她都会围绕目标吸收正能量，抵制负能量，朝着心中的方向前进！

用心与金钱谈恋爱

他小时候是个乞丐，在街头过流浪的生活，吃剩的，穿旧的，整天还得看人白眼，被人蔑视。即使这样，他依然白天坚持捡别人看过丢弃的报纸，晚上却坐在街边的路灯旁阅读学习不停。有一天，由于过度劳累，他眩晕过去了。等同伙们将他抬进医院，却由于没钱医治，竟然不能出诊。不得已，经大伙们共同出资，才给予诊治康复。然而，功夫不负有心人，他的坚持阅读，使他对经济信息、股市行情产生了兴趣，于是他暗下决心投身股票行业。他先在证券交易所内找到了一个办公室打杂的工作，工资虽然低，他却十分珍惜这个工作机会。一有空，他就了解股民、钻研股票知识和市场行情，这为他日后炒股打下了坚实的基础。然而，炒股需要本钱，他每天除了正常的公交车费、餐费和零用钱外，其余全部节俭下来。经过 3 年的努力，他积蓄了 2 万元，从此他开始在股市上一展身手。谁知他遇上了好年景，没有几年工夫，他的投资直线上升。一直延续到他进入证券行业的第 15 年，由于股市高涨，他果断地将自己手中的各类股票一分不留地抛售，赢得了相当于原来投资 10 多倍的高额回报，他成为名副其实的股票大王和百万富人。回想过去，他曾经是一个食不果腹、衣不遮体的乞丐，可后来，他却拥有百万身价，开始过着品质高雅、悠然自得、受人尊重的富人生活。

这个故事说明，虽然金钱不是万能的，但没有钱确实是万万不能的。钱是魔力的化身，只要有了她，就可以让我们在这个地球上几乎心想事成。人不进医院看病，体会不到钱的重要。进了医院，才知道生命的脆弱，才知道金钱的重要。有了钱就能看病，就能挽救垂危的生命；没有钱，眼泪汪汪也枉然。为此，我们应该想钱、惜钱、营钱，把赚钱放在比较重要的位置。因为金钱将会决定我们衣食住行的生活品质，也会决定我们所能接受的教育和医疗的好坏，以至自身素养的高低。拥有较多的金钱，我们可以帮助世界上更多的人，体会到做人的尊严和价值，还能让家人过上更好的生活。拿破仑·希尔说：“金钱只能受到那些刻意专心赚钱人的吸引，贫穷则专找那些乐意等待的人。心中没有金钱意识，大脑就会被贫穷意识所占据。”爱钱之心是取得金钱的原动力。因为我们爱钱，所以我们想钱；因为我们想钱，我们才去赚钱。赚钱的动力越大，我们赚钱的思维方法就越多，赚到的钱自然就越多。正所谓，赌徒恋赌，酒徒恋酒，好色之徒迷恋于色情。有权之人恋权，有名之人恋名，要致富我们就得用心与金钱谈恋爱。与美女谈恋爱，收获的是美女；与金钱谈恋爱，收获的自然是金钱。然而恋爱用什么？就得用心啊，心动还得行动。晚上想赚钱，白天可能就会看到钱，于是在我们脑海里，什么样的资讯都有可能成为我们赚钱的机会，什么样的人都有可能成为帮助我们赚钱的贵人。只有我们用心去关注、用心去发现、用心去经营、用心去行动，最终我们才会收获到金钱。如果我们不疼爱她，不珍惜她，看到心动的东西就把她抛弃，那就不能怪钱难挣、怪钱难留啦。试想想，我们生活中的每一次成功是否都与我们对某一事件的关注、爱惜和努力的程度密切相关？要是我们生活中缺失了某样东西，那绝对是因为我们没有给予它足够的关注、爱惜和奋斗！

我们怎样对待金钱，金钱就会怎样对待我们。穷人和富人的区别就源于金钱意识和观念的不同。金钱观念是一个人对于金钱的态度和把握金钱的能力。

富人认为挣钱必须投资，让钱来为我们工作，以便赚取更多的钱。其结果是钱为我服务，钱是我的奴隶，而非我是钱的奴隶。他们了解金钱的运动规律并为我所用，不是去创业就是去投资。即使一时手中没有钱去投资，他们也会利用看好的项目或包装好的项目招商引资、招股合资、借钱投资，从而一步步地做活做赚、做精做优、做强做大，最终滚动积累成个大金山。湖南省株洲市的李琪创业之初，手中只有27元钱，就是依靠动员大家借钱创业的。他先通过做水利水电工程，赚到第一桶金约800多万元。后因为工程受骗，在甘肃做起了食用油生意，别人的油用来炒菜，而他开发的亚麻油能直接喝，1斤卖到300元，短短5年时间，就创立了一个知名品牌，年销售额上亿元。

穷人认为工作为了挣钱，挣钱为了生活。其结果是拼命去挣钱，有了钱就去消费甚至挥霍浪费，最终花钱无节制，欲豁难填，到头来金钱没有积攒或增值。

看来，会赚钱还须会花钱。只有把钱花在该花的地方，花出资金的良性循环，我们才会舍中有得、永远有钱花！

然而，爱钱并不可以钱迷心窍、利令智昏、贪恋、自私、吝啬。不讲科学的固执己见、盲目蛮干、冒干、急干、苦干、瞎干，甚至为了钱财，不顾亲情，孤注一掷，铤而走险，违法乱纪，不择手段去索取，一毛不拔来占有，最终都会受到自然和社会法则的惩罚。

只有爱钱有度，惜钱有限，赚钱合法，积钱永远，才会幸福满满！

04

四、专业技能

专业知识和技能创造财富

1987年，43岁的退役团职干部任正非，与几个志同道合的人，凑来了2万元，创立了华为公司。创立初期，华为靠代理香港某公司的程控交换机获得了第一桶金，25年后华为的年销售额超过2 200亿元。这里蕴藏着什么样的秘密呢？

考证华为的发展，它有三种技能在支撑。

一是适应市场需求的技术创新和持续的开发能力。

当时，国内在程控交换技术上基本是空白，任正非敏感地意识到了这项技术的重要性，他将华为的所有资金投入到自有技术的研制中。此次孤注一掷没有让任正非失望——华为研制出了C&C08交换机，由于价格比国外同类产品低2/3，而功能与之相类似，市场前景十分可观。适度领先的技术开发，成为华为日后傲视同业的一大资本。

二是面对市场竞争的战略决策能力。

当时，国际电信巨头已经盘踞在中国各个省市，华为要与这些拥有雄厚财力、先进技术的百年老店直接交火，未免是以卵击石。最严峻的是，由于国内市场迅速进入恶性竞争阶段，国际电信巨头依仗雄厚财力，也开始大幅降价，妄图将国内新兴电信制造企业扼杀在摇篮里。熟读毛泽东著作的任正非，选择了一条“农村包围城市”的销售之路——华为先占领国际电信巨头没有能力深入的广大农村市场，步步为营，最后占领城市。理由有二：一是电信设备制造对售后服务要求很高，售后服务要花费大量的人力、物力、财力。国际电信巨头的分支服务机构最多只设立到省会城市以及沿海的重点城市，对于广大农村市场无暇顾及，而这正是像华为这样的本土企业的优势所在。二是农村市场购买力有限，即使国外产品大幅降价，也与农村市场的要求有段距离，因此，国际电信巨头基本上放弃了农村市场。事实证明，这个战略不仅使华为避免了被国际电信巨头扼杀，更让华为获得了长足发展，培养了一支精良的营销队伍，成长起来一个研发团队，积蓄了攻打城市战的资本。

三是持续完善、快速便捷的服务能力。

如果说小客户还可以靠价格打动，但对于欧美等发达国家的主流客户，单纯的价格战就很难起作用了，这些客户更关注的是设备提供商的综合实力，也就是说，从设备的设计、生产，到运输、安装、调试以及到后期的服务，都要有完善的持续的解决方案。一名欧洲老牌电信运营商这样说：“我们最怕的就是设备买回来几年后，设备供货商倒闭了，没有人来升级、维护，因此我们购买设备要综合考察设备供货商，只有那些具有持续发展的可能，在产品和服务上不用我们担心的供货商才会进入我们的视野。”华为独家中标QSC的NGN项目后，QSC总工程师是这样解释他们最终选择华为的原因：“华为公司以其快速的需求响应能力和技术创新能力给我们留下了非常深刻的印象，其‘端到端’的完善解决方案能够满足我们客户的需求。”为了满足用户的要求，华为本着贴近客户的原则，就在全国建立了几十个办事处和用户服务中心，在莫斯科设立代表处，在东欧十多个国家安装了设备，为香港提供了商业网、智慧网和接入网。

李嘉诚说：“在知识经济的时代里，如果你有资金，但缺乏知识，没有最新的资讯，无论何种行业，你越拼搏，失败的可能性越大；但是你有知识，又会运用，没有资金的话，小小的付出就能够有回报，并且很有可能达到成功。现在跟数年前相比，知识和资金在通往成功的道路上所起的作用完全不同”。知识是事业的能源，是成功的内燃剂。煤电油气紧缺，发展必受限制；我们的知识缺乏，成长就会缓慢，甚至还会带来严重的负面效应。如某养鸡场老板由于缺乏严格的防疫技术措施，导致一夜之间几十万只鸡死于鸡瘟，惨不忍睹。某豆制品企业老板给大城市经销商供应豆腐，由于缺乏商品经营的基本知识，事前与经销商没有书面供应合同、只有口头协议，商品又没有包装、没有商标、没有质检报告，大热天远距离运往大城市，被经销商拒收，几万斤鲜豆腐遇上八月大热天，倒都无处可倒。

然而，领导知识经济潮流的电脑巨子、通信巨子、精算巨子、传媒巨子、商界娇子、咨询大师、演讲大师却日益光芒万丈。资料显示，IT巨头比尔·盖茨平均每周增加资产4亿美元。他创造了财富史上的神话，连续十三年蝉联世界第一首富位置。他的成功与过去众所熟知的成功例子完全不同。在过去的一个世纪里，全球首富是石油大王、汽车大王、钢铁大王等企业巨子，他们的财富积累是通过其一生的努力，甚至是几代人的不懈奋斗，才逐渐完成的。他们的财富是建立在数不清的有形厂房、原材料、产成品之上的。而比尔·盖茨的微软公司，没有高大的厂房，没有堆积如山的原料，有的只是知识和智慧，他们的产品就是一张张软盘，是一个崭新的产业。比尔·盖茨的微软公司的产值大于美国三大汽车公司产值的总和。美国成功学大师科鲁奇获得社会学博士后，就决定做别人没有做过的事情，开始钻研杰出人物成功的秘密，经过对美国几乎所有的名人进行研究，最后得出几条成功的瑰宝，每小时的咨询费就高达一万美元。

专业技能

由此可见，创业是智者的游戏，知识和技能是创业的资本，是通向财富的阶梯，是打开财富之门的钥匙。穷人因为技能精湛而富，富人因为知识渊博而贵。

提升彰显我们的核心能力

阳春三月，有幸听了文化馆王馆长《关于非物质文化遗产的保护与传承》的专题报告，从中获悉澄城安里乡有个刘卓村，其手工传统挂面特别是盐酥空心挂面技艺，历代传承，确是一绝。

经考证，刘卓传统手工挂面，始于明末清初，经过历代祖传，至今已有400年的历史。它以绿色、美味、美观、适口、细腻、营养好受到消费者青睐，至今久销不衰。早在光绪年间，手工挂面就畅销于大荔、西安等地市场，大荔富商吴负忠以收购、经销刘卓挂面为主，每年十月至腊月前来刘卓马驮、车拉，收购挂面。原朝邑县刘门村富豪王相儿，为了减少当时清政府对他的赋税，在慈禧太后私访西安时，曾作为供品送给慈禧太后，太后吃后赞不绝口，回京时带走一担，相当于现在50千克左右，并为此每人减税银千两。时任澄城县令还给刘卓人在县城正街专门划拨了挂面市场，这种丰盛时期达二、三十年之遥。手工挂面分普通挂面、韭叶面、空心面、蛋清面、牛奶面等不同档次的营养食品，易于消化吸收，是绝佳上等补品。它以优质小麦为主料，提取65%的小麦精粉并配30%的井水和5%的食盐、鸡蛋、牛奶等原料制作，生产工艺达30多道，适应各种不同消费层次的需要，更有天然绿色保健食品之美称，深受广大消费者欢迎。年老体弱者经常食用，易于消化吸收，增进营养，延年益寿；孕妇、产妇食用，能滋阴补阳，恢复体力，提高产乳，促进新生婴儿成长；走亲访友，老人祝寿，相互馈赠，既美观大方，又食用方便，辅以菜肴，即成为席上之上等食品而回味无穷。挂面的细腻、细长、光滑、劲道、白净、有营养更成为天长地久、永远长寿的象征。

刘卓憨厚的祖辈们，用勤劳的双手，以地为本，以粮为业，以传统手工挂面为其核心技能，经过几十代人的琢磨与传承，使其畅销于国内广袤的市场。它创造了无限的商机，也引出了许多杰出人物。其中，张忠义就是该村最有代表意义的一个传承角色。

进入不惑之年的张忠义，懂种植、会养殖、能开车、会磨面，但最擅长的还是做传统手工空心挂面。它善于挖掘先辈之价值，传承先辈之技艺，运用现代之科技，创新原始之产品，加工生产的空心挂面与刘卓其他人相比，确有不同凡响之处。它既能保持空心挂面的原汁原味，又能使空心挂面的营养趋于均衡，而且产品包装独特，设计新颖，注意事项明了，煮面节时节能，因而十多年来，畅销三秦，供不应求。家庭常年做手工挂面，年创造收益 20 多万元。

为此我想，所谓核心能力就是在我们所有的能力当中，处于核心地位、起决定性作用的那个能力。只有这一专业技能，才是我们最特长、最拿手、最能给我们带来经营财富的技能。比如，最擅长创新的人，创新就是其核心能力；最擅长营销的人，市场营销就是其核心能力；最擅长采编的人，采编就是其核心能力；最擅长管理的人，管理就是其核心能力；最擅长领导艺术的人，领导才干就是其核心能力。拥有了它，就有了核心竞争能力。所以对于任何一个谋求事业成功的人来说，都必须聚焦、掌握、精通其核心技能。也只有其核心能力，才会打造出我们与众不同的做人与做事风格，从而彰显独特的差异化个性。当我们的差异化风格被社会大众广泛接受了的时候，我们就会成为一个地区或者一个行业的第一名，成为业内顶尖人物。例如都是企业家，张瑞敏是集权式领导风格，宗庆后是专断式领导风格，柳传志是民主式领导风格，不同的风格使他们各自成为知名企业家。都是国家政要，各自的政治立场、政治观点不同，领袖风格各异，铸就了他们不同的千秋。所以说，个人核心竞争力就是要将相同的职业打造出不同的风格来，将无差异化的工作打造出差异化的情形来。只有这样，我们才会鹤立人群，从而吸引人们眼球，别具一格地脱颖而出！要不然，我们就是泛泛一般。

打造核心能力，需要我们准确定位

定位的目的就是要将自己的最大长处经营发挥到极致，成为行业数一数二的人物。即我们应认清自己的兴趣爱好、天赋特长、情商、智商、财商、胆商、逆商等性格特点，然后聚焦我们最喜爱的行业、聚焦我们得心应手的职业、聚焦我们的优质人脉关系、聚焦并塑造我们的优良个性、品德与行事风格。包括其业务风格、管理风格和领导风格。据此定位我们的职业，究竟是适合长期做业务工作（善于钻研业务，漠视人际关系）、适合长期做管理工作（重视业务工作，善于与人沟通）、还是适合长期做领导工作（重视人际关系，乐于选人用人，熟悉业务工作）。当然即使有领导天分的人，一般也必须先从做业务开始，从做底层、中层管理开始，再根据工作适应程度和天时地利人和情况，决定是否适合做企业高层管理者或者做党政领导者。例如，牛根生一开始就把自己定位于蒙牛企业的领导人。唐骏一直把自己定位于一个职业经理人和高级管理者。著名访谈、节目主持人杨澜把自己定位于一个懂得市场规律的文化人，一个懂得和世界交流的文化人。

业务风格贵在创新，只有创新才能胜出。因为人们往往记不住共性，只记得个性；人们往往只记得某一类别的第一名，而会忽视第二第三名。业务风格就是我们从事专业活动所体现出来的专业形象，即人们对我们的专业印象。它一般包括科学研究风格、技术风格、经营风格、教学风格、文化艺术风格、写作风格、新闻采访和编辑风格等。例如，小王是个一专多能，多才多艺的人；小张精通机械、技术熟练；小李对业务认真负责、精益求精；小赵擅长交际，乐于与人交往；小雷有一股缠的精神；小江敢于碰硬。吴敬琏、厉以宁、张维迎是著名经济学家；韩寒、郭敬明、贾平凹是知名作家；韦唯、张也是著名歌唱家；唐国强、鲍国安是著名表演艺术家、张艺谋是国际著名导演，等等。作为业务工作者，一般应具备学习、钻研、专业、精通、提炼、创新的核心能力。

管理风格贵在严细，只有严细才有效益。因为只有适当严细，才能降低成本、控制费用；才能发现问题，分析问题，解决问题；才能做到是非分明、功过分明、奖惩分明；才能凝聚人心，调动其正能量，最终提高经营效益。管理风格就是我们从事管理活动所体现出来的管理行为模式。它通常表现有四种管理风格：指令式的管理风格，其行为模式是："我来决定，你来做"。教练式的管理风格，其行为模式是："我们探讨，我来决定"。团队式的管理风格，其行为模式是："我们探讨，我们决定"。授权式的管理风格，其行为模式是："你来决定，你来做"。当然也可以这样来分类：简单型，复杂型；严厉型，宽容型，宽严结合型；亲情型、友情型、温情型、随机型、制度型等。作为中层管理人员，为了尽快执行上级的决定，在规定的时间内完成上级分配的工作任务，一般应具备对所管辖的人力、财力、物力、时空、信息等资源进行计划、组织、指挥、协调和控制的核心能力。

领导风格贵在决策民主推进强势，只有适当强势才有作为。因为强势领导会使组织内部成员从思想上、行动上达到高度的统一与协调，快速实现领导目标。领导风格就是我们从事领导活动所体现出来的领导行为模式。它由领导的工作行为和关系行为组合而成。勒温理论把领导风格分为三种类型：专断式、民主式、放任式。而戈尔曼理论又将领导风格分为六种类型：远见型、民主型、教练型、示范型、关系型、命令型。当然也有人这样来分类：开拓创新型，稳妥保守型；个人专断型，团结协作型；豪放粗犷型，文雅儒商型；强势型，弱势型；果断型，迟疑型。或者是集几种类型于一体的综合型领导风格等。领导能力是对“人”这个第一资源也是单一资源而言的，他是干大事业者必须具备的核心能力。一个成功的企业家必定是一个好的领航人和导向人，一个善于识人用人的领导者。这个领导者一般应具备谋划决策、识人用人、激励指挥、沟通协调、教育监察五种核心领导力。他有战略眼光和经营智慧，高瞻远瞩，深谋远虑，敢于担当，善于决策，能够抓住机遇，果断拍板；能够及时预测，规避经营风险。他善于选人用人，大胆启用一批敬业负责、德才兼备、人岗匹配的专业人才。他善于激励指挥和驾驭团队成员，朝着预定目标前进。他严格管理，善于教育、培训和监察，是非清楚，功过分明，奖罚严明。他有全局观念和奉献精神，有责任心，有正义感，乐于助人，服务社会，公平公正，善于平衡和协调各种内外部关系，始终保持企业能够稳定发展。

打造核心能力，需要我们加强学习

人生在学习中成长，本领在实践中强化。实践是修正知识的最好标准，实践是强化技能的最好途径。

杨馥侠在开始经营紫微星多功能理疗产品时就遇到了这样的问题，店面里每天有二三十名的体验者，几个月下来顾客一致反映这个产品理疗效果很好，可为什么就是没有一名顾客愿意购买她们的产品呢？商品销售不出去又如何能够保证店面的正常运营呢？对此，她陷入深深的忧愁和思考之中……经过反复思考和咨询老师，她终于找到了问题的症结——原来是由于自己缺乏应有的专业知识和应有的服务观念所造成的。因为她一直认为只要产品效果好，不用多说顾客就会购买。所以就忽视了与顾客的感情沟通或者在与顾客的沟通过程中敷衍了事，往往显得很不耐心、很不细心、很不专业、很不到位，因而导致顾客对她很不信任。没有赢得顾客的信任，顾客就不会购买她的产品，因而她也就没有盈利。认识到这个问题之后，她就制定了一个周密的学习计划，坚持每天一个小时的自学，同时积极参加公司组织的各种业务技能培训。为了全面提高自己的业务能力，她坚持不错过公司组织的任何一次培训机会。公司的老师来讲课，她就用录音机把它录下来，反复地听，反复地学习。她自己也买了好多相关的书籍，坚持不懈地自学。她先后系统地学习了中华传统文化、中医养生与保健、营养与健康、运动与健康、环境与健康、心理与健康、人体构造与图解、常见慢性病的理疗与食疗、产品知识、直销沟通、商务礼仪、店面促销、店面管理及团队领导、理疗保健法规等相关知识，而且现学现用，活学活用，不懂就问，发现问题就及时查阅资料或者请教老师，到现在可以说她的业务技能水平有显著提高，基本达到一个专业级的水准要求。学习中她也觉得在生意场上，一个经营者如果能对自己的商品了如指掌，不但能说出它的原料、材料、结构、原理及价格，还能说出它跟其他同类产品相比较独有的特点和优点，又能正确而熟练地回答客户的质疑，那么只要价格合理，服务到位，客户就会欣然订货。因为她在客户心目中是一个专家，客户自然对她的商品建立起来信任感。同时由于专业，技术过硬，所以团队成员就佩服。通过学习提高，她在与客户的沟通当中，逐渐达到望闻问切知了病情，对症理疗加食疗，有的放矢，于是顾客也乐意与她交流，并愉快接受她提出的建议。这样她在一心为顾客着想与服务的同时，不仅解决了顾客的健康需求，也得到了相应的效益回报。几年间，她从不懂病理到懂病理，从不懂保健到懂保健，从不懂理疗到懂理疗，从不懂销售到懂销售，从不懂得怎么和人打交道到懂得交往、交流和交心，她觉得这一生没有白活，活得非常有意义。现在她不但拥有自己的形象店，而且拥有三支业务团队，大家互相理解、互相支持，走在紫薇星事业的康庄大道上，她感到欣然与快乐！

至于如何学习，我们的体会是：

一是向书本、向报刊、向互联网、向碟片学习，广泛阅读、汲取所需要的相关知识和信息。每月坚持读一两本成功励志方面、经济、经营管理方面、名人传记方面、中国传统文化方面、法律方面或专业技术方面的书籍。每周坚持上网了解有关信息。

二是每天看一次有意义、对我们有帮助的电视专题栏目，如每天的“新闻节目”，“经济信息联播”，“经济半小时”，“致富经”等，了解国家政策动向，只有不断关注政治大局才能准确把握经济时局。

三是走出家门听报告、做考察，向老师、向成功人士学习，学习发达地区和成功人士的观念、心态、思路、行为和工作方法。特别是一些重要会议一定要参加，一定要与成功人士多沟通多交流，建立优质人脉，与智者同行而后成为智者。莫要嫉妒，莫要埋怨，莫要后悔，莫要虚荣，莫要老盯别人的缺点，要多从别人身上学他人之长，集众人之长必长于众人，集成功人士之优必接近成功人士。

四是重视在工作实践中学习总结。积累经验靠经历，失败的教训要总结。经历是最大的财富、最大的智能、最丰富的知识。学习不但要钻研书本，更要身体力行，勇于实践，在实践中方能得到真知。

五是要有针对性地学。在学习中国传统文化、掌握圣贤智慧、修身养性的同时，我们要根据自己的职业状况和奋斗目标，本着“干什么，学什么，缺什么，补什么”的专业原则，现学现用，现蒸现卖。正如陈安之老师所说：“学习需要有计划。大部分的人学习是没有计划的，有人跟他讲某本书非常好，他就赶快去买一本来看。看了的确是有帮助，但可能不是他现在所需要的信息，所以无法立竿见影。一般人的资源和时间又是很有限，当他看的书籍或是上的课程没有办法立刻帮助他产生效果，事实上他便是在浪费自己的时间和金钱，这样的学习效果是有限的。”

六是要养成勤奋好学、挤时间的习惯。应注意每天坚持最少学习30分钟时间。要带着致富行动中遇到的问题、有目的地去学习，阅读不追踪问题，思维就捕捉不到目标，学习就难以有效。要重视记笔记，对好的东西随时抄记、转录、转载下来。在时间安排上注意随时随地，处处留心。走到那里，学到那里。

七是要有思考地学。正如古人所说：学而不思则罔，思而不学则殆。

八是要快乐地去学。书山有路读为径，学海无涯乐其中。杨振宁博士在中国科技大学做报告，讲到人才培养时，主张推行快乐学习法。如果我们学习一个东西不快乐，必须硬着头皮去学，那就说明这个学习内容很不适合我们。所以要选择那种真正感兴趣的、学习起来有趣的东西。这样的学习，我们就不会觉得是负担，不知不觉地就会把全部精力投入进去。如果我们发现自己对所学的东西一点都没兴趣，就要好好地衡量一下我们所选择的学习内容是否适合，适合自己的才是最重要的。

五、智慧良方

慧眼独到，看出商机

央视农业频道《致富经》栏目，报道了一位年近花甲的老人，他58岁时凭着一双慧眼，果断抓住商机，创业获得大成功。2002年以前，他的家乡浙江长兴由于大面积种植青梅树，导致青梅果的价格从2元一斤跌到了2毛一斤，青梅加工企业也纷纷倒闭。农民种青梅赔本，开始一窝蜂似地砍树。正当村支书要砍掉一片青梅树时，刚刚退休回来的他找到了支书，叫支书不要砍树，他要买下。别人要当柴烧的青梅树，他却要以5元钱一棵的价格买下来，并且要连同土地一起承包下来。接着，他到处收购青梅树，为了多买一些，他竟然卖掉了自己的两套房子。可买来的青梅树，他马上就砍成了树桩子，谁也看不懂他是想干什么。然而几年后，就是这些青梅树桩，在他的手里经过嫁接，红梅花儿竞相绽放，游客从此络绎不绝。10年后，他嫁接出的5万多棵红梅树，苦等三年不回头，一朝惊艳上海滩，在上海浦东新区的世纪公园产生了轰动效应，随后他顺利拿下20多个城市公园的梅花工程，一棵树卖到了几千、几万、甚至30多万元，他的梅花种植面积也达到1000多亩。为了走出一条梅花产业发展的新路子，他花费300多万元，历时三年多，经过一次次失败，一次次再试验，终于研制出了梅花香水，填补了国际市场空白。梅花香水系列产品的开发，使梅花的产业链进一步延伸，在他的带动下，很多农户由种果梅转向嫁接花梅，长兴县梅花种植面积发展到2万多亩。当地花农每年依靠栽植红梅收入都在10万元以上，多的家庭一年收入20多万元。梅花香水产品的成功开发，是中国民族花卉产业由种植业到深加工业转型升级发展的一个成功典范。用他的话说：市场上稀有的，没有的，肯定有市场，有钱景。2012年9月，他用梅花产业上赚来的一亿多元钱，在太湖之滨建成了中国第一座古木博物馆，把他的一件件古木珍藏展示给全社会，成为中国古木研究科考的基地。他就是浙江长兴东方梅园有限公司总经理吴晓红。

成功商人李晓华，他是中国最早拥有“法拉利跑车”的企业家之一。他曾荣获“中国十佳优秀民营企业家”和“全国十大扶贫状元”称号，美国总统曾邀请他到美国访问，称赞“他

慧眼独到　看出商机

是中国很成功的商人"，2000年他的个人资产就达到20多个亿。那么，一个如此经商成功的人，他的经营秘密到底是什么呢？当年他东渡日本留学，边学日语边打工，曾在餐馆里洗碗、端盘子，学到了日本人刻苦认真、坚忍不拔的敬业精神。一年后，当他看到日本报纸上登载"章光101毛发再生精"在日本走红的信息后，他立即觉察到经营这个产品一定有"钱"景。于是就下定决心，"一定要"取得该产品在日本的代理权。他很快来到该厂，提出代理该产品的请求。当该厂回答此产品货源紧张、供不应求、无须代理之时，他竟然提出只要贵厂同意其代理，他愿意无偿给贵厂提供一辆大巴作为员工的上下班交通工具，最终他的诚意感动了该厂，他的实力得到了该厂的认可，该厂同意了他的代理请求。后来由于他卓越的运营，使得日本家喻户晓，日本时任首相海部俊树亲自接见了他，称赞他是"中国最优秀和最有智慧的企业家"。随后他到香港创办了"香港华达集团"，并聘请澳大利亚前总理霍克作为自己的顾问。当时正处亚洲金融风暴之时，香港房地产价格下跌，他冷静地分析了市场前景后，认为这个时候正是购进房产的最佳时机，于是果断地买下了一批有升值潜力的低价房产，半年后房价果然上升，他抛出后大赚了一笔。有次他到东南亚考察，当得知马来西亚有条待修公路需要招标开发，而且距离该公路两千米处有一片石油和天然气田即将对外公布时，他晚上做梦时都看到这条未来的公路是条明晃晃的"金路"。于是他果断地倾注个人全部资金并在银行抵押贷款，中标投资修建了这条公路。六个月后果然政府公布该路段处油气田消息，这条公路因此福运来临，路价倍增。他及时抛出，净赚上亿元。

吴晓红、李晓华的财富积累过程，全凭拥有一双精明、聚光的慧眼。他们善于观察世界，能看出名堂、看出动向、看出商机、看出未来、看出利益、看出财富，不单会看，而且会听、会想、会说、会做，五项全能，方法至佳。

知其善舍，感召财源

提起牛根生，经济界无人不晓、无人不知。1978 年，20 岁的牛根生来到内蒙古伊利乳品厂，从一名洗瓶工一直干到副总经理。他在任副总期间，立下个规矩就是要“先大家，后小家”。单位给他一笔钱，让他买辆好车，他却换成五辆普通小汽车，直接分给部下，单位给他 108 万年薪，他也拿出来分给了大家。正是这样的超常举动引起了一些非议，进入不惑之年的牛根生被董事会免职，迎来了他人生的短暂困惑。经过激烈的思想斗争，牛根生决定还是干自己熟悉的乳品产业。当他正式决定要离开原企业创业时，就有三四百人要跟着他一道去创业，而且自愿募集 1 000 多万元放心地交给他，作为创业启动资金。面对资金少，又无奶源、无工厂、无市场的“三无”状态，他想到了借款建厂，但觉得渺茫。这个时候，经过思考，他创造性地提出“先建市场，后建工厂”的发展思路，就这样他带领蒙牛团队通过广告拉动，不但创造了火箭式的营业增长速度，还使自治区内外的 8 个奶企走出濒临破产的窘境，同时也使一大批员工摆脱了下岗失业的命运。在企业经营管理方面，牛根生信奉的理念是“小胜凭智，大胜靠德，经营重在人心。”他解释说：消费者要好产品，股东投资求回报，银行注入图利息，员工参与为收入，合作伙伴需赚钱，父老乡亲盼收益。只有在消费者、股东、银行、员工、合作伙伴、社会六者之间的均衡收益才是真正意义的可持续收益。只有这种兼容并蓄，想着自己，兼顾他人，与大众命运相关联的事业，才是真正可持续的事业。几年间，牛根生正是通过其卓越的创业智慧和优秀品德，使蒙牛一跃成为中国最著名的乳品企业。

其实，世界上几乎所有的富翁都是“善舍”（会投入、懂付出、知施舍）的智者，他们每年都在做慈善事业和有效投资与付出。

《孝经》里讲：“满而不溢，长守富贵。”善舍不是乱舍，它是一种人生智慧。这正如经济学投入产出理论一样，即没有投入也就没有产出，没有付出也就没有收获。只有善舍，才会善得。只有敢于吃亏，肯于施舍的人，才会赢得人脉、赢得他人对我们的支持和帮助。成功人士一定是比常人投入的多、付出的多的人。为此，善舍需要明确舍给谁、舍什么、怎样舍三个问题。

善舍的对象，有四个层次：

第一是处理好与家庭之关系。应为孝敬父母而舍，为兄弟和睦而舍，为夫妻情爱而舍，为教育儿女而舍。这样方能凝聚亲心关爱我。

第二是处理好与国家、社会之关系，应为个人事业而舍，为社会发展而舍，为民族大义而舍。这样方能凝聚国心倾斜我。

第三是处理好与上下级之关系，应为敬重领导而舍，为关爱部属而舍。这样方能凝聚君心支持我。

第四是处理好与他人之关系，应为感激恩人而舍，为答谢客户而舍，为朋友义气而舍，为扶贫帮困而舍。这样方能凝聚民心拥护我。

善舍什么？我们可以舍得脸面，舍得言语，舍得好话，舍得吃苦，舍得时间，舍得知识、舍得技能，舍得精力，舍得智慧，舍得感情，舍得钱物。

善舍的方法，就是抓住机会，遇到好的投资项目就果断去投资；顺其自然，遇到需要付出的事情就勇敢去付出；行善积德，遇到需要施舍的对象就酌情去施舍！

艰难问题，借势显威

耀华集团曾经投入2亿多元，兼并了合肥高压开关总厂。在工厂尚未恢复生产时，讨债的法院传票接连不断，合肥高压开关总厂原先的债主不断找上门来。你争我吵，秩序混乱，往往弄得人们频于应付，焦头烂额，疲惫不堪。面对此种情况，耀华集团董事长何建国不但没有退却，而是借势依靠合肥市各级党政领导的支持和帮助，使合肥高压开关厂的兼并重组工作顺利进行，生产得以尽快回复。之后何建国又接连兼并了安庆变压器有限公司、广德电器有限公司、安庆高压电器厂。接着，安徽耀华科技工业园开工，耀华钢结构公司和安徽山元智慧有限公司先后开业。在短短的一年半时间里，耀华集团的前进步伐不断加快，而且都发展良好，集团销售收入突破15亿元。

看来，背靠大树好乘凉。在某些特定的情况下，面对某些艰难问题和刁难性事件，为了平息大的利益纷争和经济风波，为了达到更高一级的和谐与合作，适当采取一些斗争性的思维方式，用势显威，狐假虎威，压倒对方，征服对方，占据主动，逼其妥协，促其让步，从而和解，合作共赢，还是非常必要的。一代商人胡雪岩就说过：做生意就如行船，有了东风就能更好行船。

20世纪香港地产发生危机时，某地产大亨的负债高达89亿美元，可他却对银行说："要我还款，就得帮我维持高端的生活品质。"于是尽管他负债累累，但他依旧住着豪宅，开着奢侈的豪华车，逐步重建起江山。他认为，当前最重要的是，不要把注意力集中到眼前的负债和负面状况，而应该将重点放在解决问题之道上。也就是说，要解决眼前之大困难大问题，就不能倒牌子倒势。否则，问题将会更加难以解决。这正如辛月所讲："穷人做事，富人做势。穷人只在乎赚了多少钱，而富人则在乎赚钱的方法。"一个人要奠定大的事业格局、解决大的矛盾和问题，只能靠"势"去解决。

那什么是势呢？势就是气势。气势就是干事业的气度、胸怀、魄力、声势和力度，就是一种高调做事、张扬干事、善于造势的精神状态。

气势是一个人，一个家庭，一个民族，一个国家的生气、朝气。一个人的气势就是他的志气、骨气和豪迈之气。一个人的气势往往决定着一个家庭的气势，无数人的气势汇聚成一个团队的气势。一个团队的"势"，就是在统一思想，统一信念，统一意志，统一行动的前提下形成的一种精神力量。无数人和无数家庭的气势汇成一个国家与民族的气势。这个气势气贯长虹，气势恢弘。这个气势居高临下，势如劈竹，无往而不胜。

我们究竟是给人展现一副漠不关心之势，还是敢于负责之势；消极悲观之势，还是积极进取之势；柔弱之势，还是强劲之势；低声细气之势，还是铿锵有力之势；平平淡淡之势，还是气度不凡之势；慢慢腾腾之势，还是风风火火之势；孤单之势，还是团队之势，都将决定人们对我们的印象和态度。

势有官场势、商场势、江湖势，长势（身体魁伟）、语势（说话有力）、财势、权势、武势、队势（组建团队、人多力量大）、造势（打造环境、景物、衣着、轿车、豪宅、利用新闻媒体造舆论)。如果把梦想比作“柴”，把势比作“风”，把能力比作“火”，三者的关系就是火能借风势，风势助柴威，梦想被点燃。结果，“沉舟侧畔千帆过，病树前头万木春”，大势所趋，势不可挡。

如果一个人的胆量表现在敢不敢说和做，那么他的气势则表现在说和做的力度上。我们坐的车豪华气派，办公室宽敞大雅，请客吃饭热情豪爽，外表气宇轩昂，说话铿锵有力，我们的歌唱、表演充满力量，我们的文章鼓舞斗志，我们策划的会议很隆重，我们设计的建筑很恢宏，我们所领导的团队精神抖擞等，都能显示其气势。

无限极（中国）有限公司直销精英、首席业务总监刘莉，月收入上百万元。她常年带领其美女团队到处演讲、启发、引导和激励他人；她经常挂在嘴边有三句话：奔走相告！跟我来！没有困难！就是凭着这种领导人的信念与霸气赢得了大半个中国市场，取得了可观的销售收入。

财富累积，依靠系统

1995 年，投资 5 万美元的“永和大王”第一家店在上海开张。到现在工作人员总数超过 3 000 名，年营业收入超过 3 亿元，人均年营业收入 10 万元。该店主要经营的食品只有豆浆和油条。在此可能有人要问，单价 2 元的油条和豆浆，怎么可能做到年营业额 3 亿元呢?

永和大王的老板就是一个善用小钱撬动大买卖的高级职业经理人。他策划了一个“中国麦当劳”的概念，就吸引来了 200 万美元的投资基金。有了这笔风险基金的注入，永和大王的开店速度一下子增加到了 18 家。两年后他又吸引了更大的 1 100 万美元的投资，于是永和大王快速扩店，一下突破50家，到2002年永和大王终于规模效益显现，盈利800万元。到现在，开店数突破100多家，营业收入突破3亿元，成为中国快餐业第一品牌。

紫薇星金牌经销商王亚丽经营广东紫薇星实业有限公司系列产品十多年时间，现在由于年龄等一些原因退居二线，可她经营起来的专卖系统照样营业，她也因此每年还可继续获得系统性收入几十万元。

这些故事说明，致富需要树立累积性的财商观念，需要组建强大的经营系统，量大才是致富的关键。选择一个未来有发展前景，可复制、可倍增、可网络化经营的产业或产品，去投资、去经营，我们才会取得源源不断的投资性收益。

大家都知道，在我们的现代家庭生活中，有自来水管道、有天然气管道、有暖气管道，他们的共同点就是：当我们需要的时候，一扭开关，干净无污染清澈的水就来了、安全无泄漏的天然气就来了、散发着一定温度的暖气就来了……于是有人据此推理，能不能建起一条条收入管道，也就是输钱管道。当我们需要花钱的时候，就会有源源不断的金钱供我们使用。

事实上，现在银行卡的推行，只要我们按个密码，就能刷卡消费。但问题是：要保证随时都能刷卡消费，就必须使银行卡上月月有钱进账。那如何才能做到始终有钱进账呢？

《富爸爸》告诉我们，赚钱不是靠勤奋、靠忙碌，而是靠“累积性”的工作系统。也就是说，当我们的工作年限、团队组织、企业规模、客户资源、经营业绩累积到一定的时候，我们的财富收入系统就已经建成了。而且我们工作的时间越长，我们各方面投入的也就越多，我们的系统就会建设得越来越大，我们的累积性收入也就会越来越多。即使有一天当我们不在岗时、离岗时、或者退休后，我们组建起来的系统依然在运转，我们就会获得系统周期性的分配给我们应得的那份收入，这种收入就像输水管道一样源源不断地进入我们的银行账号，我们就一直享受着这种多年投入而后持续性产出的管道收入，直到永远……这就是累积性的财商观念。

累积性的财商观念要求我们既要知道世界财富在哪里，又要知道如何去创造财富。骆超老师的《终端之战》告诉现代人们有八条思路：

谁拥有终端市场，谁就拥有世界财富；

谁锁定并长期固定地拥有一大批消费者，谁就拥有世界财富；

谁有眼光，会定位，能创建可被复制的成功模式，谁就拥有世界财富；

谁将销售产品，融入一种创新理念，不单卖产品更在卖文化，谁就拥有世界财富；

谁拥有品格和团队，谁就拥有世界财富；

谁动手快，做的大，谁就拥有世界财富；

谁树立了以人为本，教育先行的思维方式和行为模式，谁就拥有世界财富；

谁会讲故事，树品牌，谁就拥有世界财富。

由于21世纪具有学习力、思考力和行动力的人会越来越多地拥有以上八个方面的知识和技能，所以世界财富将会流向他们。

当然，管道收入系统不是一般的收入渠道，而是在我们不工作时能够获得的被动收入。即使我们停止工作，由于系统依然在工作，所以仍然有源源不断的收入流进我们的银行账号，只要我们需要，一刷卡便可使用。

例如：只要我们在工作时期按月交纳养老保险费，退休后就能月月领到退休金，这就是我们人人都应该建立起来的一条收入管道。

精心打造个企业集团，由于客户资源的累积，每年都会有销售收入和收益进账，这也是一条收入管道。

开办个医院，每天都会有众多的疾病患者上门给我们送钱，这又是一条收入管道。

开办个学校，每年都会有众多的学子上门给我们送钱，这还是一条收入管道。

创建一个可复制、可倍增、可加盟连锁经营的企业，实行直销人员或专卖店面倍增。像无限极、紫微星、永和大王等，只要每天这些人（店面）中的大部分人（店）进行销售和消费活动，我们就会有源源不断的销售佣金、提成费或组织奖进账，这同样是一条收入管道。

【第二章】

掌握五步要领

本章提示：决策不对，辛苦白费，致富要有思考力。著名国学大师翟鸿燊老师说：“思考力是万力之源，思考一旦出了偏差，执行力越强，犯的错误越大。”思考力就是一个人善于围绕发展目标捕捉信息、整合信息，求证机会、抓住机会，发现问题、分析问题、解决问题，谋划决策的思维能力。知识经济时代要求我们必须体脑同勤，既要身体力行能吃苦，更要善于用脑去思考。思考致富贵在把握好五步要领：梦想、机会、职业、计划、决心。

一、激发欲望，扬帆梦想

欲望是致富的原动力

我有幸在大连聆听了陈安之老师讲的《超级成功学》，收获很大。提起陈安之老师，营销界人士几乎没有不知道的，他是国际知名的成功学培训权威。

陈安之国际机构大陆计划正式启动的前三天，陈安之并没有像一般公司那样，将公式新招聘来的员工集合到会议室进行入职培训，而是将他们带去连续参观三天。

第一天，陈安之带他们去深圳和广州看两地最好的楼盘，大小都在200平方米以上，装饰豪华，远远望去，青山绿水，蓝天白云，珠江风景尽收眼底……

第二天，陈安之又带他们去深圳和广州看别墅，超大豪华，1000平方米，四层楼，私人花园，私人游泳池……

第三天，陈安之又带他们去深圳和广州看世界顶级名车：法拉利、宾利、保时捷、劳斯莱斯，去体验宝马、奔驰，看看进出那里的都是些什么档次的人，直至看得大家两眼发直……

陈安之这到底是什么意思呢？

通过带他们参观，陈安之是在有意识地激发他们每个人心中潜在的那种想过好日子的生活欲望。

之后，陈安之才召集他们召开新人入职会议。会上陈安之又帮助他们每个人分阶段制定奋斗目标，书写“阶段梦想板”（这个很重要，只要我们每天看着它、想着它并且相信会拥有它，到时就一定能够实现它，这用潜意识的概念讲就叫做吸收正能量）。其中有一个女学员名叫徐鹤宁，外号阿吹，她的欲望被点燃，当场就夸出大口，一年内要实现房、车目标。

徐鹤宁出生于一个普通家庭，从小渴望过上富裕生活。21岁大学毕业后她开始做销售工作，想尽快赚大钱。为了提高自己的行销能力，她22岁拿2000元闯深圳，应聘进入陈安之大陆培训机构，拜陈安之为人生教练，开始了自己的学习、演讲和销售生涯。通过学习、听取世界各行各业销售冠军的课，她开阔了思维，知识的积淀又使她力量倍增，她决定去开拓广州市场。一月内，他每天电话不停地联系，马不停蹄地奔走各企业，大胆地推销自己，激情的演讲，终于在某一个月销售陈安之课程达309人，半年内实现了她进入广州的第一个梦想——给自己的父母在珠江边上购买了百万元的住宅。通过努力，年底她又实现了人生的第二个梦想——买回了心爱的敞篷宝马车。第二年，她以一小时演讲推广销售课程104人，打破行业亚洲销售冠军；第三年，她以一月销售课程540人，打破行业世界销售冠军。28岁前，她实现了第三个人生梦想，夫妇双方带上了10多万元的劳力士手表，有了自己的豪华别墅，漂亮女儿，座驾也变成价值130万元的保时捷轿车。现在她居住城堡、座拥880万元的世界名车劳斯莱斯。她是成为世界潜能激励大师安东尼·罗宾连续两年亲自颁发两个奖杯的唯一女性演说家。她被媒体称为“中国的乔·吉拉德”、“亚洲销售女神”！

看来，欲望是人类本能。《欲望与财富》的作者黄刚伟谈到：“欲望是创业致富的原动力，知足者难成富豪。”强烈的致富欲望才是创造财富、走向财富的第一步。

说到人类的欲望，它是多种多样的。有求生欲、求道欲、求职欲；有食欲、性欲、爱欲；有权力欲、成名欲、财富欲、享受欲等，构成一个复杂的欲望系统。人类的欲望又是无限的，正如有句话所说“欲壑难填”。欲望的过度释放会造成负面的力量。因为欲望，人们走向两极；因为欲望，人们改写人生。好多人因为驾驭不了自己的欲望，最终走上了不归路。欲壑的表现方式主要是权、钱、色三个字，只要我们能从心底里把握好、控制好个人追求“权力”、追求“帅男美女”、追求“金钱”的“度”及其追求的手段、方式，就不会出问题。超过了一定限度，就违背经济规律，就会触犯法律、触及道德底线。

欲望是致富的原动力

杨女士由于办厂失误，借了

他人 50 万元钱一时无法归还，人家又连续催债很急，她整天做梦都想发财，给人家还上这笔款。于是从中央电视七台广告栏目中看到一则利好消息，认为可以很快发财，就前去北京接触这家企业，当中虽然也发现这家公司存在疑点，但由于缺乏许可加盟方面的基本知识，个人又急于赚钱还账，考虑到对方给的加工费用又这么高（诱饵），于是就利令智昏，欲望膨胀，草率地和北京可丽斯朵国际科贸有限公司签订了水晶花来料加工合同，并交纳了合同履约金。谁知合同履约不到一个多月，对方人去楼空。全国有几十人上百万元保证金被骗。于是傻眼，大家都去报警，经过北京市公安机关历时一年多的侦破，骗子被绳之以法。但所骗之款，已经挥霍，无法追回，这就是愚昧、盲目、草率的赚钱心态和不正常的赚钱欲望造成的损失和骗子无视道德、违法乱纪的结果。

致富从扬帆梦想起航

2014 年，陕西省决定从优秀农村干部和优秀工人、农民中招录公务员。我们单位就招进来一名，他叫党中秋，是原富源村党支部书记。此人年方四十出头，有朝气、有才气、有思想、也有梦想。于是我同他进行了一次深刻交流，涉及家庭收入、未来设想等。当问及："你知道什么是中等收入群体吗?"

他不假思索地说："按照国家统计局的概念，就是一个居民家庭年纯收入达到 6 万元以上、50 万元以下就算是中等收入。国家之所以制定了这么大的一个收入范围，那是因为全国地域发展有差异、收入水平有差异、住房价格有差异、生活方式有差异。一线城市与二、三线城市之间，大、中、小城市之间，城市与小城镇、乡村之间实在差异太大。年收入6万元在小城镇、农村就能过上中等收入群体生活，但在京、上、广、深一线城市要过上中等收入群体生活可能年收入就需要达到50万元。”

我说：“看来你非常清楚，那你是否想尽快步入中等收入群体行列?”

他底气十足地回答道：“我现在是党政机关公务员，每年有固定的工资收入，家中办了个养殖场，年生猪存栏1 000头，每年纯收入最少10万元，这样家庭年总收入在15万元以上，已经步入中等收入群体。”

当我再问：“家庭年收入15万元在农村是个什么概念?”

“已经相当富裕了，农村吃住成本很低，每月除支付必要的水、电、网、通讯、油料、社交等费用，基本没处花钱。”他继续说：“我今后的梦想是要抓住国家建成小康社会的有利时机，边学习边提高，边干公务边规模化、集约化、现代化养殖生猪，用6年左右时间实现家庭年收入稳定在20万元以上，争取车房上档，出国旅游。”

今年春节，我去朋友家拜年，席间遇到了渭南绿源养殖业发展有限公司董事长兼总经理杨全武，他高中毕业后回家务农。2006年冬季，父亲因患肺气肿病重住院，当时他几乎身无分文，为凑齐5 300元的住院费，他跑东家借西家，四处求人，多则1 000元，少则200元。当他把药拿到病房时，他流出了无助而伤心的泪水。就是这段刻骨铭心的经历刺痛了他，他穷则思变，产生了强烈的财富欲望和创业念头。于是他成功创办养鸡场，现在年出栏肉鸡3万只，受到政府的表彰和奖励。他说：“一个人的致富梦想源自于他对金钱和财富的渴望。如果我们渴望财富的欲望真的很强烈，我们的信念就会成为一种挥之不去的念头，这时我们的梦想和胸怀有多大，我们财富人生的舞台就会有多大。”

这时我问杨总：“那你说什么是人生梦想呢?”

杨总说："我的理解，梦想就是给我们自己设置一个愿景。梦想就是深藏在我们内心深处最殷切的愿望和强烈的渴望。梦想就是我们想要成为什么样的人。梦想就是我们想要实现的人生目标。当然，梦想等于理想加幻想。梦想可能实现，也可能不得实现。为此，梦想首先要敢想，要立足现实，不断放大我们的思考格局去想。如果我们连想都不敢想或者不去想，一般情况下我们不可能获得什么。"

这时我的朋友也插话了，说："前几年左邻右舍的人都劝我买个房子，我就是不愿意买，说什么租房比买房便宜。其实我手中当时还有几个钱，老是想干其他事情，说房子有的是。到了现在，房子固然有的是，但房价一涨再涨。所以说，我不想房子，房子自然不会青睐我。要想获得票子、房子、车子等，这一切我们都得去想。"

"是啊，圆梦首先得造梦，然后去追梦。"我说。

想富才会富裕

今天礼拜天，无事上网，翻阅到水果罐头制造商林楠的博客。了解到他每年要准备5000多万元的现金去收购水果，他不但把水果深加工产品卖到了全世界30多个国家，国内市场的销售额也超过了1.5亿元。他之所以能够取得这样骄人的业绩，用他的话说："我就是这样一个渴望成功的人，而且是极度渴望成功，我认准的事，我骨子里往外都觉得肯定能做成。"正是因为他那渴望富裕的想法，才使他把个濒临倒闭的企业，经营得风生水起。

林楠1994年用10万元建了一个小型的罐头加工厂。因为一次向日本出口红豆罐头时，每瓶少装了5克遭到了日本客商索赔80万元。然而，欠下80万元外债，并没有压垮他。为了事业成功，他失败后的赚钱欲望更强烈。他决定去找朋友借100万元从头再来。张相宝在大连是经营粮油生意的，为了能得到张相宝100万元的资金支持，他开出了每年30万元利息回报。其实30万元能不能还上他当时是一点概念也没有，但是他就知道借不到100万元他就惨了，他就死定了。

林楠极度渴望成功的欲望和成就事业的信心，最终打动了张相宝。张相宝没有要每年30万元的高额回报，而是拿100万元入股林楠公司，占有他公司25%的股份。有了这100万元，徘徊在倒闭边缘的罐头加工厂，又开始了正常的运转，林楠也迎来了他翻身的机会。

1997年，一些日本客商在中国寻找鹌鹑蛋罐头加工企业，虽然加工鹌鹑蛋罐头出口一个集装箱可以净赚3万元。可当时却没有一家工厂愿意接这个活，因为高利润诱惑力的背后蕴藏着巨大的风险。别人不敢接的订单，林楠却看作是一次翻身的好机会，林楠接下这日本订单，一年就净赚了200多万元。2000年，林楠突然决定要自断财路，缩减给日本的供货量。而让林楠这样做的原因，就是1999年他去欧洲参加了世界最大的食品博览会。在这次博览会上，他发现了一个现象，一些外国客商撇开过去水果罐头的供应大国，主动和中国企业谈合作的意向。很多客户当场就说，你们能生产什么东西，我们就下什么订单，这种说法在做了七八年的罐头外贸生意中是没遇见过的。一会儿工夫他们就定了70个集装箱。财富的敏感让林楠判断，国外客商的主动行为，未来一定有赚钱的好机会。水果原料充足，劳动力便宜，让中国的产品在国际水果罐头市场上具有竞争力。林楠抓住了这次机遇，抢先一步让产品质量与国际加工标准接轨，靠出口一年就创造2亿多元的财富。

然而，这些还不能满足林楠极度渴望财富的欲望，接下来他还要开辟另一个市场。从 2002 年以后，中国水果罐头出口开始达到了高峰，很多人都进入到了罐头加工行业，导致出口产业中竞争激烈。在这种市场环境下，林楠把未来的发展瞄向了国内市场。国内当时大多数罐头商都去占据低端的消费市场，等于所有的罐头商都把高端市场让出来了，没有一个人敢去涉猎这个高档次的消费领域。林楠决定制作高档的水果罐头，而他打开高端市场的突破口，就是在包装水果罐头的玻璃瓶上做文章。他让弟弟根据家里的咸菜坛子，设计了一个容量 360 克，比市场上普通 770 克罐头，少一半多的玻璃瓶包装。大约能灌 4～6 片，也就是适合一个人一次性消费掉的量。就这样，2009 年林楠的产品卖到了全国 120 多个城市，拥有了 140 多个经销商，年销售额超过 1.5 亿元。

林楠的成功创业经验，正如拿破仑·希尔在《思考致富》一书中谈到的："所有的成功和财富都源于一个想法。你只要拥有获取财富的想法，那么，你所接触到的任何东西都会变为可以使你获益的资产。"然而，一个人的梦想境界往往又会限制他去做什么或者他将变成怎样一个人，除非有意外，否则他很难超越自己心中所划出的境界圈子。一个想成就大业的人，就得不断突破其思维屏障，不断放大自己的梦想格局，只有想大才会做大！

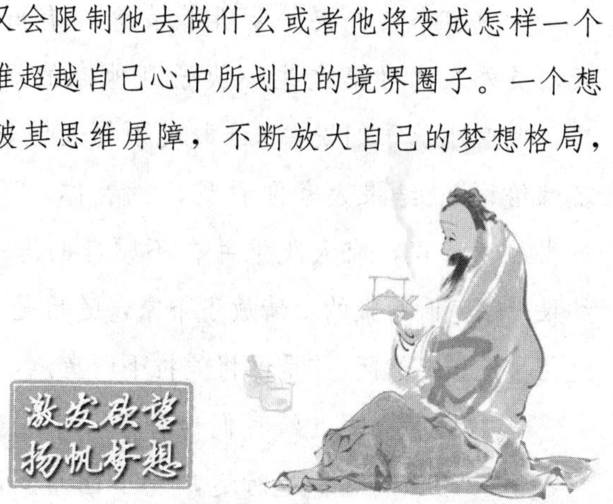

二、依据心性，抓住机遇

机遇光顾有准备的人

古时有个员外要给女儿找女婿，有好多小伙都想攀龙附凤。有一天，员外有意召集这些小伙子到他家的后花园进行面试，站在鳄鱼池边，他对小伙子们说："谁敢跳下鳄鱼池，从这边游到那边，我的女儿就嫁给谁"。结果大家你看我，我看你，不知谁敢跳下……就在这时忽听得扑通一声，有人跳下并奋不顾身的游了过去，爬上池岸，安全无恙。结果大家一时紧张的心情放了下来，随后是一片欢呼喝彩之声。就在这时，这位小伙子突然问："是谁将他推下鳄鱼池，给了他这次机会?"

这个故事从两点给我们诠释了一个完整的机遇概念：

第一点，机遇就是时运，它不期而至，可遇不可求。也就是我们梦想做什么事情，结果天遂人愿，就恰巧遇见什么人给我们介绍、指点或帮助我们实现什么事情，并在特定的时间内，特定的空间环境下，各方面因素配合恰当，正好产生了有利的条件。它一般是在一片朦胧声、担心声、排斥声、反对声、议论声中产生，在一片喝彩声、赞美声中结束的。这个小伙之所以赢得这次机会就是恰巧在关键时候被他人推了一下的结果。

第二点，机遇青睐于有准备的头脑，有梦想、有福报、有技能准备者定能抓住。假如这个小伙从思想深处不想得到员外的女儿，他就用不着挤到鳄鱼池边；假若他没有这份福报，就不会有人推他；假若他事前不会游泳，没有游泳技能的训练，肯定被水淹死或者被鳄鱼吃掉，游不到对岸，照样得不到员外的女儿。

前天，在茶楼我遇到了一位同事，说起了当年和他一同上党校的同学老张，为人忠诚宽厚，工作能力并不突出，也似乎没有什么非常过人之处，可现在人家已经是渭南市某县的一名县长，自己怎么也想不通，并埋怨说："无非是人家的运气好，人家的脚步赶得好，我生来就没有那么好的造化。"对此，我是这样回应的：你这句话也许有道理，但不完全正确。运气对任何人都是均等的，人一辈子总会有走运的时候，不可能长期处于倒运状态，就看你在机运来临的关键时候有没有这方面的心理和技能准备。你若有准备，就能及时地抓住它，你可能从此命运就会大改变；你若无准备，就会抓不住，你留下的就只有后悔！例如，2005 年 3 月，某局办公室李主任给市委书记写了一封

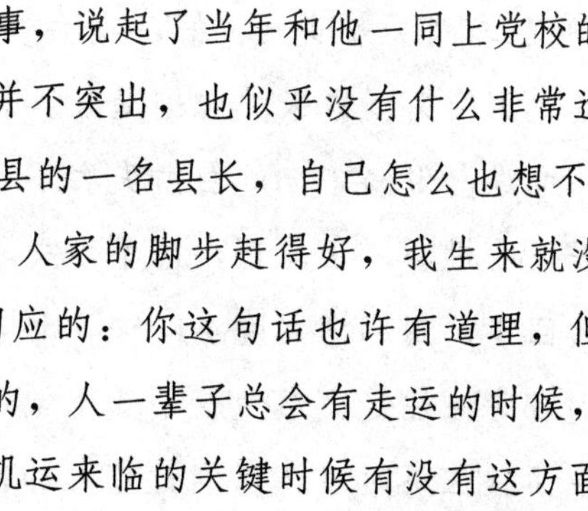

机遇光顾有准备的人

《关于＊＊市经济发展战略的意见》文稿，市委书记看后，觉得这篇文章既有理论的高度，又有思想的深度，还有操作的可行度，随后又通过其他领导人，了解到此人年轻、确实有学识、有思想，有敬业精神。8月，正好该局李副局长内定要调走，市委书记就想到了李某。如果李某确实能行，就准备让李某补这一空缺。为此，他想通过汇报工作对李某做进一步的了解。于是市委书记就让秘书通知李某，说下午在市委招待所，有个经济部门领导研讨会，让他参加。目的是通过会中发言，细作观察。李某接到电话，他是这样想的：部门领导研讨会，让他参加干嘛，肯定是秘书通知错了，应该是李副局长参加。电话未落，正好李副局长进门，李某连忙说："李副局长，市委通知你下午在招待所开个研讨会。"李副局长说："好，我去参加。"二十多天后，李副局长调走，从其他部门又调进来一位副局长。就这样，因为李某思想上一时没有准备，思维出现偏差，就白白失去了一次展示自己的机会，从而失去了一次提拔的机会。正所谓，机不可失，时不再来。后来他才知道，原来是那么回事，想起悔之晚矣……不过，从这个实例中我们也可能觉察到，机遇有时往往是突然地、不知不觉地、甚至当时不为人所明显察觉，只是在回首往事时才认识到过去的那件事是个机遇，庆幸因为有心理准备而抓住了它，或者后悔因为没有心理准备而失去了它。正如有人所说，机遇来时像小偷，走的时候才知道损失惨重！

依据心性，把握机会

霍兰德在其所著的《职业决策》中，将人的职业适应性根据其心性特点细分为事业、社会、艺术、研究、传统、实际六种类型：

事业型（党政领导型或经商创业型）：具有冒险、野心特征。追求政治上或经济上的成就，有说服力和领导力，擅长做领导工作，喜欢和人打交道。此类人经常性地教导、启发或训练别人，心理承受能力好、坚强韧性、乐观自信，胆识过人，不愿久居人下，适合做政客或创业家、企业家。

社会型（对外交往型），善于和人交往，处处与人为善，乐于为他人提供服务和帮助。此类人爱好交往，热情、开朗、乐观，或者慷慨陈词，侃侃而谈，滔滔不绝。适合选择外交官、媒体记者、管理者、公务员、律师、演讲家、营销人员、公关人员等工作。

艺术型（艺术创造型），此类人有艺术直觉、抽象思维、艺术创造的能力，善于用超前观念思维问题，标新立异、与众不同。此类人语言应对灵活、敏捷，喜欢从事艺术创造性的活动。适合选择艺术设计、音乐演唱、文学创作，从事策划编辑、广告类或导演、节目主持、播音、影视表演、演唱、写小说、编剧本等工作。

研究型（求知科研型），喜欢运用想象力和创造力，在无拘无束、自由的空间环境中独立观察、学习、研究、分析、评估和解决问题，完成欲很强。但人际敏感性差，缺乏与人打交道的兴趣和能力、几乎没有领导才干。典型职业包括学者、科研人员、讲师、教授、工程师、经济师、统计师、会计师、咨询人员等。

传统型（事务办理型），喜欢从事文秘写作或数理、数字分析，能够服从领导，听从指挥，完成领导交办的工作。此类人生性谨慎、顺从、细心，喜欢有计划有规划有条理的工作环境，适合选择文秘、财会、出纳、统计、图书、档案管理等常规性工作。

实际型（技能操作型），喜欢技能操作，比较缺乏社交能力，如技工、修理工、技术员、制图员、机械装配员、电脑程序员等。

因而我们在为自己的职业发展路子做规划时，首先就要正确测定、深刻认识自己的独特个性，从而科学地确定符合个人心性特点的职业发展方向。

出生在河南省宜阳县的农村姑娘丁世燕，当年一没技术、二没资金，三没人脉，进入安阳城后，凭着自己与老板忠诚和谐的雇佣关系、精明的头脑和善于捕捉商机的智慧与胆量，抓住机遇盘花店、摆摊卖伞、制卖胸卡，巧妙地发了财，在城里住上了大房子，开起了小轿车，成为古城安阳最年轻的百万富姐。

五月的一天，河南宜阳农村姑娘丁世燕途经安阳市制伞厂，看见厂门口许多职工在摆摊卖伞。她还以为是伞厂在举办什么促销活动，上前一问才知道是伞厂倒闭了，厂子给每个工人发1000把雨伞，以每把2元钱顶工资呢！这时丁世燕就想，这么漂亮的雨伞，才2元钱一把，在商场每把伞最少也得六七元，如果自己把这些雨伞买过来再卖出去，肯定能大赚一笔。于是她决定抓住这次机会，专在下雨的时候把伞卖给那些没带雨具的人。

她先从卖伞的大嫂手中收购了100把雨伞。六一儿童节那天下午两点多钟，安阳的天气骤然突变。丁世燕赶紧穿上雨披，骑上摩托车，戴着一大捆雨伞，风驰电掣般地来到安阳市少儿游乐中心。许多家长带着孩子出来游玩，出来时因为天气晴朗，大家都没带雨伞。突然下雨，一时间毫无准备的父母们带着孩子四处躲雨。正在他们惊慌失措的时候，丁世燕从容地打开了一把漂亮的雨伞叫卖起来，人们蜂拥而至围了个水泄不通。个把小时，100把雨伞便被抢购一空，每把雨伞她卖了7元钱，轻轻松松赚了 500 元钱。

初试成功，她又收购了 1 000 把雨伞，待时而销。丁世燕每天从早到晚时刻关注着安阳人民广播电台的《天气预报》节目。只要一听到天要下雨，她心中就有了希望。对于别人来说，商机或许是几周、几个月，而对于当时卖伞的她来说，商机只有短短的十几分钟，转瞬即逝。半个月后的一天，丁世燕终于碰到了一次下雨的机会，在安阳市纺织厂门口就将 1 000 把雨伞卖了出去，除去雇人雇车的成本，丁世燕赚了 4 200 元钱。

直至当年 10 月份，短短 4 个月的时间里，丁世燕先后在安阳市雇用人力，遍撒网点，卖出 1 万多把雨伞，净赚 4 万多元。

第二年某月，她又从一次与他人的无形谈话当中，嗅出了商机，当机立断，赶到安阳皮革厂联系制作了 10 万个胸卡套，短短半个月的时间就赚回 30 万元，回想起来简直就是一件不可思议的事情，然而情况就是如此。

其实看看各行各业的领军人物、财富人物，哪一个不是善于从他人的需求或自己遇到的问题当中发现机会，并结合自己的心性及时把握机会并真正利用机会的人。一次行动、一次相遇、一席交谈、一次指点、一次耳闻、一种嗅觉、一个眼神、一次意外、一个问题、一种矛盾、一本好书、一场会议、一次旅行、一个广告、一次挫折、一次影响、一次服务、一种态度、一种兴趣、一个判断、一个念头，等等，都可能产生一次人生机会，我们务必有胆识去把握。

机遇面前，善于决断

春节刚过，澄城县王庄镇刘家洼村的党支部书记刘永锋就联合本组三人租用本村15户村民的110亩土地，实现农村土地连片流转，计划打造澄城永乐现代农业园区。当我问及你为什么行动这么快时？他说：“我通过学习，是党的十八大提出的居民收入翻一番的目标给了我决心，是2013处中央1号文件给我提供了政策机遇。1号文件明确提出在农村鼓励发展专业大户、家庭农场和农民合作社，使我几年间企图创建现代农业园区的梦想得以实现。我必须尽快抓住这次机会，早动手，早发展，早见效。现在，我连片栽植的矮化富士冠军、授粉品种嘎啦，严格按照有机苹果栽植规范进行管理，水肥充足，苗全苗壮，长势良好。”

当我问及你为什么比其他人觉悟早时，他说：“抓住机遇实则就是顺应自然、顺应潮流、顺势而为的一种表现。所谓顺势而为、顺潮流而动，就是政府提倡什么，鼓励什么、扶持什么，我们就考虑去干什么；政府反对什么，限制什么，抵触什么，我们最好不要去干。否则，吃亏的还是我们自己。一个人如果连大势都看不清楚，怎么可能在社会上找到生存空间？顺应时势，借机而为，事情办起来就顺畅，生意做起来就顺利，挣钱就不费吹灰之力。抓住机遇就会以少的投入撬动大的收益，以少的投资取得事半功倍的效果。现在有人讲，没有机遇创造机遇也要上，对不对？这实际上是一种逆势行为。我认为逆机而行，事情办起来就艰难，不但付出的比常人多，成功致富的可能性一般还小。所以致富之道最好是量力而行，顺势而为。”他继续说：“今年我连片栽植的110亩有机苹果，由于符合中央文件精神，符合当地产业发展趋势，所以苗木及水泥杆、铁丝、防护栏、节水灌溉、防雹网、太阳能诱虫灯等一系列果园设施全部由县果业局免费提供，享受政策扶持。还有，前几年我成功收购当地粮站，创办面粉厂、冷库等，都是善于抢抓机遇，因势利导、果断决策的结果。”

“是啊，机遇当中，党和政府的政策机遇才是最大的机遇，关心政局实则就是关心未来发展大局。知名企业家刘永好先生在经营管理的实践中，提出了‘顺潮流而动，超前半步’的经营理念，即始终把产业定位在社会需求、政府倡导或者政府制约较少的领域。我想这里的超前半步不是超前一步更不是不超前。超前一步，当市场还不接受我们的时候，我们可能就要花费很大的财力、人力和精力去培育市场，如果我们个人或者企业实力不雄厚就有可能导致资金链条断裂而中途夭折。同时，如果我们不是比别人超前了半步而是落后于别人，我们将会面临强大的市场竞争对手，处于市场竞争的被动地位，要想从别人的地盘里夺取一部分市场，其难度可想而知。所以说，刘永好先生这样做进有发展，退有回路，事半功倍，少冒风险，因此他率先成为中国民营企业家，值得我们学习。”我这样附和道。

随后我问他，面对机遇，你是怎样把握的？他说：“我觉得，把握机遇的关键，就是要对眼前的某一机会，是否能够给我们未来的人生带来好的结果进行必要的预测和决策，预计结果不会好就不要去干，预计能干出好的结果就果断拍板去干。好的机遇应符合两个条件：一是自己有兴趣、有能力去干好这件事情，体能、技能风险不大；二是此项事情符合国家产业政策，有广阔的市场发展前景，它的技术及经济寿命周期较长，很值得我们去付出。比如从今年起，我计划发展500亩苹果，即使将来市场价每斤降到1元钱，我年收益也能保证实现300万元。”

“对，判断机遇要有识，决定拍板要有胆。机遇来到我们眼前，我们要有一双审时度势的慧眼，认识到它就是我们要抓的致富机会。然而机遇总是伴随有一定的风险，当我们决定要抓住此次机遇时，还得有承担风险的勇气。”我说。

这时我问，现实的人生当中，机会往往要么不来，要么几个机会接踵而至。我们如何抉择？他说：“当我们同时遇到两个或者两个以上的致富机会时，这时就要进行致富决策，从中选择一个最适合我们去干的事情。一般来讲，我在机会面前都是依靠自己的学识、经验、分析和判断能力，同时参考亲戚、熟人、朋友、特别是专家、领导的建议去定性决策。当然假若我们能调查和预测得到一些可靠的经济数据，也可以适当做些定量决策。定量决策的方法书本上讲过，如果是确定性目标，可采用单纯优选决策法，系统分析决策法，量本利分析决策法等。如果是不确定性目标或者是风险性目标，则可灵活运用等概率决策法、乐观决策法、悲观决策法、乐观系数决策法、后悔值决策法、决策树法、决策收益表法等现代管理决策方法。”

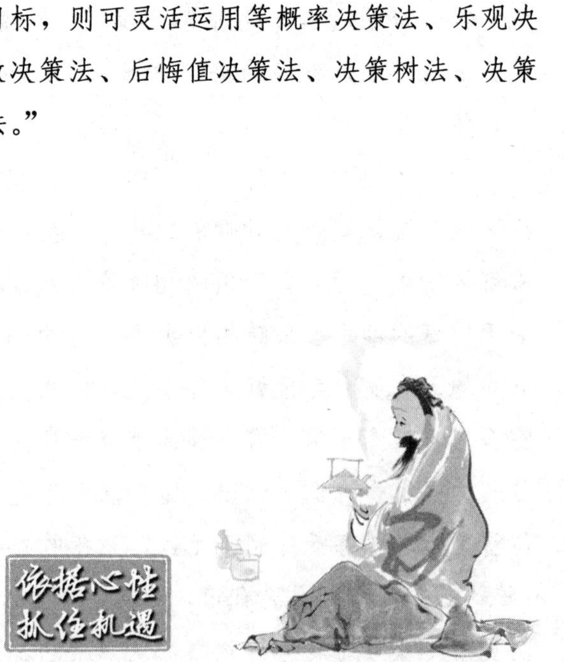

三、选对行业，站准平台

人生就业六观六场六条路

年过不惑之年的老李，眼看着他的同龄人为官的升官，经商的发财，住进百万元的商品房，开着宝马、奔驰车，可自己就是什么都没捞到，不免心中有些惆怅……想想自己，大学毕业后，就顺利地分配到政府机关工作，端上了铁饭碗。经过几年的工作锻炼，不论是即席演讲，还是公文写作，不论是敬业精神，还是工作责任心，他的才能都是有目共睹的。他也曾经有过当官的想法，某年市上公开招考几个局的副局长，报名的几百人，他一路过五关，顺利通过资格审查、综合理论笔试、考官面试、体检和组织考察，可最后市委常委会竟然没有通过他。从此他认为自己没有当官的命，不是为官的料子，于是就弃政从商，下海到企业打工，有了三年的企业工作经验后，他便有了创业致富的梦想，抱着鸿鹄之志，下定一番决心，开始去注册公司，开创自己的事业。他跑银行、借资金，租厂房、买设备，招人才、搞培训，抓生产、进原料，搞销售、回货款，整天忙得不亦乐乎。就这样辛辛苦苦经营了三年，眼看产品质量趋于稳定，销售市场一步步打开，大幅盈利呈现眼前的时候，却遇到了国家行业主管部门的查封。经营三年不但没赚到钱，反而背上了沉重债务。官场失位，商场失利，个人美梦连连受挫，这到底是什么原因呢？

有一天，他读到了陈鸿毅著的一本书，名字叫《认识你的职业性格》。书中谈到，相对于人的五种需求，人有五种职业动机十二种职业价值观：

相对于生理需求，人有追求舒适生活的梦想，体现出轻松舒适的享受动机价值观。即追求轻松、自由、舒适、优越的工作及其工作环境。

相对于安全需求，人有追求稳定生活的梦想，体现出较高的收入和安全稳定的稳定动机价值观。即追求工作稳定、收入稳定、住房稳定、未来养老有保障。

相对于关系需求，人有追求爱的梦想，体现出社会交往的亲和动机价值观。追求对外交往以及满意的职场人际环境、团结友爱和谐、有很多好朋友、幸福的家庭。

相对于尊重需求，人有追求权力的梦想，体现出自主独立、社会地位、权力控制的权力动机价值观。追求为官掌权、发号施令、支配他人、掌控或改变他人命运、有社会地位。

相对于自我实现需求，人有追求成就的梦想，体现出看重荣誉、审美倾向、自我实现、利他主义的成就动机价值观。这种人追求商业、学术研究、竞技艺术等方面的成就感，特别在乎自己的名声，为求知而自觉学习，但常常对于囊中羞涩（只要不危及生存）并不过于在意、对支配别人的意志与行为没有兴趣。

读后他对号入座，明白了这样一个道理，所有需求中他更看重轻松、自由、无压力，安全、稳定、没风险，恪守法纪与道德，有尊严，容不得别人指责与训斥，但在学术研究上有自我实现的价值欲望。至于对待权力他有点漠然，既不主动追求权力，又不屈服于权力，我行我素。在对外交往上他也有些迟钝，似乎不主动与人交往，也不注重交往礼仪，看上去总是漫不经心、唯我独尊的样子。

这样他便明白了自己美梦总是未能如愿的原因，是自己的性格根本不适应仕途官场、不特长经商创业。好静而不好动、好学而不好习，善思而不善做、善写而不善说，视事而不视人、视下而不视上的性格特征就决定了他适合进入一个相对稳定舒适的工作平台，去探索、去钻研、去执行，最终成为有道德有社会责任感的职业经理人、业余创作者或教育培训工作者。回想他几十年来的梦想，从来就没有过那念念不忘的对权力之渴求、对财富之渴望，所以也就没有成为官僚、没有成为富豪。然而，对专业知识的汲取、钻研、校正却达到了废寝忘食的地步。

习近平总书记在阐述实现中华民族伟大复兴的中国梦时，指出："实现中国梦必须走中国道路，这就是中国特色社会主义道路。中国梦是民族的梦，也是每个中国人的梦。"中华儿女要实现自己的致富梦想，同样必须走对适合个人发展的路子。老李的人生故事就说明，一个人如果发展路子错了，一切都错了；路子对头了，一切才将会对头。然而，我们大部分人总是在不知不觉中走到了30岁、40岁、50岁，方才恍然大悟，知道自己走过的几十年无大作为，一生正在或即将被断送。人常说，千金难买早知道，最难吃的是后悔药。要若不吃后悔药，事前就得早知道。人只有先知先觉，才能成就一生。如果我们能在大学毕业的时候，好好选择自己的未来职业和人生道路，我们可能早就过上中国中等收入群体生活甚至富翁富豪生活。我们今天的生活方式是由我们三、五、十年前的抉择形成的，那么三、五、十年后我们的生活方式一定是由我们今天的决定而铸就。是否能够成功步入中等收入群体，往往只取决于我们今天的一个决定，一个只有我们自己才能做出的适合个人性格特征、爱好特征、能力特征的发展路子，也就是“走对路”的现实抉择。有人讲，人生最大的犹豫往往不是奋斗而是抉择，人生的前途就决定于我们做出决定的这一刻。

那么，人究竟应该怎样选对适合自己生存和发展的行业与职业呢？

为此，我专门就这个问题走访了原澄城县人力资源和社会保障局的廉文山局长，他说：“选对职业走对路有‘六观六场六条路’可供参考。”

“哦，那什么是‘六观’呢？”我问。

他说：“一是专业兴趣观：因为个人有这方面的兴趣，爱好这方面的事情，报考大学学的就是这个专业，所以毕业后就步入这个行业。二是能力观：因为自己在某个方面特长或者有某方面的特殊潜能，所以就去应聘这个方面的事情。三是机遇观：因为你有福报，一次偶然的机遇和缘分，就走进某个理想单位，从事了一份好工作，踏上了一条康庄大道。四是体能观：强健的身体什么事情都能做，病弱的身体只能干轻松的事、时间短的事情，残疾的身体就只能干力所能及的事情。五是年龄观：考虑你的年龄适合干什么。你总不能在刚参加工作时，就应聘县市长、总经理吧？但如果因为年龄偏大，出现就业困难，就得另辟蹊径。六是性格观：尤为重要，也就是你的性情适合做企业白领还是去创业，适合做国家公务官员还是从事教学科研。性格并无好坏之分，但性格类型与职业类型的匹配度，却往往决定了事业的成功与失败。在当今，很多企业在招聘新人时，将性格的测试放在首位，当性格与职业相匹配时，才对其能力进行测试检查。他们认为性格比能力重要，如果一个人能力不足，可通过培训来提高。但一个人的性格与职业不匹配，要改变起来，就非常困难。”

接着我问那什么是“六场、六条路”呢？

他是这样诠释的，六场对应六条路：

一是官场——考取仕途，跃入党政官员之路。如各级党和国家机关工作人员成长之路。公务员一生求官求权，靠权力和人脉关系去致富。

仕途就是从政，从政就是搞政治，从事国家公务工作。满足社会公共事务管理对公务产业的需要，从事党务、立法、行政、检察、司法，考取晋升国家公务官员，他们将会拥有稳定的工薪收入和至高无上的国家赋予的某些权力，并可以支配部分社会资源。

那么什么样的人最适合进入官场呢？绝对服从、忠诚领导之人，脑筋灵活、善于领会领导意图、会替领导办事之人，情商良好之人，说话严谨之人，不顶撞领导之人，少给领导提意见之人，个性不太强烈的人。这些人即可忍得一时气，赢得多年官。缺乏韧性和耐性的人、说话耿直的人是仕途曲折之人。

二是学场——从事教学或科研，踏入高雅智慧殿堂之路。如经济学家厉以宁、科学家陈景润、杨振宁成长之路。知识分子一生求学求知，靠著书立说、科技创新和口才演说去致富。

满足社会发展对高科技产业的需要，从事教学、尖端技术的科学研究与开发，他们将会站在世界科技的最前沿。从事光电子、信息产业；计算机及软件产业；智能机械产业；导体产业；航空、航天、航海等宇宙空间技术和海洋产业；国防装备产业；太阳能等新能源产业；环保产业；新材料产业；生物工程技术、生物医学产业等自然科学领域、工程领域和人文、经济、社会科学领域的研发，我们除获取稳定的薪水外，一旦取得重要科研成果，将会名利双收。

那么什么样的人最适合进入科研、教学场所呢？一般应具备研究生水平，有思想、非常热爱钻研专业，不喜欢翩跹聊天瞎逛游，不乐于主动外交，但胆大心细，眼光独到，梦想超人，偏执偏狂，全神贯注，全身心投入，学习力、观察力、想象力、思考力一流，会表达、能发明、善写作、善演说之人。

三是职场——当企业白领，进入创造财富之执行之路。如打工皇帝、职业经理人唐骏成长之路。白领金领一生求职求位，靠获取高薪和投资理财去致富。

不论是国有或国有控股企业、还是民营及私营控股企业、港澳台企业还是外资企业，他们都是创造社会财富的主体。从事企业白领工作，你将会站在财富最前沿！

白领之路的最高境界就是干到：我们不是什么人什么单位都能随便请得起的人，我们有自己特殊的身价！

我们可以专事技术或艺术，争当高科技领域的中高级生产技术人才或中高级艺术人才。如高级工程师、生产经理、物流经理、运营总监等。

我们可以专事市场营销或经纪人，争当某一领域拥有较大市场份额的中高级营销人才或中高级经纪人。如高级营销师、市场营销经理、营销总监。

我们可以专事财务管理与会计，争当集团公司、上市公司、企业单位的中高级会计、中高级审计、中高级理财、精算人才。如高级会计师、财务经理、财务总监。

我们可以专事人力资源管理与行政工作，争当某领域、某单位人力资源方面的中高级人才。如高级人力资源师、人力资源经理、人力资源总监。

我们可以专事复合型的职业经理人，争当总裁秘书、总裁助理、总经理、总裁、CEO。

那么什么样性格的人最适合进入白领呢？年纪轻的人，凭专业技能吃饭的人、服从领导的人，情商好、善于处理职场关系的人，不想辛苦创业但乐于奉献的人，想过朝九晚五、稳定生活的人。还有，善于跟人打交道，搞销售、会管理，希望在职场有成就的人。据统计，世界500强的CEO当中，最多的是管销售出身的，其次是管财务出身的，再次是管人力资源出身的，三者的总和占到95%。因为中小公司是销售主导型，大公司是财务主导型，特大公司是人力资源主导型。

四是商场——勇于创业，进入富翁硅谷之路。如民营创业家、企业家杨澜、张朝阳、朱新礼、刘永好成长之路。商家一生求盈求利，靠创新创业和投资理财去致富。

那么什么样性格的人最适合进入商场呢？有人讲，会谈恋爱就会做生意，换句话说，恋爱谈不好，生意也就做不好。可见，只有情场上的高手才是商场里的玩家。当你老是绷着一副面孔的时候，再容易做的生意，最终都可能泡汤。说明进商场，做生意，应有眼光捕捉商机，有胆量挑战商机，有能力将商机转化为金钱。也就是说，做生意凭精明，办企业靠精神。脸皮太薄不行，没有缠的精神不行，没有一股倔强劲不行。

五是竞技场——凭借天赋进入演艺、竞技行业，走国际明星之路。如表演艺术家、著名导演、歌星、画家、书法家、体育明星成长之路。艺人一生求粉求名，靠成名去致富。

选对行业

六是疆场——驰骋疆场，入伍当兵进军营，走从容人生之路。如元帅、将、校、尉军官成长之路。军人一生求衔求将，靠献身国防取得国家俸禄去致富。

廉局长就这样对我诠释了他所总结的“人生就业六观六场六条路”，我于是茅塞顿开。

行业职业选择的“三三六步法”

礼拜天，上大四的儿子回家，说他就要开始找工作了，问我从事什么行业的工作最好？

我说：“关于行业职业的选择，360行行行要做好都很难，但行行都有成功人士。说明行业没有最好的，只有适合自己的。适合自己干的工作，就是最好的工作。人要站准自己的位置，关键是要在茫茫人生这个坐标图中，找到属于自己的那个点。”

他妈接着说："点不点不重要，关键看哪种职业最挣钱。"

我说："事在钱中，钱在事中。人要有钱，就得干事。但干事必须干自己有兴趣很特长有前景的事情，干对了事情，赚钱也就很轻松很顺利。为此，先要知道自己的兴趣点在哪儿？有什么专业特长？"

"我也不很清楚自己的最大兴趣和特长有哪些，觉得什么都行，但都不突出。"儿子这样说道。

我说："所谓兴趣，就是看看你平时最喜欢花时间阅读哪一方面的书籍、关注哪方面的事件、侃哪方面的事情，或者当你看这方面的书籍或者听或者做这方面的事情能够进入呕心沥血、废寝忘食、百折不挠、牵肠挂肚、全身心投入的境界，达到乐在其中、忘我奋斗的地步，就说明你对这方面事情感兴趣，他极可能就是你真正热爱的事物，就是你所要选择的行业、职业和追求的事业，也就是值得你考虑投入的相关职场。这项职业就算薪水暂时不太吸引人，但只要自己真心喜欢，就极可能有超凡的表现，成为人上人。所谓特长，就是当你做某一方面的事情时感到得心应手，非常熟悉和熟练，就说明你擅长这方面的事情。对照这个你去衡量自己，该进入什么行业、干什么样的职业。"

接着我给儿子讲了个"三三六步法"，其内容是这样的：

选择应有三个前提条件：

第一是爱她。因为爱这个行业，爱这份职业，爱这个人，爱这个产品，爱这件事，你才会去选择她。否则你做这个行业会感到没兴趣，或遇到挫折就很容易放弃。

第二是应该。赡养父母、教育子女是你的责任，你应该去做。为了生活你应该去赚钱，为了大义你应该去付出，而不是干你想干的事情。

第三是需要。时代呼唤你，当前形势需要你去做某项工作。全民动员，抗震救灾，治病救人，十万火急。只有服从大局，没有回旋余地。

选择应有三条法则：

一要考虑个人性格情趣、天赋爱好和所处环境，是否干起来开心。

兴趣是最好的老师，兴趣可以调动自身的潜能、时间和精力，去接触、去体验，去实践。因为有了兴趣，所以苦、累就不感觉到苦、累，挫折就不会是挫折，痛苦也不再成为痛苦，这一切都将会成为追求兴趣路上的美好体验，成为一种人生经历和享受。假若我们不钟情于这份职业或不喜欢这样的工作环境，我们就最好不要去从事它。否则我们干起来会觉得枯燥、乏味、没多大意思，一旦遇到困难挫折，就很容易放弃，更不可能全心全意地投入到这项事业中去。

一个人要成功，就得做自己有兴趣和特长的事情，把自己没有兴趣或者兴趣不浓的事情、不特长的事情交给有那一方面兴趣和特长的人去做（用此方面的人或者与其合作）就是了。一个对什么事情都感兴趣的人是很难成功的，人生就应该有所为有所不为，以便集中精力，聚焦目标，干自己非常感兴趣的事情。拿出 10 年多的时间，专心去干自己非常有兴趣的事情，外行也能变内行。

二要考虑个人业务特长，熟悉程度，是否专业有把握，干起来力所能及、得心应手。

这里所说的力所能及是指我们的财力、体力和精力、能力基本能够适应这项事业的需要。

当我们对几种事业都有爱好时，就要选择最喜欢的事情去干，选择我们最拿手的事情去干，选择最有把握的事情去干，选择最熟悉的事情去干，这样成功将会快。人常讲，这个世界是灵人哄傻人的钱，其实是专业人士、内行挣非专业人士、外行人的钱。不熟悉、不专业就要多交学费，超越个人能力的事情一定办不好。

在力所能及的情况下，经过努力争取，我们的就业起点或者创业起点最好还是高一点为好。人虽然从最底层做起，也能爬到最高层，但还是不要在最底层体验时间太长。人生不能输在起跑点。起点高总比起点低要好。人生起点不能太低，高起点才会取得大成绩。例如，同等学力、同一个学校毕业、同一时间就业的四个大学生，一个考进中央机关当公务员，一个考进省级机关当公务员，一个考进市级机关当公务员，一个考进县级机关当公务员，五至十年内四个人都干得不错，相继提拔为机关中层骨干。这个时候，中央公务员中干是司长，享受厅局级待遇；省级公务员中干是处长，享受县处级待遇；市级公务员中干是科长，享受乡镇科级待遇；县级公务员中干是股长，继续享受科员级、好一点的享受副主任科员级待遇。县级机关一个中层骨干要奋斗到处级、司局级谈何容易。这就是就业起点高低不同所造成的待遇差异。

如果说去创业，我们就要把握好项目、团队、资金和市场四个重点。项目一定要符合国家产业政策，是朝阳产业；团队成员志同道合，能力互补，价值观念趋同；资本金投入的多少决定我们创业起点的高低，特别是正常经营所需要的流动资金要有保障，否则资金链条一旦中断，企业就会停滞不前；产业的准入门槛、产品生产成本、市场竞争状况、销售渠道、价值价格、预期营业收入和利润心中要有数。熟悉产业的途径有三条：①最好有产业从业经验。如果可能，我们可以先考虑进入该产业为别人打工，通过打工来积累经验与资源。那么“学费”由打工企业的老板给我们付了，也就用不着自己创业时再交学费，产业知识、客户资源、销售渠道，赢利模式都有了，再创业成功就指日可待了。②舍得花笔费用，进行客观、详细、认真的市场调研，充分了解该产业，可免日后被动。③最好与行内人士合作，可尽快入行，少走弯路。

三要考虑行业前景，有没有很好的发展空间和长远盈利机会。

当我们对几种事情都有把握时，就要选择未来社会必需的事业、市场前景很好的事情去干，而且最少可以干 10～20 年以上，甚至终生都能干。否则，到一定阶段就有可能重新洗牌而前功尽弃，白费心事。例如，2002 年杨老板开始创业，由于没有进行扎实的市场调研和项目前景预测，就盲目听从他人的话，选择了一个夕阳产业，几十年药厂都在用的老产品天然橡胶塞进行生产。由于产品老化，市场饱和，竞争激烈，结果市场难以打开，市场开拓费用相当大。费了九牛二虎之力，待市场全面打开，产品质量基本稳定，感觉快要赚钱的时候，却遇到了国家产业政策的无情封杀。原因是国家强制性推行丁基胶塞和净化生产车间，天然胶塞必须淘汰。结果：项目选择不对，辛苦三年白费。

选择应分六步走：

第一步，看上她。因为看上了她，所以才去关注她。选择行业、职业和事业就像选择美女一样，如果我们看不上她、我们不喜欢她、我们对她没兴趣，我们不爱她，我们就不要去恋她，更不要选择她，否则我们对职业没有激情，也一定达不到理想的效果、取得非凡的成就！

第二步，熟悉她。进一步熟悉这个产业、行业、职业，或者熟悉这个项目，熟悉这个产品、市场和用户。

第三步，明确她。知道选择了她以后的前景和未来，更知道自己力所能及的程度。

第四步，爱上她。因为只爱她，所以就选她。选择她就是选择了我们的未来，选择她就是选择了通向财富的天堂。

第五步，专一她。选择要专一，爱她就要专心。行业要专一，目标要聚焦，从事一个行业最好坚持做下去。只有做到专一，我们每天才会想起她，熟悉她，最终才会开花结果。

第六步，精于她。现代的职业分工越来越细，我们每个人基本上只能在一个行业里成为专家，不可能精通多个行业。精于某行某道，精通某项业务，成为行家里手，成为业界精英，成为万人瞩目和敬仰的行业领袖人物。

决定工作平台高低的五个因素

《政策瞭望》2011 年第 5 期刊登，不少专家指出，收入最高的群体和收入最低群体之间、垄断行业与非垄断行业职工之间、城乡区域之间等三个方面收入差距持续扩大问题严重。人力资源和社会保障部劳动工资研究所研究员苏海南认为行业收入差距持续扩大。他列举《2009 中国统计年鉴》相关数据显示，2008 年畜牧业职工平均工资为 10 803 元，证券业为 172 123 元，两者相差 15.93 倍；电力、电信、金融、保险、烟草等行业职工是其他行业平均工资的 2～3 倍，如果加上工资外收入和福利待遇，实际收入差距可能高达 5 倍以上；208 家国企高管与一线职工行业内的收入差距从 2006 年 6.72 倍扩至 2008 年 17.95 倍。清华大学教授孙立平认为城乡区域收入差距持续扩大。2010 年我国农村居民全年人均纯收入 5 919 元，城镇居民全年人均可支配收入 19 109 元，城乡居民名义收入差距超3倍；2010年民盟中央调查数据证明，人均可支配收入方面上海达到28 838元，是甘肃人均可支配收入11 929元的2.42倍。同样是公务员，在经济发达地区工作的工薪收入是贫穷落后地区的几倍；就是在同一个地区，由于工作部门的不一样，收入悬殊也很大。

据《三秦都市报》2011年6月21日报道，2010年华为员工平均薪酬近28万元，较国内厂商高1/3，不比国际厂商低。华为的薪酬结构由工资＋奖金＋股权分红组成。华为创办初期，采用了全员持股的方式吸引人才。华为目前有11万名员工，其中6.5万多人持股。员工持股后，就与企业利益捆绑，分享企业发展的回报，个人目标与企业发展目标达成一致。近五年，华为业绩每年都实现了24％以上的增长，利润更是高达50％以上。

收入高低问题的确成了社会舆论关注的焦点话题。收入最高的群体和收入最低群体之间、垄断行业与非垄断行业之间、高管与职工之间、城市与乡村之间、不同地区之间收入水平差距甚大。有人说是区域资源造成的，有人说是行业优势造成的，也有人说是发展环境造成的，更有人说是国家分配政策造成的，有人抱怨我不是官二代，有人呐喊我不是星二代，更有人说我不是富二代。然而，这一切借口都没有用，抱怨更不应该。市场经济条件下除自然规律、经济规律不可以改变外，其他一切都是可以改变的。收入差距的形成归根结底还是由于个人因素造成的。要想获得理想收入，就得拿出孙猴子的精神，千方百计进入一个理想的工作平台。它一般由台面、台地、台行、台阶、台值五个因素来决定。

首先是台面，台面就是我们的工作所覆盖的地盘范围有多大或者展示我们的舞台有多大，即在哪个级别的单位工作或者面向多大的范围展示我们。级别指国家级台面或跨国公司、省级台面或集团型企事业单位、市级台面或大型企事业单位、县级台面或中型企事业单位、乡镇级台面或小型企事业单位、村组级台面或微型企业。管辖跨国业务、全国业务、一个省，一个市、一个县、一个镇的某项业务，还是一个大系统、一个单位、一个操作岗位的工作。进入单位级别不同，管辖范围不同，展示舞台不同，职权不同，社会影响力就不同，同等时间同等努力，升迁或者出名的速度和级别就不同，个人致富的速度当然也就不同。

例如，进入央企，由于都是特大型或垄断型企业，社会知名度高，单位效益好，工薪福利收入一般就高。

其次是台地，台地就是我们工作所在的地域。地域不一样，自然资源和经济发展状况不一样，岗位薪水和生活津贴、工作津贴、补贴、奖金、福利待遇不一样，收入当然不一样。

据报道，中行北京分行，普通正式员工年薪 13 万～18 万元左右，副科长年薪 25 万元，正科年薪 40 万元左右。其他省区中国分行，待遇显然就赶不上北京。

在美国华尔街工作的金童，五年后平均年薪都超过 100 万元人民币。在其他国家和地区可能就达不到这个收入水平。

第三是台行，台行就是我们工作所在的行业。即就职于哪个行业。行业不一样，资源不一样，市场不一样，效益不一样，影响力不一样，个人收入不一样。

例如，同样是企业职工，在央企、国家垄断行业或者高新技术行业如石油、天然气、电力、通信、铁路、民航、广播电视行业就职，员工工薪收入明显高于其他竞争性行业。

第四是台阶，台阶就是我们所拥有的岗位级别，是省部级岗位、市厅级岗位、县处级岗位还是镇科级岗位，科员还是办事员岗位；是高级技术职务还是中级技术职务、初级技术职务；是高层管理人员、中层管理人员还是基层管理人员；是高级技师、技师、高级工、中级工还是初级工。级别不同，待遇不同。

例如，在一些企业集团，总经理年薪达100万元以上，副总年薪达50万～60万元，部门经理年薪达30万～40万元，一般员工年薪仅10多万元。

第五是台值，台值就是我们工作岗位的附加价值，或者说这个平台的含金量有多大。即它附加给我们的工作环境、工作条件、福利待遇、知名度、影响力，特别是可以调控某种资源的权力有多大。权力、影响力虽然不能滥用，但利用权力、影响力巧妙致富相对来讲还是比较容易、比较轻松的。

例如，保姆岗位论管辖范围不大，就是一个家，论级别不高，就是个普通岗位，可比尔·盖茨家的保姆附加值就高于一般人家保姆的附加值。由于比尔·盖茨常把股票当小费给保姆，微软股票升值后，那位保姆也成了拥有百万美金的富翁。

由此可见，人生需要展示的舞台，致富需要赚钱的平台。致富需要平台，就好比万丈高楼需要坚实的地基一样。平台高低、台面大小和台子附加值不同，社会影响力就不同，权力就不同，接触人的级别就不同，办事程度就不同，取得的年薪多少、福利大小、收入高低和难易程度当然就会有所不同。

打工要进入理想平台

我邻家的孩子，中国人民大学经济学院的大学生，2003 年毕业进入北京某经济研究所工作。按理说进入首都研究所是好多人羡慕的地方、单位和职业，可工作一年后他却认为这份工作不适合自己，原因是他喜欢富有挑战性的实操性工作，不喜欢过这种风平浪静的清静生活，于是就辞职到上海去找工作。到上海三个月，工作没少找，就是没有一分满意的。少数工种自己不愿意，多数工种人家不愿意，原因是只有理论，没有什么技能，企业根本不想要。他们要的是有一定技能、有一定工作经验的人，能干实际事情的人。他高不成低不就，眼看囊中一天比一天羞涩，他心里非常着急，怎么办呢？

想想也没有退路，只有再鼓足勇气，进入一家有点规模的广告公司应聘。虽然他没有这方面的工作经验，也并非自己理想的工作，但为了解决当前的生存问题，他还是好好准备了一番，个人形象不错，兴趣爱好广泛，想法点子颇多，思路还算清晰，文字功底深厚，现场提问基本对答如流，再看看他的毕业院校和学历，正好这家广告公司缺少文案策划，他很快就被录用了。月薪 3 000 元，虽然和自己的目标还有差距，但总算把生活问题解决了。经过努力，他竟然爱上了这份工作，两年后晋升为部门经理，再三年后晋升为该公司副总经理。

这个事例说明，对于一些高素质人才来说，决定他们能否留在一个平台的关键因素，往往不单是工作环境、薪水的高低，还要看这份工作是否能让他得心应手地去干事业，从而体现他们的人生价值。一是有利于发挥自己的兴趣和特长，工作顺心；二是单位较稳定，工薪收入满意；三是职业有前景，将来能有成就感。

欲进入理想的工作平台，可遵循以下步骤进行选择：

第一，选择工场和职业。可根据个人性格，从六场（官场、学场、职场、商场、疆场、竞技场）中选择一个适合自己该进的工作场所，当公务员、教学研究人员、医务工作者、金领白领蓝领职员、商人、军人、演职人员、运动员等。

第二，选择行业和单位。选择一个有发展前景自己喜好的行业和有利于个人发展的工作平台。农业、工业、商业、电子商务业、建筑业、房地产业、交通运输业、物流业、旅游酒店餐饮服务业、银行业、保险业、证券业、投资业、文化、体育、广电、新闻、教学、医疗、科研、党政、军队、公检法，我们究竟适合哪一行？中、省、市、县、镇，大、中、小、微企，国企、外企、民企，我们该进入哪级平台？

一般而言，我们可优先考虑进入国有或国有控股大型企业单位、集团性公司工作；进入关系国民经济大动脉的铁路、航空、航天、信息、能源企业和国防、军事部门工作；进入外商企业、港澳台企业、进入民营集团性公司工作。然而这些大城市、大机关、大单位，大舞台，常常是机构臃肿，人才济济，竞争激烈，又很难进入，要求我们必须有相当的德才实力或人脉关系，做出一定的个人努力和超长付出，方可获得理想的发展平台。实在个人际遇和能力达不到，也应有选择地进入管理规范、有市场前景的中小微型企业工作，当然适合自己才是最重要的。

第三，选择工种和岗位。也就是选择一个自己非常特长的工作岗位。如秘书岗位、会计岗位、业务技能操作岗位、市场营销岗位、管理岗位、助理岗位、领导岗位等。

工作几年以后，我们将会开阔眼界，在实践中学到专业的思维方式、专业的运营模式和专业的管理方法，结交到相应的人缘关系，奠定优质人脉，对自己以后的发展，将是一股无形的资本和力量。

他看准了一家五星级宾馆的前台工作岗位，于是就报名参加了面试。面试的经理看他有礼有节，落落大方，热情洋溢，好感由生。经理为此心想，只要这小伙符合我们招聘的关键条件，就可考虑聘用。于是经理招呼他坐下，提出第一个问题："你的语言能力如何?"他自信地说："我上大学和研究生学的是外语专业，不但熟通英语，而且精通法语、日语、德语和阿拉伯语。我灵活运用各种语言的能力很好。"经理听到他自信的回答笑了笑说："作为一名合格的前台工作人员，需要多方面的知识和能力，你具备吗?"小伙回答道："我反应灵敏，学习能力很强，接收新知识很快。我现在就说一下本人对咱宾馆的了解情况。"然后他就对该宾馆的经营理念做了详细的分析，还拿出了自己的策略。听完他的回答，经理慢慢地站起来，高兴地说："祝贺你，你被录用了!"

他之所以顺利通过，就在于他是个有心人。不但说出了宾馆的经营理念，而且拿出了自己独到的经营策略，彻底说服了经理。如果只凭个人自信，肯定不会成功。在经理看来，一名应聘者，能够花费工夫了解应聘公司的方方面面，实属难能可贵，这样的人才自然不能放过。

为此，应聘需要做好以下准备：

第一，充分认识我们自己。自己的兴趣和专业特长究竟是什么？思考力、创新力怎样？演讲能力、应辩能力如何？领导能力、管理能力有没有？社会关系、交往能力、沟通能力怎样？投资理财能力有没有？

第二，报名参与有关招聘活动。有目的的制作、投递自己的应聘简历；在规定时间内参加笔试；应邀参加面试。面试的关键就是展示和推销自己，需要我们展现自己的仪容、仪表、习惯、礼仪、胆量和气质；展现自己的个人风采、口才表达能力和演讲能力；展现自己的学识、见识、专业技能和灵活运用知识的答辩智慧。

第三，采取综合措施去应聘。一靠自己的本位能力即学识、专长、技能及自我推销能力、灵活应对能力、沟通演讲能力和深层思维能力去自荐；二靠社会关系即父母、亲朋好友、同学、老师等人去引荐；三靠个人好心态、好习惯、好形象和高雅气质、创新思维去打动招聘单位；四靠“天生我才必有用”的就业择业信念、去行动、去争取！

创业要善于借用平台

在河南郑州市，有个经营“热干面”的女老板，仅仅经营两三年时间就在郑州为自己买了两套120平方米住房和一套60平方米办公房、一部二十多万元的小车，年平均收入50多万元，她凭的是什么呢？

此人年纪30出头，生于河南许昌，父母一辈子早起晚睡，卖胡辣汤，用30味中草药配制的老汤料深受顾客喜爱，生意还算不错。可她觉得卖胡辣汤太辛苦，早上两三点就得起床，收入也就是那个样。

2005年初她怀揣梦想，只身一人来到郑州市，想借用大城市这个发展平台。在郑州的大街小巷穿梭了整整两个月，才找到一间50平方米自认为合适的门面，张罗着开面馆。可邻居们都说：此店面两年转了七八次，做啥啥不成。她也听得心里直犯嘀咕。怎么办呢？

她给自己定了个三个月计划，要是三个月还做不起来，就撤。

开业一周，生意还不错，人气很旺。可过了几天，客人逐渐少了起来。什么原因呢？

经过调查她发现，原来附近的客人都觉得她的热干面操作工艺讲究、哨子用料独特，调味老道可口，但总不能天天去吃热干面吧！

这下她明白了，光靠卖附近的人肯定不行，必须扩大宣传面。为此她通过进入郑州市举办的餐饮业大赛这个平台，获得面食项目前50名的好成绩，成为郑州市饮食行业的名牌餐馆。随后她又借用郑州报刊这个新闻媒体平台，连续进行了一个月的广泛宣传和报导，一下子就把人气做起来了。这下她的热干面成为名品名牌，每天驱车几十里，排队吃面的人络绎不绝，不发才怪哩！

1963年出生于山西临猗的孙宏斌，从中国名校清华大学毕业后，优先应聘到中国著名的联想集团公司，从事市场营销工作。为了树立自己在营销方面的绝对权威，20多岁的他，竟然过早地表现出桀骜的领袖气质和非凡的商业才干。为了保护自己的嫡系营销员，竟然公开冲撞联想总裁，受到惩处。几年后，他为了得到一个二次发展的机会，放下面子，硬着头皮，依然还是找到了联想总裁，想在自己未来辉煌的事业中能够留下联想的影子，而不是遗憾与愤恨。经过心平气和的沟通，联想总裁答应了他的恳切请求。不仅借给他50万元的启动资金，让其在天津开办“顺驰”房地产咨询公司，以房地产中介身份进入地产界，还帮他与银行取得联系，借贷资金，并作为他第一个房地产开发项目的合作伙伴，以联想的无形品牌替他圈地、融资、开发。到2004年，顺驰先后进军华北、华东和华中等城市，频频在上海、武汉、苏州、无锡、郑州、洛阳、石家庄等地“疯狂”拿地，“天价土地制造者”的大手笔更是连连惊人，创造出辉煌的业绩。福布斯中国富人榜，曾公布他个人资产达二十多个亿。这就是孙宏斌善于借用联想这个知名平台，不断做大事业的结果。

现在好多连锁加盟店、专卖店的发展就是借用某知名公司的驰名商标、品牌产品运作起来的结果。

那么，除此之外，还有哪些平台可以借用呢？

(1) 借用大中城市平台。不见大世面，下不了大决心。见见大世面，有利于我们开阔眼界，开放心态，开发思维想象空间，自己的观察力、思维力、判断力和表达力潜移默化地得到提高，对个人的成长和未来成功非常有利。如果自己人脉关系、经济实力可以，就应进入大中城市去发展。

(2) 借用名人及高关系平台。与名人合作，借用名人做广告、做品牌，我们的知名度会很快提高。穷人要变成富人就必须走出穷人圈子，进入高贵人脉群体，受其言行影响。高贵人脉群体的特点：知识层次高、智商高、情商高、权力层次高，结交人员层次高，人脉关系渠道广，经济实力强；说话想的说、面带微笑，做事凭动脑、心平气和，以理服人；进餐让人有礼节、穿衣规范合时宜、做人礼貌很到位；整体显得有教养有品位。低层次群体人的特点：知识层次低、智商低、情商更低，人脉关系渠道狭窄、结交人员层次低；说话抢着说、高嗓门，做事凭蛮干、气势汹汹，以势压人；进餐抢食无礼节、穿衣随便伤大雅、做人礼貌不讲究；整体显得缺教养没品位。其实，一个创业者的平台高低往往就决定于创业者人脉关系的高低。我们的人脉关系在哪里，我们开创的个人事业就应在哪里；我们的社会关系有多强，我们的融资能力就有多大，我们的创业平台就有多高。

（3）借用中高档社区、高收入阶层平台创办高消费类事业。我们可以接触到更多的成功人士和有钱人，可以随时受到成功人士的影响、熏陶和消费支持。

（4）借用好的融资平台。创业总是离不了资本金和现金流，融资环境好，就能及时筹措到经营所需要的流动资金，就能保证企业生产经营活动的正常进行，就能保证利润的实现。反之，一旦资金链条断裂，企业经营活动就会受阻或陷入瘫痪。例如，一些经济技术开发区、工业园区，只要进入，就提供标准化厂房和办公设施，进而搭建好的融资平台。

（5）借用政府举办的一些培训活动和财政支持平台。利用国家的一些优惠和扶持政策来发展个人事业。例如，近几年国家推出的创业促就业免费培训和贴息扶持贷款。

（6）巧借新闻媒体平台。借用一些媒体的展示平台或者制造和利用一些新闻事件，达到宣传自己及企业的目的。

四、明确目标，周密计划

提前规划我们的财富人生

前几天和几位朋友有场饭局，饭桌上有人说：“20 岁左右比名校比学历，30 岁左右比伴侣比职业，40 岁比官位比权力，50 岁比金钱比财富，60 岁比儿孙比幸福，70 岁比老伴比健康，80 岁以上比长寿比延年。”回到家中我经过思考，觉得人生要赢在起跑线，就得好好规划，认真设计，方能出彩。于是拟就了一个财富人生规划。

第一阶段：1～25 岁，主要任务是学习，奠定人生。1～18 岁，上幼儿园、小学、中学；18～22 岁，上大学，初步选定好自己喜爱的院校和专业；22～25 岁，继续攻读研究生，尽量接近自己喜欢从事的职业。

第二阶段：20～30岁，主要任务是工作，定位人生。我们究竟是把自己定位于一个时代卓越的人物、一个行业优秀的人才还是一个无关紧要的人手、甚或是一个被社会唾弃的人，这点非常重要。假若我们定位自己是一个人物，我们就应该在工作中注意锻炼和发挥自己的领导才能，调动大家的积极性，尽人之智、尽众之力；假若我们定位自己是一个人才，我们在工作中就应该忠诚事业，积极负责，尽己之智、尽己之能。

第三阶段：25～65岁，主要任务是创富，创造人生。

第四阶段：65岁以后，主要任务是颐养天年，享受幸福人生。有健康的身体周游世界，有体贴的老伴时常陪着，有孝顺的子女常回家看看，有足够的储蓄尽情享用。

过上中等富裕生活

前年夏季，在古滶公园饭庄遇见我的老领导雷老板。他年方50有余，大本文化程度，英俊潇洒，魁伟有魄，精神饱满，情绪高涨。他说："我一家三口人都工作，妻子在医院是主任医师，女儿在某外资企业工作。除在单位里正常工作，我最大的业余爱好是研究房产和黄金。这几年，我在炒房和炒黄金上的投资获得了很好的回报，这让我对生活的规划发生了巨大的变化。我决定继续投资理财，直到取得理想的投资收益。"

当我问及他现在的家庭年收入时，他告诉了我两个字："你猜。"

我听说雷老板除在县城有套120平方米的单元房外，2011年还在省会西安为自家买下了一套136平方米左右的住房。对此，当时好多老同学都不理解，说什么大城市与小城市比较，无非是人多、车多、楼房高，除此也没有什么了不起。

雷老板听后便说："这是认识上的误区和差异。其实真正吸引人们眼球和视线的才是城市文化。当然最耀眼的还是美女、美景文化、美食文化以及服饰文化、开放文化、礼仪文化、交通文化、就业文化、教育文化、医疗文化、健康文化、保障文化、车文化、房文化等文化元素的集合，每一个靓丽、漂亮、性感、有气质的美女，每一座'新、特、奇、美'，匠心独具，石破天惊，横空出世的建筑雕刻及建筑群、景观群都是一件让人赞不绝口的艺术大餐和让人目不暇接的艺术大作。正是这些文化，吸引了我们的视线，才把我们看得眼馋，看得高兴，看得开心，看得跃跃欲试，看得流连忘返，看得不肯离去，看得从内心向往城市生活!"

说到这里，他看我们听得津津有味，便不慌不忙，意犹未尽地去喝了几口绿茶，然后就继续接着说："你们看我所居住的小区，鲜花草坪、绿树成荫，环境幽静，芳香宜人，小桥流水，景观雅致。再看看我的房子布置，进门是生机盎然、步步高升的盆景和养满金鱼的大水缸；大厅装饰典雅古朴，黑白线条格外明朗，室内陈设着高档家具和名贵的瓷器，厅堂当中高悬着名人字画。卧室床铺整洁，灯光柔和，被褥枕罩，豪华舒服，颜色淡雅，简洁明快。厨具全是不锈钢，卫生洁具全是名牌。这在某种意义上都代表着一种居住文化。"

雷老板平时出行的交通工具是私家车，每天的饭局应酬很多。他穿戴的多是国产名牌服装。家里没有负债，近期他给女儿选购了 20 万元左右的中档车。他们每天过着安逸稳定的生活，并且有丰富的精神文化活动，比如经常去听演唱会、看篮球比赛。他每年"黄金周"可以携全家长途出游，偶尔也会出国考察一两次。

雷妻，现为主任医师，医科院校高材生，仪态端庄，脸型漂亮，体态丰盈，工作负责，对生活质量要求较高。她注重健康，注意营养，饮食搭配合理；对时尚有敏锐触觉，衣饰自成风格，上班白大褂，下班休闲装，社交活动高雅装；坚持健身，生活十分有规律。在夫妻生活问题上，她时刻给予丈夫最渴望的那个爱情甜点。丈夫也非常注意妻子的形象打造，不时给予赞美。因为他们知道，维持夫妻关系的纽带只有彼此相爱，缺乏爱情的夫妻关系，即使拥有一切权势和金钱，都会像废纸一样到处乱飘！

其女雷小姐，西安理工大本科学历，除上班，就是饮食、置衣、通话、读书、逛街。她穿衣时尚，很得体展示现代女性的风采和魅力。她注意保持笑容。她说，烦恼也是一天，开心也是一天，为什么不开心地去过好每一天呢？她注重人缘，懂得投资，每逢与朋友吃饭，她一般都会主动埋单……

一家三口走在大街上，常常会引起人的好奇，投来羡慕的目光。

一些熟人也称赞雷老板是标准的中等收入及富裕人士。雷老板由此愉悦之意大发，开始侃侃而谈："所谓中等收入阶层，就是以自己的知识、技能和智慧为资本来参与市场竞争，并主要依靠脑力劳动来取得竞争优势的社会阶层。具体地讲，就是人们在解决了温饱（吃得好，穿得体面），步入了小康（有房住，有车行）之后，还有能力继续学习深造、提升素质，休闲旅游、投资发展，打造现代经典版的幸福生活。"他继续说："低收入家庭，往往低屈人群，贱生于世，经济拮据，入不敷出，生活过得紧巴巴，很难感受到幸福；而高收入家庭，往往高居人间，贵秀于林，盯的人多，诱惑力也大，为保障财富和支配钱财过于伤脑筋，甚至有伤和气，高贵光鲜之中暗藏隐患，幸中藏危、福中有险。所以，只有中等富裕家庭才是适度的、和谐的、幸福的。他们是构成未来中国社会的主体力量，也将是中国社会走向稳定与和谐的中坚。”

这时身旁有人问，中国的中等收入群体等同于西方国家的中产阶级吗？

他的朋友许老板是这样解答的：“1951 年，美国著名的社会学家赖特·米尔斯出版了《白领——美国的中产阶级》一书，在这本书中，他第一次提出了作为中产阶级的白领概念，并详细研究了中产阶级的基本状况，指出，在工业发达的西方国家已经出现了一个包括政府部门的中级行政官员，国营和私营垄断企业中的中级管理人员和工作人员，以及其他领域中的专业技术人员等所组成的新的群体——中产阶级，从此中产阶级成为一个全球性的话题。中国的中等收入群体应该说与美国的中产阶级有相似之处，但又有明显的区别。”

经过与其探讨，我觉得中国中等收入群体和中等富裕家庭人们的特征应该体现在以下五个方面：

一是教育文化特征。有一定的文化程度，在城市生活具备高等职业、大学以上程度；在农村生活具备高中、中专、中等职业以上程度；有专业技能、有文化素质、善于不断学习和充电。

二是个人修养和思想品德特征。有思想、有企图心，有事业心，有品德。情商良好，在城市生活有教养、有修养、有品位；在农村生活有影响、有乡行、知书达理。遵守国家法纪、社会公德、职业道德和家庭美德。

三是职业特征。主要有国家公务型、技术科研型、经营管理型、市场营销型、自由职业型、富裕农民型。

具体应包括以下人员：国家初中级公务人员；国家事业单位管理人

员和中高级专业技术人员；大中型企业的高级白领、职业经理人和办公室文员；民营小微企业中有一定素质的法人代表；自由职业者中的代表人物如律师、注册会计师、高级精算师、高级咨询顾问等；农村党支部书记、村委会主任以及经营现代生态农业、旅游观光农业、大棚温室农业、工厂化农业、专业大户、家庭农场、农民合作社、农业产业化经营的乡村能人、大学生村官、返乡农民工、部分典型示范户。

四是经济收入及物质财产特征。生活在农村、小城镇，年收入在6万元以上的家庭；生活在县城，年收入在10万元以上的家庭；生活在一般中等城市，年收入在15万元以上的家庭；生活在大城市以及沿海城市居民，年收入在20万元以上的家庭；生活在京上广深一线城市居民，年收入在30万～50万元的家庭。这样的家庭年收入，都可以全额付款在居住地购买一套100平方米左右的房产和20万元以内的家庭小轿车，才称得上标准的中等富裕家庭。标准的中等富裕家庭，其净资产积累，因地域不同，生活在农村及小城镇的家庭一般应该在50万元以上，生活在城市家庭一般应该在100万～1 000万元之间，即是个百万富人或者千万富翁。年收入少于6万元的为低收入群体家庭，年收入超过50万元的为高收入群体家庭，甚至是超级收入群体或亿万富豪。

这里说的家庭净资产，指家庭总资产减去家庭总负债后的实有资产。它是家庭现有资产、存款、证券投资、实业投资和其他投资等的总和。也就是说，达到了中等收入水平的家庭虽然就算步入了中等收入群体，但并不等于进入了中产阶层，中产阶层必须有资产做后盾。如果你的家庭有较大负债，收支相抵后，你的财产依然是负累积而不是正积累，那你就算不上一个中产阶层人士。这就是中等收入群体与中产阶层的最大区别。

五是社会消费、生活方式特征。吃、穿、用中档宽裕，有存款或有资产，未来生活有保障，劳逸得当，游乐适可，保健及时，身体健康。特别是‘五有’：有房子（在城市生活应有100平方米左右的单元式楼房，在农村生活应有带院落的100平方米钢筋水泥砖混式结构住房）；有车子（在城市生活应有20万元左右的私家车，在农村生活应有10万元左右的小轿车）；有保障（在城市生活应参加居民养老、职工社会养老保险、医疗保险并且每人有10万元以上的养老附带重大疾病、意外伤害、住院医疗商业保单，在农村生活应参加农保、合作医疗并且每人有5万元以上的养老附带重大疾病、意外伤害、住院医疗商业保单）；有休闲娱乐和文化旅游；有健康、和谐、幸福的夫妻及家庭关系。

未来致富有计划

巨人史玉柱咸鱼翻身的成功案例虽然被大多数国人所熟悉，但我今天还是想从计划的角度再给以梳理。1997年，中国巨人集团由于资金链条断裂而一夜之间垮塌。史玉柱因为欠债2.5亿元，一下子跌入人生低谷，整天债主踏破门，弄得鸡犬都不安宁。这时他把自己团队的核心人物关进另一个城市的一间房子开始思谋翻身计划。他首先充分认识到这次失败是由于自己头脑发热，做出了严重超越公司实力状况的投资决策造成的。为了尽快扭转这种被动局势，他要选择一个打翻身仗的突破口。经过反复思考，他决定实施战略转移和战术更新，他经过对自己的核心能力、身边资源、拟上项目前景、内外部环境等因素综合考虑，制定出如下的战略和战术计划：

一是把工作重心及经营项目由巨人大厦转向保健食品脑白金，因为保健品他手中已经有几个品种的配方数据，自己也比较熟悉，而且健康产业发展前景广阔。

二是将工作地点由珠江三角洲转向苏沪杭长江三角洲，变换一个安定环境。如果没有一个安定的工作环境，什么决定都将难以实施。

三是个人工作性质由前台指挥转入幕后策划，以便集中精力抓大事，处理重要的事，翻身闹革命。

四是在资金筹集和投入上，决定从小干起，以小搏大，为此他从朋友处筹借了 50 万元，从此拉开他人生的第二次创业序幕。

五是在企业运营策略上，将采取虚拟经营的方式。由于资金实力弱小，起步艰难，他就先拿出 15 万元，采取委托加工的办法去生产，自己则集中精力主抓市场营销。

六是在营销策略上，他选择了毛泽东“走农村包围城市”的道路。先在江苏的江阴县城由免费使用到口碑传播，效果很好，当月收入 30 万元，随后翻番递增。后推广到无锡市，再推广到浙江省的台州，推广到全国。

七是在促销策略上，实行电视台广告轰炸效应，先拿出 15 万元在江阴电视台打广告，以广告带动销售。

在广告词上，简单朴实，“今年过年不收礼，收礼还收脑白金”。

在广告时间上，采用逢年过节强势轰炸，平常季节不予中断，一年到头天天烦你。

八是在运作顺序上，采用广告先行，消费者询问促动，商家急于采购，保健品及时到货的策略。

九是在货款回收上，采用先付款后发货，杜绝拖欠货款，以免造成流动资金中断。

十是在用人上，保留核心骨干，其他去留自愿。

我们知道，发现问题、捕捉机会、科学思维、正确决策是一切工作的出发点，制订计划、付诸行动、战胜困难、实现目标才是一切工作的落脚点。由于史玉柱二次创业，超前抓住了国民追求健康之机，项目决策正确，战术精心策划，计划灵活调整，才使脑白金营业额创中国保健品同期之最，巨人也从此扭转乾坤！

由此可见，作为一个对未来充满梦想的人，仅仅通过抓住机遇，选对职业是远远不能实现的，还必须赋予确切的需要、明确的计划和实际的行动。重大决策一旦拍板，很难更改；具体计划则常常可以随着时空的转移、环境的变化而作调整。计划是重大决策的具体化，是所要执行的方案和依据。

2013 年的初春，阳光普照，天气转暖。中央 1 号文件喜从天降，横空出台。鼓励和支持承包土地向专业大户、家庭农场、农民合作社流转。作为新型农业经营主体，“家庭农场”概念首次出现，它是中国现代农业的发展方向。年底中央农村工作会议强调，中国要强，农业必须强；中国要美，农村必须美；中国要富，农民必须富。农业基础稳固，农村和谐稳定，农民安居乐业，整个大局就有保障，各项工作都会比较主动。于是有人决定圆自己几十年来的梦，将个人的未来交给大自然，生活在田园风光般的中国渭北高原现代农庄。现代农庄应该是现代农业、现代庄园、现代设施、现代装备、现代农民的结合体，为此计划创建产业布局佳、经济效益佳、田园风光佳、人文环境佳、生活水平佳、精神状态佳的“六佳庄园”，包括：六佳庄园新农村建设有限公司，六佳庄园果蔬农民专业合作社，六佳庄园现代农民培训中心。计划是这样的：

（一）基本构架和庄园特点

六佳庄园位于自己的家乡，总规划占地面积300亩。它以当地居民为本，以现代新农庄建设和家庭农场为依托，以窑房结合别墅、开放式围栏、葡萄瓜果吊篮、绿荫花砖走道、生态智能餐厅、庭院玻璃温室、无土立体栽培、时令果蔬花卉等为特点，按照工厂化农业的要求，重点发展神桃、冬枣、樱桃、兰花等主导产业，按照现代农业产业化生产和经营体系配置生产要素，进行科学管理。

六佳庄园将突出现代农庄特色，以企业化的理念、产业化的模式，园区化的承载，规模化的经营、专业化的培训、市场化的运作，呈现出环境优美、品味高雅、设施先进、技术领先、品种适宜、高效开放的特点，代表现代“三农”的发展方向，是社会主义新农庄建设的亮点工程。

（二）指导思想和建设意义

以“三农”政策为指导，以市场为导向，以农业增效、农民增收和农村发展为目标，围绕区域特色产业，按照“资金集中、产业集聚、经营集约”的发展方向和“产业立庄，品牌名庄，营销富庄，文化兴庄”的发展思路，采取“项目集成、技术集成、资源集成”的发展方式，推行果蔬花结合、种储加结合、贸工农结合、产学研结合发展模式，建成良种基地化、布局区域化、生产标准化、管理精细化、营销品牌化、运作市场化、经营产业化、整体现代化的农业样板，力争成为特色农庄、品牌农庄、富裕农庄、幸福农庄的典型。

建设产业布局佳、经济效益佳、田园风光佳、人文环境佳、生活水平佳、精神状态佳的“六佳幸福庄园”，有利于引导农民自愿、合法、有序流转土地，推动农业适度规模经营。有利于促进农业投入新机制的建立，从根本上解决农业投入问题。有利于农业机械化的使用，推动传统农业向现代农业的转变。有利于保护基本农田，降低生产成本，提高耕地利用率和土地收益。有利于集成推广现代农业技术，促进农业科技成果产业化；有利于创新农业经营组织形式，发挥庄园产业聚集效应，吸引专业种养大户、科研推广机构、农资经营机构、农产品流通企业等与园区合作，促进贸工农一体的产业化经营格局的形成。

（三）基本原则和目标任务

1. 坚持“突出特色、适度超前、整体规划、分步推进”的原则；

2. 坚持“天人合一、尊重自然、立足资源、科学发展”的原则；

3. 坚持“立体高效、循环生态、效益优先、示范带动”的原则；

4. 坚持“新农庄建设、社区配套建设与园区建设有机结合”的原则；

5. 坚持“规划的超前性、风格的独特性、经营的规模性、功能的多样性和建设的区域性相融合”的原则。

拟通过10年的努力，使六佳庄园基本达到“三个明显改观”、“五个大幅提高”的目标：

“三个明显改观”即：庄园基础设施条件明显改观，庄园人文环境明显改观，庄园居民精神面貌明显改观。

“五个大幅提高”即：农业科技成果应用能力大幅提高，园区土地产出效益大幅提高，农产品品牌知名度和市场竞争力大幅提高，当地居民收入大幅提高，庄园幸福指数大幅提高。

主要经济和社会发展指标：项目建成投入使用后，主要从事以蔬菜、果品为主的农产品生产、采收、分级、储藏、加工、交易、配送等业务，果蔬年生产能力可达到400吨，年实现销售收入400万元，利税100多万元，新增就业岗位100个。

（四）庄园规划和发展步骤

六佳庄园首期规划占地面积300亩，将按照主题功能，划分为三个区域：人居、生态餐厅、庭院温室等综合服务区50亩、标准化果蔬栽植区200亩、果蔬储藏及农副产品深加工区50亩。庄园以现代农业、现代农庄、现代设施、现代装备、现代农民为宗旨，计划发展为环境优良、适宜人居、产业集聚、效益领先、美食美景、人文风光等为一体的富有特色的中国渭北高原现代庄园。

庄园建设计划分三步走：

第一步，流转土地100亩，进行果蔬的示范化栽植和经营。

第二步，购买邻里空闲宅基地，建设乡村窑房结合式、围栏开放式、连栋温室式特色别墅，在现有50亩村庄的基础上，改组改造、构建人居生态区和农家饭庄、生态餐厅、庭院温室、便民服务等综合服务区。

第三步，再流转150亩土地，建设果蔬基地和果蔬储藏及农副产品深加工区。

（五）庄园布局和文学描述（略）

（六）资金来源和投资预算（略）

（七）建设进度和网络图示（略）

（八）工作重点和具体措施

1. 准确定位庄园特色，勾画庄园模型。

2. 多方推进农民宅基地、承包地流转。

3. 做好特色农产品的产业规划和布局。

4. 分步融资，集中资金进行庄园建设。

5. 重视应用现代农业科技、农业机械。

6. 打造农产品品牌，积极培育市场主体。

具体可采取以下措施：

1. 请设计团队进行六佳庄园建设的整体规划、设计和预算。

2. 与农户协商，以土地转让收入加果园管理工资收入加收益分红高于目前土地年综合收益的原则来实现土地流转；或者公司与农户签订合同，统一提供种苗、肥料、农药、灌溉等，农户按照标准化作业规范进行生产，公司按质量要求和合同价格回收产品的方法组织规模化生产，推动土地连片种植，规模化经营。

3. 围绕现代庄园建设，加大项目的营销推介，争取国家投贷、银行贷款、各有关单位、自然人、法人投资入股，多渠道融资。

4. 严格按照有机果蔬栽植规范、无公害蔬菜种植办法和现代生态农庄运营标准，管好果蔬核心示范园和现代庄园。

5. 与农业技术、农资供应、病虫害防治、农机作业等服务组织协作，做到专业化运营。

6. 统筹谋划发展农产品仓储、精深加工和物流服务业，加强与农产品批发市场的衔接，建立稳定的农产品市场销售渠道，实现丰产丰收之目的。

前两天我看到一则报道，说："其实人和人的智商都差不多，关键看是否把脑袋用到了与我们所要达到的目标有关系的地方。"目标就是我们在规定的时间内要实现的梦想。我们每天专注于某项目标，我们最终就会实现这项目标。美国哈佛大学曾经对25年前的毕业生做了一次调查，发现：27%的人从来没有目标，生活在贫困线以下；60%的人目标模糊，解决了温饱；10%的人有明确的短期目标，过上富裕型生活；3%的人有明确的长期目标，成为顶尖人物。实现了个人目标的人，得到了自己所需要的一切。他们自身价值显现，尽到社会责任，受人尊敬，并且影响和帮助身边的人走向成功，到处获得微笑、鲜花、礼遇和掌声。时间财务双自由，他们在任何时间、任何地点做自己愿意做的事情，没有来自任何外界的压力和控制。生活富有情调，家庭幸福美满。

明确目标

年度收入细打算

某专卖店年度经营目标是实现营业收入160万元。为此他们分解目标，做了这样一份年度计划书：

1. 销售收入计划，4个分店月平均各完成2.5万元销售，年实现营业收入100万元；总店月平均完成5万元销售任务，年实现营业收入60万元。

2. 目标顾客计划，总店若要完成5万元销售，则每月最少得成功沟通5名以上顾客来购买产品。

3. 体验顾客计划，按照二八定律，若10个人当中有2个人购买，则每月需保持正常体验人数25人。

4. 设备配置计划，按一天工作时间8个小时480分钟计算，一个人体验时间40分钟加10～20分钟机动时间是50～60分钟，一台设备一天最多可完成8人体验任务，25个人则需要4台机子体验。

5. 人力资源计划，若每名工作人员每小时服务2名顾客，一天最多能服务16名顾客，完成25名体验者加上老顾客最少需2名服务人员。

6. 员工工薪计划，月基本工资加销售提成6%加年终奖。

7. 成本控制计划，每月总费用应控制在销售额的36%以内。其中，变动费用一般为16%，包括员工销售提成6%、优惠顾客及广告促销费用10%；固定费用应控制在20%以内，包括人员基本工资、房租、物业费、水电费、网费电话费、提货费用、其他费用等。

8. 每月增值税、附加税费约占营业额的5.7%。

9. 流动资金计划，假若每半个月进货一次，每次则需5万元周转金，每月支付人员工资及部分费用1万多元，两项合计需要准备流动资金6万元。

10. 培训计划，经理每周要对员工做一次专题培训。

11. 工作计划，每月应新招揽体验者5人，实现销售5万元业绩；年需选聘和培训经理人2名，新拓展营业网点2个。

该店自从制定了这份行动计划，目标非常明确，思路非常清晰，脚步非常稳当，一心朝着自己的方向奋进，再也没有被眼前一时的困难所吓倒，更不会受某种诱惑而掉头转向。为此我们说，计划就是对未来行动的具体安排，就是事先要确定的行动方案。一次周密的致富行动计划，具体应体现在“六何”：因为何种原因（要实现预期盈利）、必须达成何种目标（年营业额160万元），需通过何人（核心业务人员）、在何时（一年内）、何地（专卖店及体验店内）、采取何种方法（服务营销+体验营销+教育营销）去实现。

五、下定决心，付诸行动

下定决心去行动

决心不是喊在嘴上，而是要落实到具体的行动当中。李伟当年从郑州大学新闻系毕业后做过公务员、干过记者，但他觉得这都不是他要追求的人生方向，也不是他要实现的人生目标，更不是他人生追求的价值，他决定辞职下海。先是卖芝麻糊，再是开电子游戏厅，后做苹果牌牛仔裤的代理商，可这些小生意都没有给李伟的生活带来大的转机。后来经过对几年闯荡市场的深刻检讨，他觉得自己以前所做的都是在市场中的学习过程。直到 1996 年，当他发现市面上的普通冰淇淋一支可卖到 4 元左右，联合利华生产的“和路雪”牌冰淇淋也开始在北上广等一线城市畅销时，他觉得这个产品利润空间非常大，只要抓住便可掘得第一桶金，成就他的人生梦想。于是他想到了做“和路雪”牌的河南总经销。可当李伟跑到“和路雪”北京总部，提出自己的想法时，对方却根本不予理睬。原因是“和路雪”刚进入中国市场，像郑州这样的二线城市根本不在联合利华的考虑之列。但执著的李伟并没有放弃，而是先后下定决心到北京跑了不下10多次。李伟锲而不舍的精神和诚意打动了联合利华中国总部的管理人员，“和路雪”开始对郑州市场进行评估和考察。在对方到郑州进行考察时，李伟身无分文，但为了不让对方寒心，毅然从朋友那里借了2万元钱，在郑州高档的酒店请对方吃饭，甚至不惜投其所好，和一帮哥们在餐桌上绞尽脑汁跟对方大侃足球，说得对方考察人员心花怒放，当场决定让李伟“试试”。一年多的功夫，他不仅通过经销“和路雪”积累了一笔可观的资金，也给他后来进入速冻食品业提供了有利条件。当时“和路雪”在河南给李伟配备了5辆冷冻车，并建造了上千立方米的冷库，夏季旺销季节库车全能用上，但到了冬季，这些冷藏资源几乎就被闲置了。头脑灵活的李伟这时想：利用现有的冷藏资源，夏天做冰淇淋，冬天做汤圆，岂不是两全其美的好事情。1997年由于正值香港回归祖国怀抱，记者出身的李伟给自己的企业就取名为“思念”。1998年5月，30岁的李伟下决心在《大河报》刊登了一版颇具引人的招聘广告：“谁是最会做汤圆的人，我们给他50万元!”这则广告在当时的速冻业内引起轰动。圈内人不再小视李伟，同时，思念的名声也不胫而走，一批业内精英被吸引过来。通过技术创新开发新产品，使思念汤圆在全国市场一炮打响，产品出现供不应求的局面。仅仅两年的运营，公司营业收入就达到8 000多万元，净利润实现2 000余万元。此后，思念又在全国首推灌汤水饺，新产品一上市就畅销全国，最终奠定了思念“中国速冻饺子大王”的地位。2000年，李伟找到因一曲《思念》走红的红歌星毛阿敏，花了100多万元制作了一部广告片，并花费300多万元在中央电视台一套节目中播出。借助名人效应，思念的汤圆和水饺很快跻身全国名牌产品之列。公司被农业部等八部委评定为“全国农业产业化重点龙头企业”。2006年8月18日思念公司在新加坡交易所主板成功挂牌上市。2008年，“思念”品牌被国家工商行政管理总局认定为“驰名商标”，入选“中国500最具价值品牌”。思念公司现已发展为中国最大的专业速冻食品生产企业之一，占地近600亩，拥有员工1万余人，生产超过200个花色品种，国内市场占有率达20%以上。在全国范围内共有3万多家经销商，年销售额超过10亿元，步入国家大型企业行列。

习近平总书记在阐述实现中华民族伟大复兴的“中国梦”时指出：“有梦想，有机会，有奋斗，一切美好的东西都能够创造出来。”当一个人下定决心一定要实现某个愿望、一定要干成某件事情的时候，他的行动和奋斗精神就会感天、就会动地、就会惊动鬼神，这时天地都会为之开道、鬼神也会为之鸣锣，成功将在预料之中。只有决心才是成功获得财富的基础，没有决心将计划付诸行动，那么计划就会一文不值。如果我们干事的决心老是动摇来动摇去，那就说明实际上我们是个没有个人主见、干事缺乏决心的人。我们应该有自己的头脑、自己的思想、自己的见解，要通过自己的思维来作出我们人生当中的伟大决定。如果我们自己的决心能够经受得住干扰，那么，我们干什么事情都会出人头地。

陈安之讲，成功者与失败者的最大区别就在于成功者下定了决心，失败者没有下定决心。很多事情，看起来很可怕、很困难，甚至觉得根本不可能，可当你下定决心一定要做的时候，它立刻变得很简单。可见，要成功就要有“一定要”的决心。当一个人决心一定要的时候，他的潜能才能够真正被激发出来。当我们依定雄心去奋斗，抱定必胜之心去努力，这就表明我们已经拥有了胜利的决心。那么什么是决心呢？

决心就是不管可能不可能，都会去努力、去奋斗、去坚持的一种强烈意愿。意愿只是一个心愿、一个想法、一种梦想，而强烈的意愿才是决心。“我一定能做”，是信心；“我一定去做”，才是决心。能做并且去做，梦想方可变为现实。

决心又是一种积极的心态，一种坚决去做的态度，他必须时刻驻扎在你的心中。

决心就是想好了当机立断，立即去做，绝不拖延。

决心就是在没有退路的情况下，奋力一搏的勇气和意志。成功从我们下定决心的那一刻开始，不论行动中遇到多大的困难和阻力，我们都要坚定地去实现它。

决心就是立志，就是一种雄心壮志。志不立天下无可成之事。例如，温州人在外闯荡，不混个人样来，是绝不会回家的。他们一旦回到家乡，那肯定是功成名就之时。

下定决心　付诸行动

人不论干什么事情，就是要有成就事业的壮志雄心和决心。中国有句话叫“穷则思变”、“后则思改”。面对贫穷、面对落后，更应有强烈的企图改变自己目前生存现状、生存环境和生活面貌的决心，改变才会展新姿。我们不要总想企图去改变他人，更不要强迫别人去干什么，我们只有通过先改变自己，然后才能去影响和带动他人。要想让他人做到，我们自己首先应该下定决心去做到。

决心的背后是胆识

2004年，我打工所在单位的总经理，在一次偶然的讲话当中，谈到“直销”二字，我不解其意。于是就上网查询，结果在查询当中就搜索出了好多直销企业名录。其中有一家叫“无限极”的直销公司引起了我的注意，随后打电话问到西安一家专卖店的店址，就直奔而去，亲自了解。听了几节课，就对这个公司发生了兴趣。在以后的学习当中，知道了这个公司的一些故事。其中，这个公司的诞生是这样的：现任香港李锦记集团董事、无限极（中国）有限公司董事长李惠森，1992年的一天，在他家的油轮上约见了他中学时的老同学、时任香港直销协会主席的潘光宇，潘光宇说了一句话：“一军大有个研制了20多年的科研成果名叫‘复合多糖’，现正在向全世界发布合作信息，寻求合作商。”说者无意，听者有心，李氏家族现在正考虑寻求新的发展机会，于是李惠森就把这个信息告诉了他父亲。他的父亲、香港李锦记集团主席李文达听后，立即派人在全世界范围内调查了解。经过一段时间的考察论证，他们认为，复合多糖可以有效提升人的综合免疫力，它在技术上是先进的，批量生产是可行的，该项目的启动可以弘扬中华优秀养生文化，给世界人民带来健康，有着很好的发展前景。于是他们暗下决心，果断拍板，一定要也一定能与第一军医大学合作。结果经过牵线、接触、洽谈，他们从国内外众多的洽谈对象中脱颖而出，并很快达成协议：一军大以技术入股，占49%的股份，香港李锦记集团投资1亿多元入股，占51%股份。经过二十年的不懈努力，终于成就了今天年销售额50亿元以上的“无限极”中草药健康产品这一伟业！

由此可见，是认识和实力（包括人力、财力、物力和运作能力）决定其自信心，遗传和自信决定其胆量，胆量和心态决定其决心，决心决定动力，动力决定进度，方法决定成效。为此，要取得大的工作成效，一是要从思想上充分认识到做这件事情的重要性、必要性和可操作性。二是要时刻充满“一定要”的成功信念。三是要每天都想着自己想要的东西，每天都在推动着事情的发展。四是要比别人多付出，比一般的人做得更狠更多。五是要智慧处事，讲求方法。

自信是成功的前提，胆量是成功的关键，大富之辈必定胆识过人。在胆与识的关系上，胆是识的体现，识是胆的基础，胆量必须建立在对某一件事情的信念和自信心上，即有一定眼光、有一定思考、有一定驾驭能力、有一定把握的基础上。只有这样，我们在做决策时，心中才会有杆秤，才敢冒风险断定此事该做还是不该做，此事能做不能做，此人该用还是不该用。当然，敢冒风险并不等于随心所欲、鲁莽蛮干，更不是无法无天，胆大妄为；而是一种高超的能力，是一种建立在正确的调查、分析和预测基础之上。如果收获很大风险也极高，你绝对要慎重行事；如果收获很大风险能把握，你尽管放手一搏。

一个人做某件事情，下不了最后的决心，一定是心中有“怕”，患得患失，顾虑重重，才缺乏决断力。世界潜能激励大师安东尼·罗宾说："一个人之所以不能够大成功，就是因为他内心恐惧的事情太多了，他害怕失败，害怕选择，害怕挑战，害怕站讲台，害怕被人笑，害怕生病，害怕死亡……当他害怕的事情足够多的时候，他就严严实实地把自己保护起来，然后他不断地把遇到的机会放弃了、错过了、妥协了。但是真正大成功的人看到机会、看到恐惧、看到障碍他们就告诉自己'我是超人，我无所不能'!"

有识无胆，事难进展，怕字当头，一事无成。胆小是因为我们心理患有恐惧症，表现出自卑自弃、自信心不足、害怕失败。中国知识分子为什么大部分人未能进入中国富人行列，成为大富翁，不是没有想法没有能力，而是因为两个字：

(1)"怕"。首当怕吃苦、怕不行，怕拒绝、怕批评、怕议论、怕失面子，其次怕冒风险、怕失败、怕失利。要么害怕说错做错；要么害怕他人嘲笑；要么害怕别人拒绝；要么害怕失去重要客户；要么害怕亏钱失利；要么害怕个人身体受到伤害；要么害怕别人的想法、说法、做法对自己不利；要么害怕陌生人。这些都是缺乏胆量，没有勇气、精神力量不足的典型表现。

(2)"等"。等政策、等机遇、等明主。而不是积极主动地换脑子，去适应环境、去争取机会。结果"怀才不遇"。

我有个同乡，人品蛮不错，有学识、有知识，可就是一辈子胆小。怕得罪人，不敢说这个，不敢说那个，结果也没一个人说他好；患得患失，怕失去机会，结果不知道该怎么去努力反而失去好多次机会；怕暴露缺点和失败，结果不断掩饰，最后终有一天隐藏不住，无可奈何，来了个失败大暴露；怕失去面子和尊严，结果当着众人的面被人骂，丢了个大面子；怕失去既得利益，结果天不遂人愿，最后还是严重失利。

那么人应该怎样去战胜其恐惧心理呢？

战胜恐惧要练就过硬本领。对待什么样的人就要有什么样的拿法，对待什么样的事情就要有什么样的本领。一般应具备说和做两大本领。说得大家心服口服，做得令人惊讶佩服。

在号称"汽车疯子"的吉利集团总裁李书福的眼里，像汽车这样仅由"四个轮子、一个方向盘、一个发动机、一个车壳，里面两个沙发"组成的普通的交通工具，价格只有降低到像发达国家那样"一年的收入足够买两辆汽车"的水平，才是符合汽车发展规律的。于是，他提出要为中国老百姓生产质量要达到日本、韩国同档次车的水平，而价格仅为三五万元的汽车。

当时，所有的人都认为李书福在发疯，他的父亲更是无法理解。但是，李书福"一定要"的决心已定。在得不到主管部门许可的情况下，李书福决定先斩后奏，从偷偷摸摸搞摩托车，到后来无证先闯搞轿车，凭着这种胆识和本领，居然摩托车、小轿车都创造出来了。到2001年年底，李书福终于在国内民企中首获轿车生产许可证，从此便不断地刷新着中国汽车市场的最低价。它以产销量年均增长117%的惊人速度，进入了国内汽车制造企业的主流格局。2005年9月13日，在德国法兰克福车展上，吉利集团生产的"中国龙"轿车亮相，成为中国人生产的第一款跑车！

其实，人的超常胆识既是生来就带有的，更是在社会实践中通过不断激发其潜意识的能量培养和锻炼出来的。如果我们渴望获得事业上的巨大成功，那就应从现在开始，勇于超越自我，敢于直面人生！

胆识决定其财富人生

陕西某设区市市委常委，2002 年就任某县县长，一上任就遇到了财政严重困难，财政供养人员工资难以如期对付，机关办公经费、出差费用无法保障的局面，而且该县又是多年的全省经济明星县，每年还要给市财政上交 2 000 多万元。针对这一矛盾，该县长该如何决策呢？

他面对现实，科学分析，决心从根子上解决。首先敢于实事求是，敢于顶着掉乌纱帽的风险，去否定以前年度几任领导（而且都升任市级领导成员）的政绩，敢于顶住来自各方面的阻力和压力，多次跑省政府、跑国家部委，申明情况，硬是摘掉该县多少年“虚明星县”的帽子，将这个县放在了贫困县的合适位置，免于财政上交；同时提出经济要发展，项目是支撑，招商是重戏，园区是承载，投资环境要改善的工作思路，决定创建该市县区首家工业园区，积极招商，争取资金，大力发展地方工业。五年时间园区引进资金 100 多亿元，新上项目 50 多个，创办绿色企业 88 家，全部达产达效，初具规模，县上税收增加，县级财政的收支矛盾缓解，经济步入良性发展轨道。

这位县长的决策魄力，充分体现了一个共产党人的胆略和智慧，实践也证明他们当时的决策是有预见性、远见性，是非常正确的。

曾昌飙当年拖家带口勇敢地走出温州来到沈阳，凭着一股精神，干别人很少干、不愿干、嫌脏怕累的零活儿，卖别人看不上、嫌钱少、不愿卖的小商品，踏踏实实地坚持去做，最终完成个人创业的原始资本积累过程。现在他财大气粗，已不满足于沈阳市场，而是更加勇敢地走出国门，承包了3.6万平方米的平壤第一百货大楼，签订了10年的经营权，并投资5 000万元对营业大楼进行改建和装修，连同进入的商品投资总额达亿元以上。这时有人问他，要是朝鲜情况变得不利了怎么办？

曾昌飙是这样考虑和回答的："生意场上，收益与风险是一对亲兄弟，万一出现动荡，朝鲜那边肯定会有另一种需求，比如钢铁、水泥、纺织品、药品、粮食等，我还是可以向他们提供这些物品的。"

那位县长和曾昌飙的眼力和魄力说明，是胆识造就了名声显赫的成功者。我们的梦想、胸怀和胆识有多大，我们的人生舞台就有多大！

兑现承诺不找借口

出生在四川省仁寿县农村一个杂技世家的周小衡，为了把他的杂技事业推向北京，走向世界，竟然对外宣布，要创作一部有剧情有演技的杂技秀——《飞翔》，向奥运会献礼。为此，他做出三项决定：

第一，他决定游说李龙吟担任导演。李龙吟上长沙开会，他就坐飞机跟到长沙，李龙吟接下来去三亚，他就接着去三亚，李龙吟回北京，他就回北京。李龙吟被周小衡执著的精神打动了，还是接下这个在他看来几乎不可能实现的创作。

第二，他决定投入1 000多万元。当时他手里只有300多万元，还差700多万元没有着落。这意味着他面临很大的投入风险，要么一夜走红，要么一败涂地。但周小衡明白，如果不抓住这个机会，那他的杂技团永远只能小打小闹，朝阳剧场这块肥肉也将被别人抢去。他决定破釜沉舟，卖掉一个训练基地，又用自己的房子作抵押贷了几百万元，筹集到1 000万元的资金。

第三，他决定克服创作当中面临的一切问题，把四川广汉三星堆文化搬到他的杂技中。为此冒出一连串的问题，甚至闹出了一件人命关天的大事。

按照创作的剧情，新的杂技剧在服装、道具、灯光、音乐等方面都要颠覆传统。很多人认为，在不到三个月时间，创作出这样一台有故事有情节的杂技剧绝对不可能。果然，创作刚开始，就遇到了一个大麻烦事，一个节目道具无法放进剧场。这个道具叫生死轮，长8米，重达2吨多。周小衡打算用它来表现三星堆的太阳轮。而且非常有危险，因为它没有任何的保险措施，两个人都得配合好，如果一旦配合不好，就会掉下来，一掉下来，不伤就残，所以很危险。朝阳剧场又是个老剧场，根本放不下这个庞然大物。导演组借口要撤掉这个节目。但周小衡却执意认为取消就没有效果了，我要的就是这个效果，要的就是这个刺激，它有亮点，有观众的那种碰撞，那种兴奋点。没有了就没有什么看点，没有看点了，一台没有亮点的杂技剧，肯定得不到朝阳剧场和旅行社的认可，也就不会给他的杂技团带来收入，投入的1 000多万元有可能会因此打了水漂，所以必须想办法解决。那他能想到什么好办法呢？

周小衡想到了从天而降，可是剧场不同意。如果剧场的天花板都给掀了，一个好的剧场就等于给拆了，剧场方面阻力很大。于是周小衡又找到剧场经理反复协调，剧场方面最终还是同意了他对剧场顶部进行改造的方案。可就在这个节骨眼上，一个主要演员负了重伤，肋骨断了两根。

2008年3月的一天，演员们像往常一样，练习跳板四叠人的杂技。当叠到第四个人的时候，意外发生了。当时就是一个后空翻，没站稳，力量又特别大，一下子就摔下来了。原因是为了符合晚会主题的需要，周小衡专门邀请了国内著名的服装师设计演出服装。他说："你只管去设计，完了以后我们的演员来配合你的服装，我们来克服，我们来适应。"周小衡没想到，服装师按照剧情要求设计的服装做出来后，演员却无法适应。着地的那一下，刚开始一翻起来，这个腰裙就莫名其妙地啪一下把眼睛给遮了。新服装影响演员的视线不说，不小心还会将道具打翻，这就要求在做动作时比以前更加精准。此时距离演出仅剩一个月时间，临时更换演员根本来不及，当时他的压力很大。这时演员们都有了借口，要求去掉那些影响他们完成技巧的装饰，这让周小衡陷入了非常矛盾之中……

周小衡想，服装碍事，你不要了；灯光刺眼，你也不要了；或者舞美那块儿，碍手，你也不要了。那这台晚会啥都不是了，又有什么创新点？有什么吸引观众的地方？美妙的借口永远改变不了没有完成任务、实现目标的事实。不能为失败找借口，只能为成功找方法。因而他认为现在没有什么退路，只有稍作调整去适应了。周小衡想出了一个大胆的主意，给演员鼓鼓劲，增加动力，多训练技巧，多适应，熟练了、互相配合好了，就不会有问题……

2008年4月13日，是周小衡的杂技剧《飞翔》公演的日子，受邀的业内专家和同行、负责市场开拓的旅行社以及部分媒体悉数到场。周小衡当时在极度的紧张和来回行走中，终于听到了北京旅游界和外国旅行社团喊出："演出很震惊啊！"的惊叹之声。

周小衡成功了，他用自己的智慧，凭借过人的胆识，下定决心，为奥运会带来了一台精彩的杂技剧，也成功地通过朝阳剧场这个平台打响了自己的杂技品牌，《飞翔》已经在朝阳剧场演出了 2 000 多场次，受邀到 30 多个国家巡回演出！

【第三章】

善用五种方式

本章提示：只想不动，根本没用，致富要有行动力。行动不是挂在嘴上、写在纸上，而是要谋划在心上、落实到行动力上。行动力就是一个人乐于从事致富实践活动的执行能力。行动力表现在：第一乐于行动。就是一种自觉自发、积极主动、无需他人督促的、有着强烈责任感、使命感、紧迫感的致富行动。第二敢于行动。想好了就去做，看准了就去干，只要有70%的把握就敢去尝试、敢去冒险，全身心地投入（包括财力、物力、智力、苦力、精力、能力和脸面、感情的投入）。第三及时行动。就是要把握好行动的最佳时机。机会不等人，谁先抢到就是谁的。既不能过早，也不能过迟，更不能思来想去，犹豫不决，慢慢腾腾，贻误财机。一般以认准了三天为限，最好“现在就做”。第四善于行动，知道我们应该干什么，怎么去干。大千世界，芸芸众生，不是所有的人都可以通过拿高薪去致富，也不是所有的人都可以通过成名去致富，更不是所有的人都可以通过为官掌权去致富，其实实现中等富裕的途径有若干，但真正适合我们凡人的致富方式可能就那么一两种，为此致富必须选择好适合自己天赋、秉性特点和实力情况的基本方式与组合。

一、勤奋打工致富式

勤奋打工致富及其途径

勤奋工作受尊敬，打工也能成富翁。例如，某集团公司，工薪制度规定总经理年薪 100 万元，副总年薪 70 万元，部门经理年薪 40 万元，一般员工年薪 10 万元左右。

勤奋打工致富就是通过招考、招聘成为国家公务员、事业单位职员、企业员工以便领取工资、津贴、补助、业务提成和奖金等收入去致富。

勤奋打工致富之道重在提拔晋升，成为党政机关领导（公务官员）、事业单位高管或高级专业技术人才或高级技师、企业高管和高薪人物。

勤奋打工致富的三条途径：

一是当中央、省、市、县、镇级党政机关领导及普通公务员，掌握国家赋予的某种权力资源，领取国家规定月薪。

二是当中央、省、市、县、镇级事业单位领导及普通职员，掌握国家赋予的某种服务资源，领取国家规定月薪。

三是当央企、省企、港澳台企、外企、私企中高级专业技术人才、高级技师、中高级管理人员、CEO或者普通员工，就业于集团型、大型、中型、小微型企业，掌握企业赋予的人、财、物、信息、技术、时空等资源，拿年薪或者领取月工资。

在此需要说明的是，一般性工资收入只能保证我们的衣食无忧，而要实现中等富裕，我们就得想办法获得高额年薪，包括高工资、高奖金、高福利、高分红。我们要通过应聘和晋升，进入大台面、高台阶、高台值、发达地区、垄断行业、技术领先行业、前景性产业领域。高薪致富的关键是要获得高级管理职务和高级专业技术职称，同时要精通自己的业务能力。例如，一些知名电视节目主持人的年薪几十万、上百万；一些演艺明星年薪几百万，上千万；一些企业中高层管理人员、高级专业技术人员的年薪几十万、几百万；一些售楼小姐的年业务提成收入百十万元，他们一年的收入是许多人一生的奋斗目标。

勤奋打工致富的前提条件

勤奋打工致富的前提是我们通过必要的招录程序，笔试、面试、体检、政审考察过关，具备一定的专业知识或者确有一技之长，能够胜任岗位工作。

知识是人类认识的成果。有知识的直观表现是能讲、会写、遇事有主见，善于解决一些管理问题。而知识的积累要从点到线，从线到面，从面到体。点就是要突破某些专业知识点，线就是要有行业知识线，面就是要有相关知识面，体就是要形成一个知识体系。要求一知多能，熟悉一个专业、精通一个领域，同时具备相关方面的多种知识。

技能就是要具备某方面的业务技术本领，不仅知道怎样做，而且会熟练地去做，能够突破一些技术难题。有技能的直观表现是会演艺、会操作、会策划、会办事。

广义的技能一般包括三个层次，形成一个金字塔：最顶尖的能力是领导能力，中间是管理能力，最底层是业务技术能力。

知识和技能的关系是：知识偏重理论，技能偏重实践；知识在于学问，技能在于操作；知识是前提，技能是表现；知识是基础，技能是关键。

勤奋打工致富适合于年龄、性别、人品、学识、天赋、技能等条件在规定范围之内的一切人士。

蒋凯大学毕业后，在一家著名的IT大公司上班，后来由于经济危机公司减员，他因为胜任岗位工作能力有限，被无情淘汰。后来找到一家小公司做技术活，待遇比以前大公司降了一半，他突然感到自己的生活压力增大了。谁知才去了两个月，小公司突然倒闭，这下他不得不再次奔向人才市场。他奔波了一个月，因为种种条件不对口，依然没找到合适的工作。有时招聘方明明说招程序设计，上岗时才发现是网管，不但骗人，工资还非常低。找不到理想工作，每天只有支出没有收入，卡里的积蓄天天锐减，他心急火燎一般。女友因此对他也越来越淡，虽没明确提出分手，但埋怨的话多了，认为他没能力，连份像样的工作也搞不定。对此，蒋凯只能忍气吞声。令他更为寒心的是他的弟弟，以前每月给其上学寄钱，弟弟还时常打电话嘘寒问暖。如今他寄钱少了，弟弟就不再与他联系。后来他想到了几个大学同学，在校时关系不错，如今在社会上混得还可以，于是就找其帮忙。个个都答应帮忙，但始终没有实质性进展。有一次他去参加某同学的婚宴，晚了一刻钟，大家都以为他不来了，就开始议论纷纷，有的说蒋凯学生时期每次考试名列前茅，如今工作却没有着落；有的说蒋凯不会活学活用，在社会上吃不开；有的说蒋凯被女友整惨了……蒋凯在门外听后非常闹心，逗留片刻就走开了。弟弟不理解，同学们说笑话，女友怨声载道，这不是要置我于死地吗？蒋凯激怒了，他痛下决心提出不连累女友，然后冷静思索，研究自己的性格与天赋优势，奋然改行，做起了二手房屋销售业务。入行不久，凭着一股精神，他白天勤奋拜访客户，晚上自觉钻研业务，一个月内他竟然卖出去三套房，提成费比他当初在大公司的工资多几倍。两年时间，他不但给自己买了房，还开上了别克，走到亲朋好友中间，再也没人敢小视自己了！

善于处理职场关系

人常讲，成功＝15％的专业技能＋85％的人际关系，由此可见人际关系的重要。在职场，关系分为上行（与领导的）关系、平行（与同事的）关系和下行（与下属的）关系。如何处理好这三种关系，对一个人的成长和事业发展就显得尤为必要。

第一，处理上行关系的关键是跟对领导、忠诚领导

A某，男，汉族，出生于一个穷乡僻壤的农家。高中毕业的他因为擅长写文章于1975年进入乡政府当乡办人员，1976年在乡政府加入中国共产党，后逐步进修为大学文化程度。他在乡政府干事期间，因为憨厚老实，工作勤奋，踏实肯干，能靠得住，深得当时的乡党委书记B某赏识。一次偶然的转干机会，他就很快由一般乡办人员转为国家正式干部，后调任他乡当团委书记。1980年B某的工作由于受到当时的地委书记C某的赏识，升任为县委副书记，于是B某就将A某调到县委研究室、县委办公室干事，后任县委办公室副科级研究员。1984年A某由于干事认真，工作任劳任怨，取得领导信任，很快升任县委办公室副主任。1985年当时地委需要一名秘书，B副书记就推荐A某去地委办公室综合科任副科级研究员、科长；在地委工作期间，他又深得地委D书记的青睐和信任，1990升任地委办公室副主任；1994年任地委副秘书长、办公室主任；1995年由于地改市，转任市委副秘书长、办公室主任；1998年出任市委秘书长；D书记退休前，向省委推荐A某。2000年省委组织部找A某谈话，调他去千里之外的某山区市任市委常委、组织部长。他当时觉得距离太远，思想有顾虑，这时省委组织部门的同志就给他做工作，于是他服从组织安排，走马上任。一年的工作政绩和表现，得到省委的认可，于是在2001年就升任市委副书记，2003年任市委副书记、市人民政府副市长、代市长；随后选任市长。2005年转任某副省级城市市委委员、常委、副书记。2013年初，任省政府某厅厅长。A某从一个乡办临时人员坚持奋斗仕途三十余载，一步步晋升市长、厅长，足见其工作中跟对领导会干事之重要。

各级党委一步步提拔A某，说明A某坚决跟着党走，而不是跟着钱走。只要我们跟的领导人有前途，我们到时候自然就能顺势得到提拔、晋升，掌握某种权力，从而掌控某种资源。提拔和晋升，虽然要具备一定的条件，例如：符合年龄规定、学历规定、性别要求、性格要求、政治思想品德要求、某种特殊才能、应有的工作态度等，但重要的还是要有一定的关系之人，即关键时候有贵人力荐我们，有重要人物替我们说话。那么，怎样才算跟对人了呢？

要选对跟随的领导。做错事，可以改，跟错人，毁一生。领导本质好、德性好、心底好、为人好，工作风格上、言谈举止上和自己对脾气，能对我们言传身教，促使我们成长，我们打心眼里佩服。好领导不是能让我们少干活多拿钱的领导，而是心胸宽广，爱才容才，情商良好的领导；关心下属、爱护下属，尊重下属意见，有公正性和个人主见、有一定的责任心，关键时候有人情，不推诿扯皮、不出尔反尔、敢于承担责任，肯出面积极替我们说话的领导。所谓跟对人，也包括跟的人不会出大事，一旦出了违反党纪国法的大事，就要跟着倒霉。

要尊敬领导、忠诚领导。见领导多问好，听从指挥，服从领导，领导安排的事情积极完成。常陪伴，不离弃，少说话，多做事，会做人，谨言行。只会做事，不会做人的人，很难当上领导；只会做人，不善理事的人，当上领导未必前景广阔。然而，有幸进入领导职位的人，肯定是有福报之人，或有一定的过人之处，作为部属就应该尊重领导，同时善于发现和挖掘领导的闪光点，以弥补自己的不足。关键时候懂得顾大局，识大体，学会换位思考，非常时期能使领导放心。

要积极适应领导的工作习惯和领导风格。头脑活络，腿快、手快、脑袋快，善于领会领导意图。会看风向，会顺风向，会借风向，会办使领导放心的事情。要智慧处事，灵活圆满地执行领导决定。

要善于成就领导的事情。成就领导的工作，成就领导的政绩，成就领导的舆论，成就领导的荣誉，成就领导的前程，成就了领导就等于成就了我们。

要主动与领导多沟通，善提自己想法。领导事情多，如果我们不及时与领导沟通，不适时提出自己的好想法，领导有时不一定想到。有位领导曾经说过，我就喜欢积极向上的人，一个连官位都不敢争取的人，我们还能指望他有什么开拓精神。一个连官都不想做大的人，我们还能指望他干成什么大事情。演艺明星夺镜头，体育健将夺金牌，身在官场、职场、商场就要敢于担当更大的责任。实际工作要学会在复杂的环境中产生有头绪的意识。事情往往是在两难抉择中，找出一个兼顾平衡的方案。而且事情全在人为，没有任何现成的教材、标准的方案，这就看我们的智慧、能力和水平了。

第二，处理平行关系的关键是爱护同事、尊重同事

要学会爱护同事，懂得尊重同事，切莫目中无人。在职场，我们即使再有钱、再有权，哪怕是富二代、官二代、星二代，或者是名牌大学毕业生，甚至出过国，留过学，度过金，如果我们心中没有同事，看不起同事，不懂得尊重同事，同事就会不理我们，更不会尊重我们，甚至背地里骂我们、仇恨我们，关键时候就会给我们使绊子。

要胸怀宽广，敞开自己，接纳、欣赏与自己不同类型的人和持有不同观点的人，容得了同事的缺点，更不能拨弄是非。我们的爱心有多大，我们的胸怀就有多广，未来我们的事业就会有多大。看到同事身上的不足，可能正是我们存在的价值。同事要是什么都懂都能行，还交我们干什么？

要设身处地关心、关怀和帮助同事，绝不封闭自己，固守成见。谁在相处中优先主动去关心、关怀和帮助同事，谁将赢得同事的好感。一个只顾自己，不顾及同事感受的人，肯定不会受到同事的尊重和爱戴！当我们给不了他人更多的物质上的满足时，请赐予其一定的精神快乐及感情上的满足，这样他的心灵将会聊以慰藉，精神得到满足，情绪得以稳定，他发自内心将会记住我们、感激我们。

要对同事厚道，乐得吃亏，不要什么都与同事竞争。亏中藏福，苦中有甜。只有吃得小亏，方能赚得长久。吃得亏中亏，方为人上人。精明的最高境界就是厚道。有些人自以为很精明，什么权利都去争，什么好处都想占，甚至不惜采取卑劣的手段打击别人，抬高自己，结果是赢了眼前，却输掉了前程、输光了未来！

要在同事中建立信誉，说到做到，懂得让同事感动。德行立身，诚信为本，先义后利，义利相济，这是一代红顶商人胡雪岩的处世原则。事中有人，人中有事，只有我们把同事委托的事情办好了，我们的人也就在同事心目中做好了。

第三，处理下行关系的关键是用对下属、关心下属

销售一部负责人龙舟很会做人处事，平时不但爱帮助同事，还喜欢将自己的经验与大家分享。近期他按照总经理的安排，拿出自感满意的创意方案，正在筹备一个品牌推广会。龙舟认为这次推广会是他在业内崭露头角的一次很好机会，所以他和他的团队成员们费尽心机、加班加点，甚至牺牲了好几个周末也在所不惜。就在龙舟他们即将举办推广会的前夕，销售二部负责人琳达知道后却不服气了，去见总经理说："这个品牌的服务推广一直是她部负责的，为什么由龙舟部负责，现在她部要来完成此事。"总经理说："前些天，你有事请假，我让龙舟拿个方案，看后我觉得有创意，就安排他们去做。"总经理说服了半天，琳达依然坚持决不放弃这次机会，非要争个高低。在同事看来，这无疑是在抢龙舟的功劳。按理说龙舟自然是不会放弃的，不分昼夜、没有周末地辛苦加班怎么算？但是龙舟听到后却没有计较，主动请示总经理，将客户资料拱手让给了琳达。公司同事对此窃窃私语，说："龙舟傻极了，那家客户下的订单那么大，肯定能拿到很多提成费。"队员们也指责龙舟："你发晕啊，怎么能将到手的蛋糕送给别人。都是公司的客户，资源共享，谁规定一定得琳达做。"从这件事情的处理上，总经理觉得龙舟的胸怀非一般员工能比，值得信赖，就将龙舟调到自己身边当助理，主动培养龙舟，半年后提拔龙舟担任公司副总经理，主管各销售部门工作。琳达通过这件事也觉得龙舟不但大气，而且深不可测，对龙舟更是仰慕，服服帖帖地在龙副总的领导下工作。这位老总提拔龙舟，体现了中国历来的用人标准，那就是："德才兼备，以德为主。"其中，对领导的忠诚与获得领导的信任才是最大的德，假如领导不信任我们，即使我们再有才，领导也绝对不会赏识和重用我们。

北京汇通汇利科技发展有限公司的董事长胡小林，三年学文弘法，践行中华传统文化理念，弘扬佛法思想，在企业100%地执行《弟子规》，妥善地处理好与员工、与客户、与分包商、与竞争对手的关系。2008、2009两年，面对奥运停工、金融危机的不利环境，他不但不裁员、不降低职工工薪，反而还给职工提薪，要赶超外资企业工薪水平。结果，他普度众生，共度艰难，从小成功走向大成功，从事业成功走向做人成功。2006年，他公司的年销售量是23 800台壁挂炉，销售额是12 900万元。学习、弘扬和履行中华传统文化理念后的2007年的销售量增长到31 000台；2008年北京举办奥运会暂停工程半年时间，公司的销售量还做到了24 800台，比2006年还多1 000台；2009年面对全球金融危机，国家紧缩银根，房地产市场低迷的不利环境，他的公司却危中得机，销售量达37 292台，销售额达17 565万元，比2006年净增4 665万元，增长率36.1%。三年时间不但销售额连年递增，公司成本大幅度下降，利润显著增加，而且自己经营和管理企业也不那么累了，脾性也变好了，与员工及客户的关系也变融洽了。这就是他践行仁爱精神给他及他的公司带来的好处。

重视职场内外沟通

沟通就是要通过交谈、讲解、示意、示范、考察、关怀等，达到使对方明白、相信、认同、接受我们的观点，实现我们的最终愿望。

沟通成功体现在：有好的语言（肢体语和声语）来表达自己的意图；话能说到点子上、说到他人心里；善于倾听，取得他人的包容、信任和谅解；只要条件具备，他人愿意跟随我们的思路走，以成就我们的事情。

现实社会中，一件事情能否办成，关键在于是否沟通到位。

沟通到位有三点：

一是找对关键人物（拿事的）。

二是把握住了关键时空。

三是采用了正确的沟通方法。

具体沟通的方法可以归纳为三个类型：

第一是无声沟通法，利用肢体动作点头、摆头、眼神示意、打手势、手脚服务、写信、发邮件、发信息、博客交流、微信交流等方法。

第二是有声沟通法，利用语言交流。这里又分为间接式、托他人转达自己的心声和直接式、面对面交流或者网聊。

直接交流沟通的最好方法，就是连续认同（YES）对方观点，同时应有所突破地回答一些问题，即认同突破法。其次还有：幽默风趣法；含蓄类比法；深入浅出法；以问反问法；逆向反向法；客观叙述法；以理服人法，快乐痛苦阐述法；以情感人法；高估戴帽法；低估激将法；虚张声势法，即故弄玄虚卖关子；泼浇冷水法；设身处地法，即角色互换，换位思考法。

第三是综合沟通法，如人格魅力法；示范讲解法；现场考察法；彰显气势法；请客、送礼等方法，既要话说到位，又要事做到位。

沟通要具备相关方面的知识，必须能抓住对方感兴趣的话题与之交流，从而提升自己在对方心目中的形象，让对方觉得值得帮助我们。

然而，对于不同人员，即遇到关系不同，性格不同，情景不同的人物，沟通说话的方式和方法也应有所不同。

（一）对于不同的关系之人，要采用不同的思路沟通

与上级、与长辈、与客户沟通要有胆，少提问题多采用选择式引导；与同级、同事沟通要有肺，发自肺腑，力求双赢；与下级、与年轻人沟通要有心，放下架子，心情愉悦，赢得未来。

（1）在工作上、生活上若与官员沟通，与父母、长辈们沟通，与客户沟通，要相信他们正确，给足他们面子，以便明确理解并领会他们意图。

说话要讨他们的喜欢，要学会欣赏他们，忠于他们；要多向他们请教；要见风使舵，见机行事，关键时候要为他们挺身而出；在他们面前不要吹牛；与他们交谈时不可锋芒毕露，提建议时不要急于否定他们原来的想法；体会他们处境，理解他们的难处，不要当面顶撞他们；要主动把握好与他们交流的精彩瞬间：电梯中、工作餐中、走廊上、酒会上、娱乐场所，掌握他们的好恶，找机会与他们交往和交流；慎重对待他们的失误，不要在背后议论他们的长短，对影响他们关系的话要保密，对他们的隐私要保密，对他们的过失和失误要保密；把功劳让给他们，不可张扬对他们的善事，不要计较个人得失；不损害他们的利益。尽量少给他们提意见、与他们去讲理。除非他们主动征求我们的意见，也要委婉予以表达。如果和他们的经营理念不同，事实证明我们的很多意见是合理的、正确的，也要注意沟通策略：第一，永远不能在大家面前向他们提反对意见，因为人是要面子的，他们如果觉得在大家面前被我们给驳倒了，很没有面子，他们一定会跟我们拼到底。第二，可以到他们办公室去讲，做这件事情的不利之处和严重后果。

(2) 跟同事相处，沟通做到八不可：不可有亲疏远近；不可随便分担别人的工作；不可在同事面前批评上司；不可加入传播流言的队伍；不可命令别人；不可过于张扬；不可轻易上贼船；不可卷入人事纷争的漩涡。团队成员之间，要平等交往，平等交流，最好让别人通过交流认识到自己的价值和强项，产生自信心，而不是弱项和差距，产生自卑感。沟通中遇到观点不一致，认识不一致时，要避免绝对概念的思维(即绝对自己的想法是正确的，别人的想法是错误的；或即使自己错了，也要狡辩三分，也要别人无条件服从和认可)。究竟什么是最好的思路和方案，要视当时的情境而定。

(3) 跟下属、子女、年轻人沟通，应分别不同情况采取不同措施。

面对他们的过失行为：要认清对象，言语中不要带怒气，不要使用讽刺言辞，不要冷言冷语，不要翻旧账，说话不要太离谱。批评要注意场合，不要让第三者在场。不要拐弯抹角的批评，不要背后批评，不要重复批评，不要过分批评。

劝解他们之间的矛盾纠纷：要摸清事情原委，因势利导，因人而异。可采用春风化雨法，单刀直入法，含糊处置法，缓机处理法，彼此退让法，侧面入手法，情感感化法，以退为进法。

化解与他们之间的矛盾：工作失利时，敢于主动承担责任，把隔阂消灭在萌芽状态；允许下级尽情发泄；善于容人；战胜自己的刚愎自用；发现下属的优势和潜力；排除自己的嫉妒心理；必要时反击制胜。

对于难以表达的话："推"和"装糊涂"是领导或长辈的重要手段，不要说满、说死、无退路，感情留一线，日后好相见。推要看对象，适可而止。装糊涂是为了应变，掌握调整决策的主动权。

许愿要给自己留下回旋余地，乱开空头支票是领导或长辈的大忌。对有把握的事可采取定性的许愿；对把握性不大的事可采取弹性许愿；对时间跨度较大的事情，可采取延缓性许愿；对非自己所能解决的问题，应采取隐含前提条件的许愿。

(4) 与知识广博的人沟通，要善于抓住重点，辨析事理；与知识面窄的人沟通，要有针对性、专业性。

(5) 与地位高的人沟通，不要流露出一种自卑的情绪；与地位低下的人沟通，要表现出充分的尊重。

(6) 与富人沟通，要从人生意义、社会价值方面来发挥；与穷人沟通，要从怎样赚钱的角度来探讨。

(二) 对于不同性格之人，要采用不同方式沟通

遇到权力型的人，不要试图去支配他、不要试图去控制他、不要试图去压迫他做出过多让步，不要提出相当苛刻的条件；要非常友好、尊敬地对待他，阐明具体情况，提出合理要求。遇到进取型人，要让他参与程序的安排，要听取他的建议，不要让他轻易得手，不要屈服于他的压力。遇到关系型人，要主动进攻，不要被他的热情态度所俘虏，不要让步过多。遇到迟疑型人，不要强迫他接受你的观点，不要过分接近、亲近他，不要喋喋不休的说服，不要催促他做出决定，要给予他充分的考虑时间。遇到啰唆型人，不要有问必答，不要和他辩论，不要想溜走，要有耐心听下去。遇到沉默型人，不要感到畏惧，不要寡言相对，不要强行与之接触，要善于察言观色。遇到顽固型人，不要太软弱，也不要压服他，不要急于达成交易，要有耐心周旋。遇到情绪型人，要善于察言观色，抓住有利时机，满足其兴趣所在，扭转被动局面；不要打持久战。遇到精明型的人，要思路广博，多方论证，避免纠缠一点不放；遇到不太精明型的人，要通过最有说服力的几个要点来反复阐述。遇到勇敢有魄力型的人，要表现出果敢的一面；遇到胆小型的人，要打消各种顾虑。遇到豪爽型的人，要单刀直入，阐明利害，简短有力，行就成交，不行拉倒；遇到难缠型的人，既要施加威力，又要有耐心。

（三）面对不同的时间和情境场合，要注意说对话

所谓说对话，就是指你所说之话与当时的时间、地点、人员氛围、场合、事情、内容恰如其分。特别是在领导身边干事情，更要注意口严嘴牢，不乱说话。即说对话有一下讲究：该明天说的今天不说。该在甲场合说的不在乙场合说。该正面表达的话绝不反面表达。该对甲说的不对乙说。该适合这件事说的话不一定适合那件事上说。该宣传的宣传，该保密的保密。该宣讲时宣讲，该沉默时沉默。

若要讲话，需给人希望、给人激情。多讲鼓励、赞美、欣赏、关怀、尊重、宽容、协商的话，少讲抱怨、讽刺、批评、指责、命令、做不到的话，不讲骂人的话、谎话、不负责任的话、揭短的话、绝情的话、拨弄是非的话。

职场沟通

喜庆高兴场合，多说开心、吉利性的话；愤怒悲哀场合，要多说安慰、希望性的话；忧愁绝望场合，多说开导、鼓励性的话。

必须做出一定业绩

铿锵玫瑰、营销凤凰、满脑子绝招的美丽女人董明珠，1990年进入珠海格力电器有限公司工作，从业务员做起，先后任江苏安徽片区业务经理，经营部部长，销售公司经理，副总经理。2001年至今，任珠海格力电器股份有限公司总经理。她36岁南下做工，15年间董明珠为什么能从最底层的业务员一直干到珠海格力电器有限公司总经理的位置呢？

刚进入格力电器的董明珠，可以说连营销的概念都不十分清楚，但就是有一股年轻人的执著和毅力，有股“一缠到底”的精神气概，公司派她到安徽去接手一家业务，她连续40天天天上门，面对对方单位一次次的刁难、一次次的陷阱，她巧妙对付，穷追硬缠，一不缩手，二不放弃，三不让步，最终讨回前任业务人员留下的42万元欠款，成为营销界茶余饭后的经典故事。不但令当时的格力电器总经理朱江洪刮目相看，也令这家债务单位的人吃惊和敬仰，更令同行们看重。那年她的销售额竟达到 1 600 万元，打开了格力在安徽省的销售局面。随后，她被调往南京市场。又在一年内，销售额达到 3 650 万元。

正当南京市场蒸蒸日上之时，格力内部却出现了一次严重的主要业务骨干突然“集体跳槽”事件。对此，董明珠热爱格力，立场坚定，坚决不予叛离，从而经受住了高薪诱惑的考验，留在格力，受命于危难之际，被推选为公司经营部部长。从 1995 年至 2005 年，格力连续 11 年空调产销量、销售收入、市场占有率均居全国首位。在长期的市场实践中，董明珠摸索出一整套独特的经营方式，被业界同行誉为“格力模式”，其独创的“与经销商共同建立区域销售公司”模式还被经济界、理论界誉为“21 世纪经济领域的全新革命”，并被评为“广东省企业管理现代化优秀成果”。

格力在她的带领下，1995 年以来累计销售空调 4 000 多万台（套），销售收入近 700 亿元，纳税超过 35 亿元，连续 11 年产销量、市场占有率均居行业第一。董明珠卓越的营销才能和管理水平，得到了社会各界的好评并屡获殊荣：2003 年和 2007 年，连续当选为第十届、十一届全国人大代表，2004 年、2005 年连续荣登美国《财富》杂志评选的“全球 50 名最具影响力的商界女强人”榜；2006 年 3 月，荣获“2005 年度中国女性创业经济奖”。还曾获“全国五一劳动奖章”、“全国三八红旗手”等殊荣。

董明珠的成功之路，在于她对人生信仰的坚持，在于她那追求卓越的人生目标，在于她那不达目的不罢休的倔强性格。

在渭南市澄城县，有位贫苦农民家庭出身的廉文山，从小受过穷、吃过苦，深知民间事，了解民间需，对人民群众有份特殊的无限感情。毕业后，他分配进入县乡党政机关工作。由于他为人直爽，平易近人，实事求是，处事果断，几年后就担任乡级领导干部。进入领导岗位后，面对资源有限、交通不便、信息不灵、基础薄弱、观念落后、一穷二白，办公缺经费，出门没路费的偏乡僻壤，他觉得不需要更多的豪言壮语，却使出扎实的工作作风，为群众干实事，创大家之伟业。为了改变乡村落后的农业基本条件，改善农村水、电、路、通讯等基础设施，改变与时代发展不相吻合的乡村中小学教育及医疗卫生条件，改善乡机关窑洞年久失修、严重通风不畅、光线暗淡、办公桌椅陈旧、夏季没有吊扇，冬季没有暖气的办公条件，他每年几乎三分之一的时间奔波在外，战酷暑、冒严寒、常常与疾病抗争，跑省上、跑市县，多方争取国家农业综合开发资金、扶贫资金及社会发展专项资金，先后使 11 个行政村通了自来水、通了油路，村庄巷道路面硬化；30 多个自然村通了电话、通了有线电视；每个村新修了标准化小学，乡新建了中心小学、初级中学和卫生院，购置了教学及医疗器材；乡机关全面得到整修，有了标准办公房，通了暖气，改善了办公设施，率先成为全县十八个乡镇唯一一家花园式机关大院，干部、群众一片叫好拥戴之声。由于他连年工作出色，被县委调任县政府重要部门——人力资源和社会保障局局长。上任后，他尊重知识，喜爱人才，遇事不推、不拖、不打官腔、不扯皮，言而有信。同时积极争取国家资金，建设澄城人力资源大厦。前些年，千方百计组织劳务输出，动员现代青年走出去、开阔眼界、学习技术、掌握现代本领。近年来，对回乡有想法有能力的年轻人，积极引导其创业，并给予贴息贷款扶持，创办现代企业，服务家乡建设。连续几年他所领导的局工作被评为全县岗位目标责任制综合考评先进集体。老百姓评价他是新时期不可多得的值得信赖的务实型、开拓型好领导，市县领导更是给予其工作上高度的肯定，2012 年初，县级领导班子换届期间他被提拔当选为澄城县人大常委会副主任。

二、投资理财致富式

投资理财致富及其途径

投资决定产出，理财助我收益。

投资理财致富就是通过家庭理财，适当从事实业类、金融类、房地产类、期货类、收藏类、人脉关系类、健康类、事业类投资和稳定储蓄、有效保险去致富。

投资理财致富之道重在善于投资，产生收益。不但善于用自己的钱，更善于用别人的钱，然后整合资源，投向该投入的地方，产生预期收益。

投资理财致富包括三个方面：

增值财富，也就是以钱来生钱，产生投资收益；

积累财富，也就是控制消费，有效储蓄；

保护财富，也就是不让其莫名其妙地损失掉。

投资理财致富的具体途径是：

投资实业（农、工、商、运、建、服、旅游、酒店等企业）；

投资房产（写字楼、住宅楼、车库、门面房、别墅）；

投资金融产品（股票、基金、债券、外汇、黄金）；

投资期货（农产品、金属产品、金融产品）；

投资收藏品（古董、钱币、钻石、奇石、雕刻作品、名著、名人书画、奥运火炬、工艺品等）；

投资人脉关系（父母、婚姻、儿女、经营人脉）；

投资家人健康（饮食、运动、环境、心情、保健）；

投资学习、进修及事业（结交学友、学习研究）；

控制消费（家庭消费有计划）；

适当储蓄（银行储蓄、家庭储蓄）；

购置保险（人险、财险、疾病险、养老险）。

投资理财致富需要遵循两大原则：

第一是恪守量入为出。

第二是摒弃过度负债。

修身养性仁爱厚德是财富之本，投资理财创造收益是财富之源，控制消费积累资产是财富之真，购买保险保障资产是财富之要。花钱无度，胡支乱花，投资失误，被骗被盗，意外损失最终会落得两手空空，过度负债会使我们的财务状况恶化，甚至破产！

投资理财致富有“十二字方针”：就是强储投资，控制消费，保护财富。

在此请问，假如有 8 000 元，该怎么去理财？

也许我们会这样想，我要再攒上 2 000 元钱，凑上 10 000 元存在银行。但经济发达地区的人却不这么想，而是要用其中的一部分钱或者再借贷点钱作为投入，去赚取更多的钱。可见，钱不总是存着好，更不是全部花完好，而是要善于投资理财，让自己的血汗钱既安全又保值还增值。

投资理财致富

人常讲“你不理财，财不理你”。一个家庭如果月收入 5 000 元以上，可考虑拿出 30%用于消费；70%用于储蓄或者投资。

投资理财致富的前提条件

投资理财致富的前提是我们手中掌握并有权力支配一定量的现金流，手中有财，方可去理。当财富向我们频频招手的时候，我们不去理它自然显得也不礼貌。

投资理财致富适合于投资型、金融证券型人才及一切善于投资理财的普通人士。

投资理财就是我们不仅要能挣到钱，能借到钱，而且要有计划地花钱，懂得节俭积累财富、投资增值财富、保护保险财富。就是要让我们的存量资产跑赢通货膨胀，使自己什么时候兜里都有钱花，就是要成为千万、亿万“富翁”，而不是成为千万、亿万“负耗”。

刘彦斌在《投资有道》一书中讲到理财投资的五个一生："一生恪守量入为出，一生莫让债务缠身，一生坚持组合投资，一生远离投资陷阱，一生搞好婚姻理财。"理财就是既要开源又要节流。一个人的收入并不等于财富。所谓财富应该是存储的收入，就是一个人从现在开始不工作还能活下去的天数。挣钱讲的是流入量，花钱讲的是流出量，财富讲的是存量。财富＝挣入的钱－花出的钱。不懂积累，再挣钱也难成大富。量入为出才是理财的第一要务。支出是决定财富的关键因素，养成储蓄的习惯是迈出理财的第一步。理财的本质是在保证家庭财务安全的基础上，使家庭的整体资产实现长期的保值和增值。理财的目的是实现财务自由，使家庭生活幸福。

钱分三个部分，投资有三个属性。一部分是吃饭钱、活命钱、养老钱、正常家庭生活开支，必须保证安全性；一部分是应急钱，必须保证流动性；一部分是较长时间内不用的闲钱，可用来投资实业、事业、房地产、金融、期货、收藏，必须保证收益性。

已经上升为千万贵妇的刘女士，生活非常简单。衣食住行中，她更愿意把钱投资在吃和住上，她对居住的环境要求最高，所以家里被她布置得非常的舒适。衣服则崇尚简单自然，舒服至上。她对书特别热爱，不断拓宽自己的视野，提升自己的专业水平。因此，买书学习也是她最成功的投资！在理财方式方面，简单的刘女士也有自己的一套，她崇尚的是"532法则"，就是收入的50%用于储蓄或者投资，30%用来生活，比较有特色的20%或留作自己急用，或借给朋友急用。为什么呢？

刘女士性格比较豪爽，乐于交友，想赢得朋友支持，以便有更多的发展机会，从而赚更多的钱。

投资理财是财富之源

小老板靠勤奋赚钱，中老板靠经营赚钱，大老板靠投资赚钱，大富一定要有现代投资观念。

投资生财，就是对家庭暂时不用的闲置资金或低息借贷来的资金进行实业或房产、金融、期货、收藏等投资，以便以钱来赚去更多的钱。

说到投资理念，温州人如果没有将自己的土地证和房产证拿去银行抵押贷款进行投资，就会被所有的亲朋好友耻笑，认为他没有胆量投资或者没有投资赚钱意识。温州人如果手头里有1万元，他一定会从亲戚朋友再借上2万元，从银行再贷上2万元，用5万元启动资金经营一个店面。温州人如果有20万元，也要设法贷款凑够50万元去开办一个公司。现代经济是一种资本推动型，一般情况下，投资越大，收益就会越高。然而如果决策失误，投资不但得不到正收益，反而会得到负收益。超越自身的局限，学习相关的知识，进入投资和创业这两个领域，正是成为有钱人的秘方。

普通投资商应该分散投资，专业投资商应该集中投资。把鸡蛋放在同一个篮子里与不要把鸡蛋放在同一个篮子里的理财观念，其实都是正确的，关键是看投资者是谁。国际投资家巴菲特集中调研、集中决策，集中投资是正确的。而普通投资者由于知识的局限、个人精力的分散，很难对某个投资对象做深入的研究，采取分散投资固然也是一种明智之举。

不熟悉、自己看不懂的东西绝不要去投资，自己不了解的商品永远别去买。低买高卖，低吸高抛，商业永恒法则。如果你买入了便宜的股票、便宜的地产、便宜的期货，也就是价格低于价值的商品，你就有赚钱获利的机会。

家庭投资理财的主要渠道有十个方面：

一是投资实业。

采用给公司入股的形式，进入趋势型企业、高新技术型企业或资源型企业，当企业股东，取得年终分红。这样的企业运营系统健全，经营稳定，企业每月都会有丰厚的经营利润，年终源源不断地打入股东的账户。

投资一个企业，第一要看这个企业的领导人，第二要看这个企业的信誉，第三要看这个企业的资源和创新，第四要看这个企业的文化，也就是有没有思想灵魂。全世界最杰出的企业，无论在哪个行业哪个领域，我们都会发现，他们真正的厉害之处就在于打造杰出的领导人。做股权投资的人，做风险基金的人，一定要看清企业团队，特别是领军人物身上别人看不见的那种特质。同时具备领导力、公信力、垄断资源和创造力及思想力的企业，才是股权投资人、风险投资商应该关心的企业。

今日天使投资人徐新，先后投资过网易和中华英才网，她都因看到了团队的创新力，而获得百倍甚至千倍的投资回报。

我的同学曹会民，2003 年调到陕西某国有煤矿办公室工作，两年后该企业由于法人代表责任心不强，经营管理不善，资金严重短缺，导致产值下降、效益下滑。在这样的情况下，上级主管部门征求职代会意见后，决定对该企业进行股份制改组。员工身份置换，可优先入股成为股东，每股出资 20 万元。当时他由于家庭积蓄不多，自有资金不足，一度想放弃入股。可就在这时，企业外部好多人知道这个消息后，纷纷托关系主动上门，要以他的名义入股。有些人甚至说投资钱我一人拿，分红咱两人各占一半。看到局外人这么热心投资煤矿生意，他也觉得这是个机会。于是，开始动用自己的社会关系，从亲戚朋友那里借了20万元，投资了一股。情况确如所料，该股份制煤炭公司成立后，严格按照现代企业制度规范运营，煤炭市场形势非常好，加之经营资金充足，人员责任心增强，投资效益翻番。年终每股分红20万元，要钱的给现钱，不要钱的可以继续转股。他把那20万元分红转股，又以40万元的股本金投资经营，第二年末每股分红达到25万元，两股取得分红50万元。第三年两股分红又是50万元。就这样，他以20万元股本金启动，投资三年后净获利120万元，三年时间就成就了他百万富人的梦想。

二是投资房产。

深入了解和把握政府的政策机遇，是很重要的楼市投资原则。政府开始征收房产税，建设保障性住房，对房产投资绝对有很大影响。

国家开始限购住房，但写字楼、商铺、车库可能还有获利机会。特别是新开发地区的商铺，一般3年后房租会有大的提升潜力。

房子的地段含金量（包括租金回报）以及不可取代的周际文化氛围，是房产投资应该考虑的关键因素。

投资房产的底线，是房屋出租回报率必须超越银行利率与税收之和。

如果我们没有过多的钱去买房子，我们则可以试着租几个精华地段的小店面，然后再经过装修加价转租给别人，从中赚取价差。

温州人的精明表现在他们一反常规独具慧眼，炒房不是一般人的思维模式，而是另类思维。如买房要买贵的，专门买那种针对富人居住的房产。挑楼要挑顶层的，因为顶层会多出很多空间，享受好多优惠，可以租给讲究情调的外国人。买房不如买商铺，因为成熟市场附近的商铺容易出租，也便于脱手。专门收购烂尾楼，因为收购烂尾楼进行开发，不仅工期短，投入资金少，而且地理位置佳，政府重视，优惠条件多，支持率高。

李某在西安买了一层写字楼，专门从事大学生出租屋生意。为此，他做了大学生收入与支出情况的市场调查，调查结果是，大学生毕业出来能挣3 000元钱的工资，但是要花500元钱左右租房子。于是他把写字楼隔成18平方米左右的小间，配备好生活和工作设施，专门对刚毕业的大学生进行出租。结果，在许多写字楼都租不出去的情况下，他的房子却被排队抢租。他认为买房租房必须具备三个条件，租金一定要高于银行的利息；出手要快；房产未来有增值潜力。可见，投资建设并拥有多处房地产，对外出租，月月有固定的房租收入，这似乎就是一条输钱管道。难怪城中村居民一年四季基本上就靠经营出租房营生，有些户每月房租地租收入甚至有几万元进账。

三是投资金融产品。

1. 股票。股票市场跌宕起伏，风险很大，必须相机行事。中国1990年股民只有3万户，到2010年就达1.5亿户。上海的杨怀定炒股成杨百万，赵善荣100万炒成400万，而牛长卫炒股跌亏60万元。

炒股可低价买入原始股，低价受让法人股，低价买进暴跌股，潜伏重组题材股。

据季欣麟研究，从低价股票中筛选出跌破净资产、具有未来前景的股票，持购四五年，则可以让投资者得到丰厚的回报。当内地两市（沪市与深市）成交量在600亿元以下时则可以入场买入，当内地两市成交量回升到2 500亿元以上时则可以果断抛出，就会获利。

前些年，62 岁的台湾人吴祖义，开始投资大陆 A 股市场。他从 1 000点开始买进，到 5 300 点卖出。当时股市还在上涨，如火如荼，如果他不抛出，还可多赚 1 000 万元，可他却卖出了。谁知后来股市天天暴跌，大多数股民未抛损失惨重。吴祖义对自己的成功是这样总结的：凡天下事都是在起起落落、涨涨跌跌之中轮回的。人要把握的，往往不是市场，而是自己。最安逸最得志的时候，风险也开始伴随在左右。适时收手，看似简单，却比创业还难！

2. 基金。基金就是把自己的钱委托给他人（专业理财机构，一般是基金公司）去从事股票、债券、实业等投资，除支付一定的理财费用，即可取得相应的投资收益（可能是正收益，也可能是负收益）。

证券基金按照投资对象、收益大小和风险高低可依次划分为股票型基金（指数基金）、混合型基金、债券型基金、货币市场型基金。证券基金相对股票风险较小。

创投基金就是主要用来投资于有市场发展前景的创业型企业的基金，收益基本稳定。

投资基金要坚持“分散组合（购买 3～5 支基金），定期变额（每月定期投入，但投入数额要根据市盈率变化），长波结合（持有长期基金，不忘波段操作，高抛低买），品牌公司（选择运营五年以上有口碑的基金公司）”的原则。

1948 年 12 月出生的香港富豪黎智英，同许多白手起家的富家一样，他的第一桶金来自炒基金。1973 年底，25 岁的他拿到打工挣来的 7 000 元钱，又向同事借了 3 000 元钱投资购买了新鸿基的证券基金，那几年股市好，很短时间内，1 万元就涨到 25 万元。

3. 债券。政府债券收入稳定，银行债券收入较好，公司债券有一定风险。

4. 外汇。可进行外汇实盘交易或外汇保证金交易，选择外汇实盘交易，风险较小。

全世界有三大外汇市场，伦敦、纽约、东京，数伦敦市场最大，一天的买卖量，差不多有3 000多亿美元。还有低一个级别的二号市场如中国香港、新加坡、法兰克福等。一种外汇，特别是像日元、英镑、瑞士法郎这些强势外汇，一旦出现，就马上进场，高就大笔卖出，低就大笔买进。

5. 黄金。可投资金条、金块，最好投资纸黄金，尽量不要涉及黄金期货。

一位朋友听了一堂黄金交易课，就感觉炒金的诱惑力挺大，就投了20万元。2010年，国际金价一路看涨，下半年更是屡创新高。他从事的是贵金属交易所的黄金延迟交收业务，也称电子盘交易。这种业务需要交8%的保证金，就可以撬动100万元的黄金。相当于用20万元可以购买到250万元的黄金。如果挣钱了，他就挣250万元所赚的金额，如果赔钱了，也相当于赔250万元所赔的钱。一年下来，他从20万元炒到100多万元，赚了4倍多。

四是投资期货。

期货就是未来某一时点要进行交割和购买的商品和金融产品。期货产品一般通过期货交易所进行相关交易。期货交易风险大、收益高。

五是投资收藏品。

精品的稀缺性，造就其不败地位。收藏艺术精品的人，一是要买最好的，二是要买自己真心喜欢的。如收藏有色钻石、绿钻、红钻、蓝钻、海南黄花梨木家具、古玩、票据、名人字画、根雕、石刻、工艺品等有收藏价值和保值、增值的东西。例如，一套文革邮票拍出897万港元。有人收藏古迹善书，升值空间达到几百倍甚至几千倍。有人收藏豹子号人民币，升值幅度达百倍之多。

六是投资婚姻。

婚姻也是“投资”，成功的婚姻不但能给我们带来幸福美满的生活，而且可以给我们带来无限的财富。

七是投资儿女。

将儿女抚养成人，成为社会的栋梁之才，我们将会有一种成就感。

八是投资父母。

孝敬父母，身心健康，老人开心，我们省心，事业顺心。

九是投资健康。

注重饮食、适当运动、改善环境、调节心情、理疗食疗、保健预防，健康的身体可以使我们活的潇洒、快乐、延年益寿。

十是投资人脉、学习与事业。

积累人脉关系，学习钻研，从事自己合愿顺心的事业可以给我们带来生活的充实，执著的追求，事业的成功、无限的荣耀、至高的尊严和人生的快乐。

积累资产是财富之真

计划消费，积累资产，具体可采取八条措施：

(1) 保证生活。将家庭每个月收入的30%留用正常生活，以保证基本的吃穿住行用玩。商场消费应尽量用现金或储蓄卡付款，避免高频使用信用卡，以减少卡费利息支出。同时养成计划、记账、检查、分析的消费习惯。

(2) 强储投资。将家庭每个月收入的40%强制存入银行或者进行投资，即可达到积累或者收益的目的。

(3) 缴费理债。将家庭每个月收入的30%用于缴纳社保、医保、住房公积金、购买商业保险等。假如有债务，包括卡贷、房贷、车贷、消费贷、经营贷、私人借款等，就要有计划地还债。

(4) 对新上市产品，不要经常赶潮流购买，要尽量回避高价位时期。

(5) 不要超前消费，贷款购买小汽车。

(6) 按揭购买自住房，每月还款额不能超过家庭月收入的30%，否则有可能成为房奴。

(7) 适当存些应急钱。时刻保持5 000～10 000元的定活两便储蓄，或者用以购买短期国债、购买货币市场基金、购买短期保本型银行或券商理财产品。收益虽低，但流动变现性好。

(8) 老年人存养命钱。保持3万～5万元银行定储，或者用来购买中长期国债、债券基金、社会保险、保本型理财产品等，安全性要好。

“月光族”如何有效控制开支，变月月光为月月余，从而积累出更多的原始资金，为进一步的投资理财做好铺垫？年逾60的张大叔，以过来人的经验告诉我们，人在年轻时，虽然收入上升潜力大，但如果任意挥霍，收入再多也没有积累。不能把月收入的一部分积攒下来，就等于没形成资产。为此，要控制开销，一要做好年度收支预算，预计本年度有哪些收入，有哪些支出。同时，根据生活经验，确定全家每个月的生活开支额度。明确每个月的家庭积蓄，清楚各种投资。二是每天最好能记账，以便了解和思考钱的流向，及时作出调整。当记账成为习惯，开销自然会得到控制。三是要把钱用到刀刃上，确保家庭重点工程建设和重大事情开支。由于张大叔几十年来坚持这样做，所以他们全家虽然是工薪族，但时至今日也拥有了一套120平方米的产权新房，同时给儿女每人还买了一部十多万元的小轿车，老伴两人各有20万元保单一份，此外家里还有10多万元的存款，正准备做其他方面的投资理财业务。

财富一靠开源收入，二靠节流积累。一个家庭，如果支出很大，生活成本很高，就会入不敷出，终究形不成积累，也就没有财富可言。我的同事郭玲芳，夫妇二人都是典型的工薪阶层，但由于从小养成了勤俭节约的好习惯，家庭理财，自有特色，日积月累，结婚十年，没有月供，全额付款，就购买了120平方米的大房子。张棣夫妇年薪10多万元，由于勤俭治家，现在购置房产三套。而出手大方的洋女士，每天只知采购，不知节约，几十年过去了，不但家庭没钱购置房产，还欠了人一大笔外债，别人说起，她竟不以为然，反而乐观地说什么——自己也是个“百万负翁”。

保障资产是财富之要

“天有不测风云，人有旦夕祸福”。人生难免有灾情：天灾人祸风险，包括水灾、火灾，雪灾、旱灾、雹灾、虫灾、病灾、车灾、狱灾、震灾，被盗被骗、人为破坏等。质量技术风险，生产了一批不合格品、劣质产品或次品，进了一批不合格商品，造成损失。合同交易风险，货发出去了，货款收不回来。政策法律风险，四川某人创业，绿豆糕遭遇

“非典”期间火车消毒处理变味。澄城寺前一对夫妇贩卖死猪肉，销售不安全食品，受到法律制裁。销售假冒伪劣产品，被没收。违法经营，偷漏税收，受处罚。为此，人应有防御风险的意识。出门抬头看路，吃饭注意卫生，休息注意环境，旅行注意安全，注重人际关系，善于识人用人，严格技术规范，规避合同风险，关注时事政策，保证信息畅通。

这里关键是要有保险观念。投资商业保险，重视社会保险。适时缴纳保费，确保失业、医疗、养老有保障，免于后顾之忧。特别是适时适当购买商业财险、车险、寿险，危难时候转嫁风险，则有利于保障我们的财富。如选择既保本、月分红、复利滚存、可随时支取，还保疾病、保意外又能用于养老的险种就是理想的考虑。

三、人脉关系致富式

人脉关系致富及其途径

人脉决定财脉，关系助我腾飞。戴尔·卡耐基说过：“一个人的成功，15%是靠专业知识，85%是靠人际关系与处事能力。”人脉关系的数量与质量将直接决定我们成功的大小。比如，升官要靠上级欣赏，要靠同僚支持，还得靠下属扶助。做生意要靠广交朋友，才能广开财路。就连寺庙里的和尚，还得靠广结善缘，信男善女越多，庙里的香火钱也就越多。所以，人脉关系就是生产力，人脉关系就是金钱。

人脉关系致富就是要通过交往、建立并经营人脉关系来达到致富的目的。

人脉关系致富之道重在以心换心，达成并实现某种商业交易。只有我们善于研究人心、揣摩人心、笼络人心、经营人心、操纵人心，最终就能实现交易，达到我们致富之目的。

人脉关系致富的具体途径是：

（1）通过确立亲属关系，获得财产继承收入；

（2）通过建立夫妻关系，获得财产赠予收入；

（3）通过走动亲戚关系，获得某些款项资助；

（4）通过密切同学、战友、朋友关系，获得立项，招商引资，争取国家投资，得到招商奖励、国家无偿资金投入或国家免息、贴息、低息贷款与银行周转资金扶持。例如，某干部经朋友介绍结识了王厅长，为所在村先后争取到支农资金 1 600 多万元。用于村级道路、巷道铺设、养殖小区和苹果气调库建设。某塑料制品公司老板因为与国家某主任关系处得好，几年间就争取到千万元的低息扶持资金，使企业很快上了规模、上了档次，走上规范化运营的轨道。

（5）通过随缘关系，获得中介收入。从事中介工作，收取酬金或中介费。社会上一切的中介活动，都是建立在有某种人脉关系的基础上。让我们为他人跑腿说话的前提是他人给了我们足够的费用和酬金，我们觉得值得一跑。例如：留学中介、出国中介、职业中介、房产中介、销售经纪人等。

（6）通过密切营销关系，建立和维持营销关系网。从事行销（推销、直销、保险代理）和公关工作，获得业务提成、销售提成、或赚取业务佣金、奖金等。例如：某陶瓷公司的营销总监年收入 200 多万元，靠的就是十多年广泛建立和积累起来的营销关系资源。

（7）商家树立好口碑，通过消费者之间的宣传和相互介绍建立起客户关系网。一个企业、一个商店、商场和超市维持的客户越多、越长久，赚的钱就会越来越多。例如：美国安利公司每年在全世界收入几百个亿，就是因为建立起万里有缘一线穿、横跨世界五大洲、上百个国家、不同民族、不同种族的消费关系网络，靠的就是拥有一大批忠实的消费者。沃尔玛超市、家乐福超市，每年销售收入几千个亿，就是因为多年来积累了大量的忠诚的客户消费群体。移动、联通、电信之所以能进入世界500强企业，就是因为电话用户多、信息费收入大。

可见，多条人脉就多条财脉，多条朋友就多条财路。21世纪，只要我们能够掌握信息与人脉网络的流通，我们就会拥有市场、进而拥有社会财富。做生意靠的就是客户和终端消费者的光顾，钱是他们送的。他们因为相信我们而购买我们的产品，从而使我们源源不断地赚到钱。

善于合作　积累人脉

人脉关系致富的前提条件

人脉关系致富的前提是我们必须乐于主动对外交往，善于与人打交道，精于经营人脉关系。不乐于主动对外交往的人，实质是胆小、内向、害怕他人、怕说错做错丢面子的人，懒惰、行动力差的人，自私、心中只有自己只顾自己而没有别人不顾别人的人，舍不得、不愿意付出的人，结果不投入就没有产出，朋友没有，信息没有，机会没有，帮助没有，收入有限，往往生活的非常一般。

人脉关系致富法，要求我们必须把生命中遇到的每一个贵人都能当做潜在的财神去看待、去对待。这样我们自然会敬重他、礼待他，保不准哪一天他信任了我们，他就会投资于我们、消费于我们，还真给我们送钱来！

人脉关系致富适合于外交型人才和擅长对外交往、善于建立和经营人脉关系的人士。

人脉关系就是我们在广泛交往和认识的人们当中，有一定交往深度或相互信任、可以依托的人。

人脉关系从高到低有三个层次：知己，朋友，熟人。

人与人的交往其实就是心灵的相通，观点的趋同，频道的一致。故而交对知己体现在：

第一，他是心灵上启迪我们正确思维的人。

第二，他是精神上鼓舞我们奋发向上的人。

第三，他是学习上帮助我们共同进步的人。

第四，他是生活上接济我们渡过难关的人。

第五，他是工作上支持我们成就事业的人。

彭雄兵当年在某公司当电工，他经常去一些公司高管家里修电器，于是就遇到了像职业经理人黄耀等人士。由于彼此来往很多，关系走得很近，彭雄兵不但从中学到了很多营销理念和为人处世的经验，而且得到了他们很大的资助和帮助。

进入理想的人脉圈子

看一个人，既看他的德才，更看他的社会关系。社会关系不仅决定着这个人的层次，也决定着这个人的未来发展空间。看书只能明理明思路，交人却能现场学到真经，又能及时借到力。交对人的途径就是进入理想的人脉圈子。

那么什么是人脉呢？

人脉不是我们认识的人有多少，而是有多少人认识我们，并且有多少人认可我们，更有多少人愿意主动和我们打交道！人脉不是在我们辉煌时有多少人走近我们、奉承我们、吹捧我们、赞扬我们、利用我们，而是在我们落魄时还会有多少人愿意趋近我们、慷慨解囊、帮助我们！

交往会给我们带来以下好处：

（1）交往会带来朋友，“贵时有人捧，难事有人帮”。有句话说得好：朋友是天，朋友是地，朋友可以使我们顶天立地；朋友是风，朋友是雨，朋友可以使我们呼风唤雨。

（2）交往会带来温暖、关怀、鼓励、关爱、开导和快乐。

（3）交往会带来帮助与资助、合作与势力。

（4）交往会带来资讯、信息、发财机会和财富。交往赢得人脉，人脉蕴藏财脉，正如有人所讲“财富不是永远的朋友，朋友却是永远的财富”。

交往体现在我们接触人、交往人的广度、高度和深度上。广度要求认识我们的人越多越好，使别人对我们有个好印象；高度即有层次，要求我们交往的人一般为成功人士、行业高人、富人或贵人、顶尖人脉；深度要求我们与之有深交，让其对我们产生信任感，关键时候能助我们一臂之力。广度是前提、是客源；高度是基础、是贵人；深度是关键、是关系。

交往可广泛，但交友要慎重，成功在于交对人。有句话说得好，我有多优秀看我和谁在一起，我有多成功看谁指点我，我能走多远看谁陪着我，与什么样的人经常在一起我们最终就会成为什么样的人。人以群分，同类相聚，交往最好围绕个人事业的发展，有选择地进入理想的人脉圈子。

物以类聚，人以群分，什么样的心念就会感召来什么样的人围在我们身边。即同层次的人易交流，同频道的人易感召在一起。要成为什么样的人，我们就得和什么样的人经常在一起。要取得什么样的成功，就得结交什么样的成功人士。要取得什么行业什么层次的成功，就得结交相关行业、相当层次以上的朋友。换句话说，要富裕就要结交富裕朋友，就要跟富裕者在一起，就要帮助富裕者工作，从而学得富裕者的习惯、经验和做人做事细节，关键时候还能借到富力。想成为千万富翁，就得和千万、亿万富翁交朋友；想成为初、中级官员，就得和中、高级官员交朋友。

进入富人圈子的途径：

(1) 跟随富裕人士，替富裕人士工作。

(2) 与富裕人士交朋友，零距离交流。

(3) 争取与富裕人士一同生活、一起学习研讨的机会。

(4) 听富裕人士的创业心得报告。

(5) 同富裕人士事业合作。

人生成长一般离不开四种人，即必须有高人指点，贵人帮助，个人努力，小人监督，否则我们的成长是缓慢的、残缺的、平淡的、不成功的。致富更是如此，我们不仅要进对适合自己的人脉圈子，而且需求得高人指点和贵人相助，方能成就大富大贵。

所谓高人，并不完全是他的地位有多高，权力有多大，财富有多少，而是他认识问题有高度，分析问题有深度，解决问题有适度，就是高品德、高学识、高见识、高经验、高智慧的人。

所为贵人，就是紧要关头能够助我们一臂之力、帮助我们渡过难关的人，就是在我们人生重大的转折时期能够推荐我们干大事的人和乐于帮助我们成大事的人。它似乎与职位的高低、权力的大小、财富的多少有直接关系，但并非形成必然关系。

这正如作家潇竹所说："富人有富人的圈子，穷人有穷人的圈子，一个人能否成功，与他进入的环境息息相关。人与人之间的差距，是通过身边的朋友和学习拉开的。天天泡在成功的环境里，想不成功都很难。一个人的成功，总是离不开贵人相助。然而，贵人不是从天而降无条件来帮助的。贵人一般只会出现在值得帮助的人面前。贵人也是相互的，只有当我们有能力或有潜力成为别人的贵人时，别人才有可能成为我们的贵人。只有互为贵人关系才能长久共赢!"

善于介绍和展示自己

有家电器公司生产了一种新式空调，派业务员王某去推销，他一天竟卖出十多台。这其中的秘密到底在哪里呢？原来王某见到客户，他是这样激情而很有礼貌地介绍自己的："先生，能打扰您一下吗？我们公司最近推出一款新式空调。这个空调的功能，与以前所有的空调相比，都有所创新，它不仅能自动调节室内温度，而且能够过滤空气，杀死空气中的细菌，能自动定时开关，使用方便，而且价钱还比市面上所有的空调都便宜。别家承诺可以保修三年，我们则能保修五年。先生您如果有兴趣可以试一试，先免费试用几天都可以。这是我的名片……"然后恭敬地递与对方。听了这样的话，只要家庭确实需要，一般人都想买。即使家庭暂时不需要的准用户，也都愿意去了解，去做口碑宣传。

交往的最高境界是能够赢得被动交往，即让他人自然而然地想来找我们、求助于我们，主动与我们联系。为此，我们必须抓住一切有利时机，让别人尽快了解我们，接纳我们，信任我们。我们要用人生七成的时间和精力与人交往、交流和交心，从而建立起诚挚的关系，三成的时间和精力与人合作交易，弥补各自的所需。

交往就是多与对方来往，最好迎合他的兴趣，和他打成一片。

交流就是交谈相互感兴趣的东西，给人信心、给人希望、给人前景和未来。

交心就是碰到话语投缘的知己，相互掏出心窝子。当然要交心，首先得开心，只有双方心情愉悦、开心快乐方能交心。交心还要关心，只有关心对方，感受对方，双方才会同心。同心即同道，合作交易尽在必然。

交易只要把握好临门一脚就行。

让对方快速接受和认可我们，是成功交往的第一步。别人如果看不上我们，他是不愿意和我们来往的，更难以相信我们。

雅馨地产认为，卖房产，人品重于商品，应重视展示自己的人品。一个成功的房产销售商，一定有颗尊重普通人的爱心，这颗爱心体现在每一个细小的行为中。

有一天，一位中年妇女走进了雅馨地产的洽谈室。她说自己想看看新建的房子，但是古城花园的经销商让她过一个小时之后再去，所以她就先过来瞧一瞧。假如是你，该如何对待这一客户呢？

雅馨的售楼小姐是这样做的：她微笑并谦恭着说："夫人，非常欢迎您的光顾！我是雅馨地产的售楼员，非常乐意为您服务。"这位妇女兴奋地告诉她："今天是我 50 岁的生日，想买栋别墅作为自己的生日纪念。”雅馨的售楼小姐马上热情地祝贺道：“夫人，祝您生日快乐！”随后领着夫人边看户型边介绍，当来到一栋设计特别标致、线条搭配新颖的洋房前时，这位妇女停住了脚步，她立刻说：“夫人，您对这栋情有独钟，瞧这匠心独造的别墅。它……”同时她示意助手把一束玫瑰花送给这位夫人，再次表示对她生日的祝贺。

那位夫人立刻感动得热泪盈眶，非常激动地说：“小姐，太感谢您了。我看这个户型很好，完全符合我的住房理念。”

随后，双方成交。

人品就是产品，正是这种细小的能够打动客户心灵的人格魅力和服务行为，使雅馨地产在营销领域取得了辉煌的成功。这正如有人所说：一流销售人员卖喜欢、卖人格、卖魅力；二流销售人员卖乖、卖眼色、卖服务；三流销售人员卖产品、卖质量；四流销售人员卖价格、卖优惠。

从雅馨地产售楼小姐销售房产的举动，我们得出介绍和展示自己应从下列方面着手：

第一，介绍自己的名字和职业，可通过大量的散发名片或口头语言实现。同时要重视客户，记住客户名字，表现出应有的亲和力。

第二，展示自己的礼仪、礼节、眼光和人格魅力。见人有礼貌，而且第一眼就能发现对方的特别之处，然后恰到好处地给予肯定和赞美，赢得别人好感。

第三，介绍自己的项目与产品卖点，以激发顾客的购买欲望和行动。同时耐心倾听顾客的意见，顾客只有觉得我们在乎他、聆听他，才有可能与我们交流与交心。

第四，展示自己的人品与服务。顾客不只买产品，更买推销人员的至诚与至尊服务。

第五，展示自己的自信与执著精神，适时跟踪，反复推介。

大多数人在受到我们的尊敬，最愉悦、最快乐的时候和受到某种思想的干扰，最担心、最绝望的时候，容易失去抵抗力，也最不容易拒绝人。所以恰到好处地尊重人、赞美人、吸引人、关心人，或在确实无奈的情况下适当给对方说点危机感，我们将会得到意想不到的收获！

用真诚语言打动人心

交往促使认识，沟通产生信任，语言的交流与共鸣就会撞击出心灵的火花，加深相互之间的感情，缩短相互之间的心理距离。因而与人交往，我们首先要善于与人沟通，会沟通的人总是最善于围绕自己的目标，传递信息、说服他人、取得信任的人。自古到今，使银子（金钱）虽然是一种较为有效的沟通手段，但确实不是最高明的沟通方式。历史上有多少重大事件，全都是靠三寸不烂之舌化解的。最高明的沟通方法莫过于能打动人心的语言及其演讲艺术。人常讲，浇树浇根，交人交心。只有真诚待人方能得到值得信赖的朋友。当我们缺少金钱的时候，更要善用真诚的语言和行动去打动人心，拓展人缘。曾国藩的交际学问就是：放开手脚，坦诚相待，把陌生的力量变成朋友的力量。

某年，在招商引资时，面对没有谈成生意而恼羞成怒，不愿出席宴会的外商，一位招商局长显示出自己高超的讲话水平："你知道大厅有多少人在等待着你们，有多少人放下自己的重要事情，赶来这里为你们饯行吗！不错，跑了几天，没有谈成一个项目，没有做成一桩买卖，这确实令人惋惜。但这不是只有你们，而是还有我们在内，都做了极大的努力，都付出了一定的牺牲，而未能达成愿望！你们应该知道，我们中国人有句老话，叫做：‘买卖不成仁义在！’这生动集中地反映了我们民族宽广的胸怀！反映了我们民族重感情，重义气的秉性！自然也反映了我们民族在千百年的经济交往中所遵循的睿智和富有深远意义的策略——我们不被一时一事的交易所迷惑，我们希望通过长期的交往与理解，加深感情与友谊，从而结成相互信赖的长远经贸关系！你们来到中国做买卖，你们期望一次谈判就有结果，那也未免太短视、太急功近利了。你们必须了解我们民族的特点，你们必须尊重我们民族的这些优秀传统和秉性，否则你们将一事无成！”果然这位局长终于从语言上、情理上压倒了对方，对方只好如约出席！

有个年轻人，自进入公司上班后，他就恪守中国人节俭储蓄的致富理念，坚持每个月把工资的三分之二存入银行。时间一晃过去 5 年，他积累了 10 多万元的存款。就在这个时候，一个连锁经营的创业机会突然展现在他眼前。但条件是，经营者必须有 100 万元现款。对此，他作为一名普通打工者，根本不具备连锁总部要求的经营条件。怎么办呢？他决心不惜一切代价也要获取这次经营权，于是他绞尽脑汁想办法，四处游说借资金，但是一个月下来，也只筹集到 10 万元，离总部要求差距甚远。面对资金和心理上的双重压力，他不但没有气馁，反而更加坚定自己的目标，经朋友介绍，毅然去寻求某投资公司的贷款支持。

一天上午，他走进了某投资公司的总裁办公室，他以及其诚恳的态度向总裁介绍了自己，说明自己遇到了一次很好的创业机会，然后分析自己的优势、劣势以及内外部环境，谈了自己的创业计划，最后说出自己的求助心愿。总裁听后回复他说：“你先回去，容我们考虑一下。”过了几天，他打电话给总裁办公室，就是不见其回复。他心里有点失望，但仍不甘心，接二连三走进总裁办公室，反复陈述和请求，最后他饱含强烈的感情给总裁讲了自己的一个真实故事，终于打动了总裁。他是这样讲的："总裁先生，我想讲述一个本人的真实故事，您是否愿意听？"在得到许可后，他真诚地激情地对总裁说："打工 5 年来，我雷打不动地每个月存进三分之二的工钱于银行。我之所以这样做，就是因为从跨出大学校门的那一天起，我就发誓要攒钱创立自己的事业。这样做尽管给我当时的生活造成一定的困难，但我还是咬紧牙关坚持过来了。现在面对大好的创业机遇，我不能再等了，我得抓住机会提前开创自己的事业，希望您能够相信我，理解我，并且支持我，我一定不会辜负您的期望和厚爱！"总裁听完后，询问了他存钱的那家银行，并要求他提供个人身份证复印件，提供存款流水账单。总裁在看到他的存款账单后，对他说："相信我，年轻人，送我一份你的创业计划书，三天后我给你答复。"三天后他主动去见总裁，总裁颇有感慨地说："非常看好你的创业项目和加盟产品，更看好你的人。你五年来，能坚持每月拿出工资的三分之二存到银行里，我相信你的决心和毅力，我们决定贷给你 80 万元，支持你创业。"

有了投资公司的贷款支持，他成功创立了当地第一家连锁店。

多途径拓展人脉关系

有关系的人就门路广，有关系的人就容易赚钱。交一个掌管钱财、掌管项目的人，你就有机会得到几十万几百万几千万的资金帮助与扶持。交一个亿万富翁，你最起码将来也是个千万富翁。整天和当官的人在一起，你沾点官气；整天和有钱人在一起，你沾点财气；整天和农民朋友在一起，你也会沾点土气。

建立和拓展人脉关系的奥秘，其实就在于一个字，这个字就是“爱”。正如蔡礼旭老师所讲：“爱的感觉是温暖的，爱的心地是无私的，爱的言语是正直的，爱的行动是成全的。”

首先是爱自己。爱自己就得自信、自强、自律，特别是要严于律己，时刻注重自己的外表形象（包括仪容即长相、气质、气魄，仪表即眼神、面部表情、着装、打扮，举止即走姿、站姿、坐姿、卧姿、手势，言谈即语音、语速、语气、语言、热情度、亲和力，礼仪礼节与礼貌，习惯行为和为人做事的风格），重点提升自己的内在素质（包括文化素质、技能素质）与素养（思想素养），以便规范自己的言语造作，随时对他人产生强磁吸引力，赢得交往上的主动。

其次是爱他人。爱他人的外表形象、爱他人的性格特点、爱他人的人品、爱他人的才能、爱听他人的说话、爱听他人的演讲、爱他人的做事风格、爱他人的做事习惯和做事方法、爱他人的魅力、爱他人的影响力等。因为心中有了爱，所以有了相互吸引力，进而才会主动走在一起，相互联系，密切接触，建立关系，形成一定的人脉网络。

社会上人与人的交往，大概都是因为爱他人的某一点，或者是需要借助他人的某种能力，以便开心快乐，同时获得他人在某些方面的帮助，利用人脉关系来致富更是如此。人要做成大事，实现大富，就必须有做成大事、获得大财富的人脉网络和人脉支持系统。

建立和拓展人脉关系有七条途径：

通过血缘建立起充分信任的亲属关系；

通过走动建立起联系紧密的亲戚关系；

通过恋爱建立起情深意海、白头偕老的夫妻关系；

通过学习、当兵建立起相互了解的同学关系、战友关系；

通过工作、职业建立起相互尊重和信任的上下级关系、同事关系、相互协作的业务关系或合伙合作关系；

通过随缘与交往建立起真正的相互依托的朋友关系；

通过一个人的关系拓展与他相关联的周围人脉关系。

具体讲，有三种方式：

一是善于创造交流的机会，并主动进入对方的生活圈子，以便加深感情和了解，培养忠诚和信赖。在某合资公司做白领的小王，觉得自己怀才满腔，事业心蛮强，工作十分敬业，但工作几年，却始终没有得到公司老总的赏识与提拔。这时他就经常想：如果有一天我能很自然的见到老总，展示一下我自己的才干就好了！于是他开始详细地了解老总的奋斗历程、老总毕业的学校、老总的人际风格、老总关心的问题等，并精心设计了几句简单却有分量的开场白。随缘的一段时间，他上下班乘坐电梯，正好遇见老总。跟老总打过几次招呼、有过几次互动后，终于有一天老总邀约与他长谈了一次，从而增进了老总对他的了解，不久老总就给他安排了一个更好的职位。

二是善于在社团组织、俱乐部和各种聚会中随缘发展陌生关系。参与有关社团组织与活动，可在自然状态下与他人透过社团里面的公益活动、休闲活动，产生人际互动和联系，进而扩展自己的人脉关系。如果说平常主动亲近陌生人容易遭受拒绝的话，那么参与社团活动时，人与人在“自然与随缘”的情况下交往将会顺利发展。如果我们能主动找机会为他人服务，在为他人服务的过程中，自然就会得到他人的注意，获得与他人联系、交往、交流的缘分，我们的人脉之路也就在自然而然中不断延伸。这确实是把自己推介给别人的一条通路，也是可以建立自己形象的绝佳机会。只要我们善于把握每一个认识别人的机会，自己的知名度就会逐渐打开，人脉致富的机遇就会增加。某民营企业老板通过参加全国性、区域性、行业性几十个社团组织，在每一个社团里他至少交有四五个关系密切的朋友。他企业里70%以上的外部事情，都是通过这些朋友的帮助和支持来完成的。虽然参加社团有时费点钱、费点时间和精力，但带来的效率和效果却是非常巨大的。

三是重视人脉关系的关联度开发。人脉的关联度指人脉关系与个人所从事行业的相关性和人脉资源直接的相关性。一位营销人员，要想在短时间内开发出大量的客户资源，只有利用相互介绍的机制，才能产生一生二，二生三，三生一万的几何指数的倍增效应。熟人介绍可以加快与人信任的速度，提高合作成功的概率，降低交往成本，确实是一种人脉资源积累的快捷方式。如：认识一个朋友，经常走动，经过介绍，就会逐步认识他的爱人、他的子女、他的父母、他的亲戚、他的其他朋友，然后又通过与他身边的这些亲属朋友交往，认识更多的人，这就是人脉关系的关联拓展过程。为此，在商务活动中，我们要养成一些习惯性的话语，例如："如果有合适的客户或对象麻烦介绍给我！""如果有需要这方面产品或服务的人，麻烦您告诉我。""我们今晚有活动，你可以带一些朋友一起过来。""您有这方面的朋友吗？是否介绍让我们认识一下。"或"先生，太太，不知道我能为您做些什么？"等等。这样的话多说几次之后，对方也会形成一种习惯性的思维，如果真有合适的客户或对象，他就会想起你说过的话。

当年，30多岁的陈玉书来到香港打拼。抵港之初，为了一家人的生活，他几乎所有的脏活累活都做。有一天陈玉书干完活，带着儿子到维多利亚公园去玩。就在他们玩累坐椅休息之际，他却无意中看到一个女人正吃力地辅助一个小男孩荡秋千，于是生性善良的他主动走过去，帮助这个小男孩一起玩耍，就这样他和小男孩的母亲认识了，之后两人聊了起来。闲谈中，他得知这个女人是印度尼西亚驻港领事的妻子，他儿时也出生在印度尼西亚的华侨家庭，两人相见还颇有渊源。于是，老乡见老乡，聊得很投机，彼此还留了地址和联系方式。事后，他便与领事一家开始交往，两家人一直保持着良好的关系。

后来，陈玉书又随缘认识了一位来自印度尼西亚的华侨朋友，谈话中朋友无意间说到自己手里有一大批需要运往印度尼西亚的货物，但是在领事馆办签证时遇到了麻烦，为此很是犯愁。对待朋友，一向心存善念，有副热心肠的他，很快就联系到了领事的太太，于是朋友的问题得到圆满解决，并且在税率上还享受到了优惠，为此节省了一大笔钱。为了表示感恩，朋友拿出5万美金一定要送给他作为酬谢，这对于当时捉襟见肘的他来说，简直是喜从天降。有了这笔本钱之后，他便开始了自己的创业之路，注册成立了一家公司，做起了签证代理。

的确，人世间充满着许许多多的因缘，每一个因缘都可能将自己推向另一个高峰。不要轻视任何一个人，也不要疏忽任何一个可以帮助人的机会，只要我们能处理好同每一个人的关系，只要把每一件事情处理得都比较完善，相信我们就会成为建立和拓展人脉关系的高手。

积累和经营人脉资源

富有的人总是比不富裕的人具有更庞大和更有力量的人脉网络。人脉有多广，情报就有多广，致富机会就有多广。那么怎样积累和管理你的人脉资源呢？

首先，记住对方。当我们和他人在不同场合交换名片时，务必详尽记录与对方会面的时间、地点、人物、事件。交际活动结束后，应回忆复习一下刚刚认识的重要人物，记住他的姓名、单位、职务、行业等。两天内，主动打个电话或发个电邮，向对方表示结识的高兴，或者适当地赞美对方的某个方面，或者回忆双方愉快的聚会细节，让对方加深对我们的印象和了解。

其次，重视建设个人通讯簿、名片夹、人脉资源数据库，并注意对重点人脉进行经营。抓住那些决定我们前途和命运的关键人脉花费精力去经营。对影响或可能影响我们前途命运的“贵人”要另眼相看，对自己的员工也要格外关怀和激励。创业家最好的投入，就是“投入人脉关系”；企业家最好的经营，就是“经营人心”。

第三，保持联系。要与所有朋友保持着定期联系。不然的话，时间一长互相也就忘得差不多了。联系方式有随时来往、打电话、寄明信片、电邮、短信、QQ、MSN都可以。在工作的间隙，给对方打一个问候的电话，发一个祝福的短信等，让对方感觉到我们的存在和对他的关心与尊重，以便始终保持与朋友之间的温度。我们与朋友联系的频率将决定自己人脉关系的数量、质量和经营效果。

第四，聊天品茗。闲来无事时，邀请朋友一起聚会，坐下来聊天品茶，谈吐倾诉，吃饭喝酒，共诉衷肠，以便相互关怀，增进感情。

第五，寄送礼品。定期给朋友寄送一些小礼品。礼多人不怪，虽说一点小东西也不值多少钱，但给对方的感觉非常好，谁不希望自己被朋友重视，被朋友牵挂呢？在有新的工作机会、新的商业机会时朋友就会推荐给我们。

第六，真诚交换。维持朋友关系的关键是爱、真诚和利益。我们跟朋友之间之所以可以维持互动关系，是因为我们发自内心爱对方，真诚地对待对方，并有可以交换的资源在支撑。当然，这种交换是不同价值的交换，是能弥补各自需要的利益、对双方都有实际意义的真诚交换。

小李在一家出版社编辑室工作，由于工作关系，他与同行一些图书杂志公司的编辑策划人员以及排版、封面设计人员成为朋友。他生性乐于助人，只要他能办到的事情，就会尽力为朋友帮忙。有一次，他的朋友——某杂志社做美工设计的小王求助于他。说有这么一件事情："一期周刊的封面自己做了好几次，主任就是不满意，要求重做，说必须体现新颖时尚、个性鲜明、突出风格。对此，自己绞尽脑汁，也没想出个新创意来，很着急。"要求他帮忙。

小李听后，想了想，自己是做文字编辑的，对设计基本不熟悉，但有一个图书公司的朋友小马，擅长平面设计，于是联系小马在饭店见面。三人见面后，他分别介绍了小王和小马认识，就直接向小马说明了意图。小马为此提出了自己的修改思路和建议，小王听后豁然开朗。接着两人就聊起了有关平面设计方面的一些话题。聊着聊着，小马说出自己单位要出一本内部刊物，在体例编排和美术设计上也有一些问题，正愁不知请教何人，小王听后觉得自己正擅长这方面的设计，对此也提出了自己的看法和设计思路，于是两人聊得很投缘……

一周后，二人同时约他吃饭，感谢他从中撮合并对他们的帮助，使他们的设计都很成功。他也在这次宴会上结识了更多的朋友，为其以后的发展奠定了良好的人脉基础。

小李通过一次约会，解决了小王和小马两人在工作中各自遇到的问题，促成了两件事情，换来了更多的朋友，于人于己都有利，他非常高兴。

这个故事说明，善于积累和经营人脉关系，并借人脉关系之力干成事情是非常荣幸的。

从中我们也悟出经营人脉资源、处理人际关系的基本原则：

一是换位思考，理解他人。多站在对方的立场上考虑问题，关怀他人，体贴他人。当我们渴望被理解、被关怀、被爱时，就要知道如何能给予他人理解、关怀和爱的表白。坚决摈弃以势压人、强求别人，己所不欲，勿施于人。

二是欣赏他人，赞美他人。交往要有喜悦心、同理心和赞美心。哪个人表情愉悦、会欣赏人、会发自内心地赞美对方，哪个人在交往中就会取胜。欣赏别人、赞美别人实质就是善待自己。父母的欣赏会使我们开心快乐地成长，老师的欣赏会使我们废寝忘食地努力学习，领导和同事的欣赏会使我们在工作上产生最大动力，那么我们对他人的欣赏就会增加二人关系上的融洽，从中学到他人身上一些好的东西。正如古人所云：“三人行，必有我师。见贤思齐，见不贤自省。”

三是善于分享，启迪他人。懂得分享人间故事，用故事来启发引导他人向着某个目标前进，是一种做人处事之智慧。当我们把快乐和成功与别人分享时，我们的快乐就变成了两份快乐；当把我们的点子和智慧与别人分享时，就会碰撞出更多的心灵火花。不管是信息、利益或工作机会，懂得分享的人，最终往往可以获得更多。

四是所谈问题，触及心思。与别人交谈，既要善于勾起别人心中的渴望，如谈自己一生中最有成就感的事是什么？自己跌入谷底的经验是什么？未来五年后自己想成为什么样的人？自己毕业后的第一份工作是什么？等等。

五是雪中送炭，乐于付出。患难见真情，患难出真交。每个人都会在内心深处记住那些在困难的时候帮助过自己的人。有付出才有回报。慷慨地对待别人，在自己有困难的时候，才会有许多真诚的回报。服务和帮助别人有四条途径：既表现在日常的帮忙、钱物的资助、成功经验的分享，又表现在关键时候为其倾力办事上。

六是知恩感恩，以德报德。求人办事要遵循："积极稳妥，要约明确，知恩感恩，合作共赢"十六字方针。当别人帮助了我们，我们自然要感激和回报人家，这是做人最起码的常识。只有这样，生命将因成长而喜悦，生活将因感恩而快乐。

七是宽容待人，以直报怨。当别人伤害了我们、侵犯了我们，心中有怨恨，既不能"以牙还牙、以怨报怨"，因为那样既降低了自己的水平，掌握不好还会走上违法犯罪之路；也不能"以德报怨"，因为那样会使这个世界没有是非，甚至可能助长邪恶。正确的态度就是"以直报怨"，用正直的态度来对待怨恨。他既包含着对待邪恶必须从道义上给予谴责与痛斥，又包含着正义凛然的克制与沉默，还包含着人格的尊严、处理怨恨的心胸和态度，显示出我们更放松、更开阔的心境。

八是民之所向，心之所往。赚钱决不能损害大众利益，触犯众怒。

只有以民之所需为己任，善于凝聚最广泛的人心，才能赚得大钱。即牺牲小我，方能成就大我。

善于合作成就大事业

个人力量很有限，善于合作把事办。不懂合作，再拼搏也难以大成。合作是竞争的最高形式，合作是人的协调和配合，合作应以人为根本，以德为基石，以能为互补，以财为聚合，合作共赢之。

香港中信泰富公司主席荣智健，起初意图收购恒昌公司。恒昌旗下有七家全资子公司，资产 70 多亿元，主要经营汽车产业，年营业额三四十亿元。但他面临三大问题：一是集团内部有人不同意，力图阻碍；二是没有如此庞大的收购资金；三是恒昌公司有人反对，公开指责荣智健没有管理能力，中资不可信，要抢香港人的饭碗等。面对种种谣言，荣智健是如何考虑的呢？

荣智健并没有放弃他的理想，而是本着统一认识、明确目标、利益共享的原则，积极与李嘉诚、郭鹤年、郑裕彤、百富勤等人洽谈合作，最终以 40 多亿元的成本净额成功收购恒昌股权，恒昌易性。这次收购中，李嘉诚等合伙人共获利 7 800 多万元，荣智健也因此宏图大展，大赚一笔。

可见，合作就是联合，就是几个自然人或法人之间通过一定方式的联合来运作某一件事情的过程。合作既是一种观念，更是一种做事的方法。认识一致，目标一致，利益一致，才是一切合作的前提条件。

河南瑞贝卡发制品股份有限公司董事长郑有全，为了尽快打开北美和欧洲市场，就曾巧妙地“借船出海”，与美国新亚国际有限公司合资成立北美瑞贝卡发制品有限公司。从此，瑞贝卡产品得以直接销往全球最大的假发市场——北美，并逐步在该市场中站稳了脚跟。连续 3 年，瑞贝卡发制品在美国市场的占有份额分别为 11.3%、12%和 15.4%，即使在市场跌入“谷底”时，瑞贝卡在该市场的销售额也达到了 5.2 亿元。为了进军欧洲市场，郑有全又决定与英国斯里克公司合资成立亨德尔有限公司，当年在欧洲实现销售 9 189 万元。

四、口才演说致富式

口才演说致富及其途径

演说改变命运，口才助我成功。口才就是良好的语言艺术，即不仅敢于上台演说而且善于对听众演说。

所谓口才演说致富，就是通过卓越的口才表达能力、沟通能力、辩论能力和主持能力、演讲能力、引导能力、演唱能力去致富。

口才演说致富之道重在引起共鸣，进而成为名家名嘴明星有名望的人物，使听众不但愿意腾出时间更愿意花钱来听。关键是我们的演说能够始终调动起观众视觉，感动观众听觉，从而深深牵动和打动观众的心。

口才演说致富的具体途径有：

说书获得酬金或赏钱。

演讲获得场次费。

培训获得课时费。

律师获得代理费。

司仪获得主持费。

主持人获得场次费。

导游获得引领讲解提成费。

演唱获得节目费、场次费。

例如：管理培训大师余世维1个小时的演讲薪酬6万元。世界华人成功学权威陈安之讲课一次，每人的听课费8 000～10 000元，有时甚至达到10 000美金。

世界潜能激励大师安东尼·罗宾一个小时的讲课费高达100万元人民币。

一名金牌大腕级司仪每次的主持费为1 000～5 000元。

一个律师的年代理费，据北京市律师协会2009年的一次调查，2008年年收入在10万元到100万元的受访律师，占受访总数的56%；年收入在100万元以上的受访比例约为8%。

导游只要常年有团带，天天讲解拿高薪。

电视台知名主持人一个小时的出场费就是6万～15万元。一个知名主持人的年收入，包括工资收入、广告收入、商演收入和其他收入少则百十万，多则上千万元，单工资性收入也在三五十万元以上。

《演讲之禅》一书讲到，美国著名演讲家每小时的出场费最低5 000美元，平均3万美元，美国前总统林肯每小时的演讲费达15万美元。还有如：美国前总统克林顿靠一张卓越的口才及名人效应，到处发表魅力四射的精彩演讲。据美国的媒体估算，克林顿几年来仅仅依靠个人讲演收入就接近2 000万美元。

据《中国培训师网》报道，中国培训业进入了一个快速发展的时期。根据最新统计，我国居民储蓄已超过20万亿元，其中10%准备用于教育支出。如此算来，中国教育市场的潜在份额就已高达2万多亿元，其中培训市场的潜在规模达3 000亿元。国内目前至少需要三十万名培训师。但我国缺乏大量的本土优秀企业培训师。企业培训师作为21世纪的黄金职业，享有“金领”的称号。国内知名的培训师课酬每天在5万元左右，一般的培训师每天在3 000元左右，优秀培训师的公开课的收入也达到每场5 000元。

明星唱一首歌曲或者名家演唱一折戏几千元。近几年，全国农民出身的红歌星和戏曲名家层出不穷。陕北的知名歌手王二妮和陕西的秦腔名家商芳会就深受百姓喜爱和追捧。

口才演说致富的前提条件

《三字经》里讲：“人之初，性本善。性相近，习相远。苟不教，性乃迁。”所以依靠口才演说致富的人，一定要相信人性的本善，相信人都是可以变好的，都能变成社会有用的栋梁之才，这里关键在于教育。恢复人道人性的教育，人就会慢慢变好。人如果不接受教育，人性就会被扭曲，他就会变坏。和谐社会重在教育。为此，口才演说致富的前提是我们必须有正确的教育导向，教育者先行受到良好的教育。不但有知识，更有正确的思想，并擅长游说、辩论、沟通、主持、演讲、演唱、引导。会传导思想，贩卖知识，思路清晰，逻辑性强，内容精炼吸引人，语言磁性打动人，善于互动赢取人，形体有力鼓舞人。

口才演说致富适合于善于运用一流口才来达到教育人、培训人之目的的各类说客、律师、演讲家、培训师、主持人、导游、演唱艺术家等。

有口就有财。是人才不一定有口才，但有口才一定是个人才。美国人甚至把“口才、电脑、金钱”作为当今赖以生存和竞争的三大战略武器。口才被公认为现代人必备的素质之一。共和国演讲家彭清一说：“我们已进入一个演讲时代，语言的艺术力量，可以唤醒民众千百万同心，也可以激人奋进、发挥潜能，使消极者变为积极者，使企业界的弱者变为强者，进而起死回生。”在生活中，好口才能使许多本不相识的陌生人走到一起，能够消除人与人之间的误会与隔阂，能使郁郁寡欢者得到安慰，使悲观厌世者得到鼓励，使积极乐观者奋发向上。在事业中，好口才可以说服他人，积极进取，遇到问题，沟而通之，推进工作，顺利进行。在闲暇娱乐中，好口才能随时随地给人增添乐趣。一句话说得使人笑，一句话说得使人跳，语言的奥妙其乐无穷。于是，西方哲人便有了这样的总结：“世间有一种成就，可以使人很快完成伟业，并获得世人的认识，那就是讲话令人喜悦的能力。”的确，精妙、高超的语言艺术魅力非凡。好口才可以给人带来好的运气和财气，拥有好的口才就会拥有好的前程，拥有好口才就会赢得财富人生。

上官一鸣是山东临沭县郑山镇姜屯村一位未上完初中的农家子弟，他做过装卸工、押车员、库管、歌厅管理员，还摆过地摊、卖过果蔬，足迹走遍大江南北。36岁那年，上官一鸣买了辆“跃进”四轮车，在蔬菜市场批发了一车韭菜，倒车时不慎撞在一辆宝马 X6 上，一次赔了人家 32 万元，欠了亲朋好友好多债。贫困潦倒之际，他流浪到上海，在一家大酒店偶然听了陈安之老师的一堂演讲《唤起心中的巨人》，彻底改变了他对人生的看法，激发了他内心强大的动力。“首先改变自己，才能改变命运。要想自己的命好，自己首先要变得更好。”他选择了把演讲与口才作为自己后半生追求的人生目标。他每天阅读大量的书籍，每天对着镜子练习讲话和表情，晚上 12 点之前从未睡过觉。他爹说：“这是不务正业！”他妻子说：“演讲能当饭吃吗？什么年龄了，37 岁再学这个不是神经病吗？”村里人嘲笑他：“那么多大学生都当不了讲师，你初中还未毕业就想当演讲家！”听到这些不支持、不理解的话语，上官一鸣对自己说：“当你有了伟大的梦想，一定要顶住压力，全力以赴，坚持到底，永不放弃，你就是成功者。”这一坚持就是四年，他在意美、声美、形美上精益求精，语言上力求言简意赅，并注意节奏、声调、速度的完美统一，他终于成为了一位杰出的演讲家和激励大师。2013 年 5 月，他在齐鲁选拔赛中以《欲望决定成功》为演讲主题，获得第三名，荣获“名家谈坛金牌讲师”称号；7 月，他在北京巅峰论道论坛中与演讲大师王洪庆、李燕杰同台演讲《人生的意义》，得到演讲泰斗王洪庆的青睐，被老先生收为爱徒。他牢记师傅的教诲：“真正的演讲是思想之光，激情之火，心灵的呼唤，灵魂的呐喊，正义者的怒吼”，逐渐形成自己独特的风格。2014 年，北京《名家谈坛》电视栏目聘他为特邀专家。上官一鸣的演讲具有实战性、针对性，他的演讲催人泪下，感人肺腑，发人深省，被媒体称为价值百万的演讲、终生难忘的演讲、改变命运的演讲！

明确演说基本方向

《三字经》讲道："教之道，贵以专。"关于演说方向的确定，一方面要根据个人的天赋和所掌握的知识情况，一方面要结合市场的需求情况，以便确定自己的专业演说方向，从而有目的的训练自己的口语表达能力、说书能力、沟通能力、辩论能力、主持能力、引导能力以及演讲、演唱能力。

我们可以讲创富、讲经营、讲管理、讲营销、讲理财、讲股票、讲期货，也可以讲成功、讲经济、讲项目、讲招商、讲领导艺术、讲国学、讲传统文化、讲和谐，唱歌、唱戏、说书、演话剧，等等，但要成为一名出色的演讲者，就必须一开始确定好自己的演说方向，力求做到专业专注，方能成就个人演说品牌。例如，行销成功学陈安之、行动成功学李践、创富成功学林伟贤、中国式管理曾仕强、管理大师余世维、姜岚昕等知名培训师，多年来都形成了自己特有的培训风格和深受国人欢迎的主讲课程。

曾经是台湾知名歌星与演员的周思洁，1998 年初次创业当中，由于缺乏理财观念及管理运作经验，随遭遇诈骗、火灾等，负债 8 000 万台币约 1 672.66 万元人民币。对此，她没有逃避，而是选择勇敢地去面对，并依靠自己的智慧重新定位人生。这时囊中羞涩又有大量负债的她，手中仅有的资源只是知识和教训，没有其他，因而要还债，只能靠卖知识挣钱，别无出路，于是决定当老师，开始自己的演讲生涯。2001 年她开办了《生命其实可以重来》心灵成长课程，2003 年又开办了《金钱心理学》课程，协助现代人建立理财与理债的新观念，从而逐步摆脱困局，8年时间还掉了全部债务，成就了个人“励志专家与理财女王”的演讲品牌。

做好演说准备工作

关于演说前的准备工作，要注意以下四点：

（一）一个好的演说者观点要鲜明，层次要分明，论据要充分，论点要明了。从结构上突出一个“条”字，条理清楚，层阶三四制，每个标题下面一般讲三四个问题，便于听众记忆。

下面是本人的一次演讲，内容是这样的：今天很高兴能够和各位一起探讨《关于中小微型企业核心竞争力》这个话题。在此我想说，影响中小微型企业核心竞争力的因素是多方面的，但主要体现在经营理念、商业模式、技术创新、企业管理四个层面。国际企业管理研究领域著名学者、中山大学管理学院院长陆亚东教授说道，中国企业需要创新的管理智慧，中小企业要走小而专、小而精、小而特的发展道路。这里的“创”是指创新技术、创新管理和创新服务。这里的“专”是指专业的经营理念、专业的经营领域、专业的经营方式。这里的“精”是指精致的产品、精准的商业模式和精明的销售战术。这里的“特”是指企业产品有卖点，管理有特点，服务有亮点。

第一，专业的经营理念及其良好的企业形象是构建企业核心竞争力的根基。经营理念是企业的灵魂，成功的企业来自成功的经营理念。而成功的经营理念就是要学会换位思考，永远替消费者着想。一个企业核心竞争力最坚实的力量应该是来自于忠诚的消费者群体。消费者群体越多，群体的忠诚度越高，这个企业的核心竞争力就越强，企业收益也就越高。经营理念就是经营企业的指导思想。它包含企业的核心价值观、企业精神、企业信仰、经营方针以及企业风格等。一个企业如果在经营理念上不善于换位思考，不善于替消费者着想，最终没有培植起来更多的忠诚于本企业品牌的长期客户，那一切都是枉然的。为此，确立正确的专业的经营理念，是塑造企业良好形象、增强市场竞争力的开端。而正确的经营理念，正是企业家智慧和品德修炼的结果。例如，康辉药业峰回路转的关键是老板张琳在面临倒闭的紧要关头，善于审时度势，及时提出“诚心做药，做诚心药，做老百姓放心的好药”的经营理念。“绿色养殖，诚信经营，消费者的口碑高于一切”这个理念更成为小川畜牧科技有限公司核心竞争力的一个体现。瑞典利乐公司之所以在工业品市场上形成自己特有的核心竞争力，就在于他们不但为乳品企业客户提供适销对路的软饮料纸及包装机械，而且还提供资金上的扶持，提供从生产、技术、工艺、培训到营销、管理乳品企业的一整套经营策划案，以此给予客户特有的关怀和最大价值回馈。

第二，适合企业发展的商业模式是构建企业核心竞争力的法宝。著名经济学家郎咸平也说：“商业模式是关系到企业生死存亡、兴衰成败的大事，企业要想获得成功，就必须从制定成功的商业模式开始，新成立的企业是这样，发展期的企业更是如此，商业模式是企业竞争制胜的关键，是商业的本质!”商业模式，简要直白地说，就是企业通过什么样的别具一格的与众不同的差异化的途径和方式去赚钱。只要商业模式正确，无论是高科技创业、还是低科技创业，都能成功。事实上，沃尔玛是开杂货店起家的，可口可乐是卖汽水发家的，国美是开电器店的，小肥羊是开火锅店的。这些普通企业的成功说明了一个道理：在产品同质化严重、产品过剩的今天，一个企业要想在商业领域中脱颖而出，就必须创新自己的商业模式。商业模式的创新贯穿于企业经营的全过程，涉及企业的各个环节。每个环节的创新都可能塑造一种崭新的、成功的商业模式。例如：娃哈哈公司进行渠道联营，通过与经销商利益捆绑形成“联销体”，并展开蜘蛛网式的营销网络布局。苏泊尔和金龙鱼进行异业联盟、联合促销，用好锅为健康加油等。美特斯·邦威实行虚拟经营，百度推出竞价排名，海尔立足专注服务，如家以二星级酒店的价格打造五星级酒店的床，蒙牛借事件营销，等等。

第三，技术和服务创新是构建企业核心竞争力的关键。一个企业要在市场竞争中立于不败之地，就必须拥有自己的核心技术和至尊服务。

科研生产型企业的核心技术应该是独特的，是竞争对手无法复制的。通过研究开发具有自身特色的新产品，就能使企业在市场竞争中获得先机。①技术创新是指企业应用创新的知识和新技术、新工艺，采用新的生产方式和经济管理模式，提高产品质量，占领市场并实现市场价值的过程。②技术创新的内容包括产品创新、工艺创新、设备和生产工具的创新、能源和原材料的创新、改善生产环境和劳动保护创新。③技术创新的目标就是要走出一条科技含量高、经济效益好、资源消耗少、环境污染少、人力资源优势得到充分发挥，人与自然和谐发展的新型工业化道路。④技术创新的着眼点就是要以市场为导向，以企业为主体，以产品为龙头，以新技术开发应用为手段，以提高企业经济效益、增强市场竞争能力和培育新的经济增长点为目的，重视市场机会与技术机会的结合，适时开展需求拉动型创新和技术推动型创新，同时重视企业技术引进和技术改造管理工作。

商业服务型企业更要适时创新服务（服务有特色）、热情服务（问候、赞美有礼貌）、专业服务（标准的解说、针对性的专业沟通以及娴熟的技术），真诚服务（善于换位思考，站在顾客的角度，真心实意为顾客着想），以便营造顾客喜欢的感觉。营销大师李特勒说“早上起来，你应该先想到的是怎样为客户服务，晚上睡觉前，你应该想想今天我在服务方面还存在哪些问题？这样你就成功了。”对顾客的至尊服务是吸引顾客、锁定顾客、留住顾客，甚至让顾客成为忠诚客户的秘诀。要让顾客主动购买产品、乐意使用产品并自觉做转介绍，就应当将服务做到位。

第四，精细化个性化管理才是构建小微企业核心竞争力的基础。小微企业的特点可以用五个字表述：少（投入少、产出少、销售收入少、职工人数少），小（资产规模小），活（多以家族式管理，灵活应变性强），专（专注于某一细分市场的经营），短（看重短期利益，缺乏长远战略思路）。同时在经营管理中存在三大突出问题：一是销售不畅。原因是企业没有知信度，产品缺乏竞争力。二是资金短缺。特别是流动资金短缺，常常捉襟见肘，资金链条时而中断。原因是先天投入不足，后天补充没有保障（企业盈利能力差，融资难、渠道不畅），加之部分流动资金被占用（销售不畅产成品积压或者销售货款被拖欠）。三是人才难找又难留。原因：企业的生态环境、办公环境、文化环境、激励环境、发展环境一般，员工薪酬待遇不理想，老板又缺乏人性化管理，因而对人才缺乏吸引力。特别是企业发展战略不明确，使人才感觉不到企业的发展潜力，也就看不到自己的未来前景。这些问题的产生，那是因为我国相当数量的中小微型企业是从家庭作坊式发展起来的，老板管理方式陈旧，管理水平相对较低。普遍存在着重战术，轻战略，急功近利，短期效益，依赖经验决策的思维定式；产品缺乏特色，质量不稳定；经营品牌、经营客户观念淡薄；经营上的盲目性、投机性、随意性比较明显，从而导致部分小微型企业缺乏应有的核心竞争力。而精细化管理它有三大原则：注重细节，立足专业，科学量化。它可以优化流程，提高品质，使管理责任具体化、明确化，从而降低损耗，控制成本，是一种以最大限度地减少管理所占用的资源和降低管理成本为主要目标的管理方式；个性化管理又能彰显亮点，体现特色，小巧玲珑，引人注目，恰是一种适合小微企业的管理理念。从规范化管理到精细化管理到个性化管理，是现代管理的三个层次。故应有重点地抓好品牌的个性化、财务的精细化和团队的协作化管理工作。

1. 品牌管理的核心是：设计有个性，宣传有特色，消费者的认知程度高。中小微型企业既要立足当前做销量保生存有盈利，更要立足长远谋发展建“品牌”创名牌。构成品牌有五项要素：质量是品牌的本质，也是品牌的生命；服务是品牌的重要支撑，是市场竞争的焦点；形象是品牌的个性特征，是消费者的认知；文化是品牌的内涵；优秀管理是品牌的保障，是品牌得以健康成长的前提。品牌就是广大消费者对以上五项要素的评价和认知。品牌以质量为基础，但仅有质量却不能构成品牌，它是强势企业文化与形象在社会公众心目中的折射体现。成功创建和保护、发展省级著名商标和国家级驰名商标，才是企业竞争制胜的法宝。企业把产品铺到货架上，品牌则要把产品铺到消费者心里。品牌是一个企业核心竞争力的集中体现。没有品牌竞争力，企业组织内部和外部都不认同企业的做事方式和行事结果，企业也就谈不上有什么竞争力，更谈不上有核心竞争力。品牌一旦形成，就成为企业很重要的资源。为此，创建品牌、名牌应做好以下工作：一要做好品牌策划、品牌设计和品牌注册工作；二要做好产品质量、企业形象与企业文化等基础管理；三要重视对顾客的售前、售中、售后服务工作；四要做好品牌形象的宣传推广和名牌的申报、评估和争取工作；五要打击假冒品牌保名牌，利用名牌效应谋发展。

2. 财务管理的核心是：提高流动资金周转次数，降低成本费用，提高经营效益。一个企业特别是处于创业初期的企业是否具有成本优势，将直接影响到该企业的市场竞争力。为此，应抓好三项工作：①流动资金的合理化管理，应勤进快产快销及时回收货款，不断提高流动资金周转次数。确立流动资金合理定额，保持合理库存。适时疏通融资借贷渠道，最好是吸收社会闲散资金，向只会将钱存到银行的人去借款，或者利用国家扶持资金及银行贷款，以便及时补充企业经营所需流动资金。②经营利润的精细化管理，应控制管理费用、财务费用、营销费用，降低生产成本，特别是做好预算管理、定额管理，实行阳光采购、大宗原材料招标采购，日用品企业要合理投入广告费用，工业品企业要合理投入公关费用，广告投入、公关投入一定要与企业的市场预期目标相匹配，不断提高经营利润率。③部分功能的虚拟化经营。虚拟企业是指企业仅保留少部分核心的经营功能，将大部分所需要的经营功能虚拟化，通过与别的企业进行合作以最大限度地利用外部资源，从而减少固定投资以及流动投资、降低运营成本。企业可以利用雄厚的技术力量和充分的信息进行产品开发、设计和网上营销、业务外包等。例如：最初的耐克、美特斯邦威就是专注于产品开发设计和营销广告，将实体加工业务外包给加工厂，通过“先市场，后工厂”的方式迅速发展起来。

3. 企业团队管理的核心是：找到并留住关键岗位的人才，促使人岗高度匹配，最大限度发挥人力协作效能，节约劳动力成本。为此，必须树立人本观念，做好以下工作：一是善于识人选人，组建高效能创业团队。关于创业团队建设，马云曾经说过："创业时期千万不要找明星团队，千万不要找已经成功过的人。创业要找最适合的人，不要找最好的人。在创业时期要寻找这些梦之队：没有成功，渴望成功，平凡，团结，有共同理想的人。有时候学历很高不一定把自己沉得下来做事情。"所以说，创业首先应该选对人。而选对人的前提是学会察人识人。即：考察识别人才，要察其言，观其行，以行为主；查历史，看现实，以现实为主；有长处，有短处，以长处为主；有成绩，有过失，以业绩为主；熟知并非真知，应以去除成见、公正评价为主。二是注意用人育人，将合适的人放到合适的位置做合适的事情，并建立起正常的激励机制和约束机制。人们要先知道我们有多关心他，然后才有兴趣听我们跟他说什么，他才能心甘情愿地跟我们走。一个企业家也只有在企业管理中充分运用激励机制和约束机制，打拉结合，恩威并用，把员工的积极性调动起来，让员工对企业产生一种认同感和归属感，才会减少企业内部的摩擦和消耗，在企业内部形成和谐宽松的人际关系及团队凝聚力，从而形成企不留人人自留的情形。为此，中小微型企业老板要善于与员工沟通，思想交锋，以德服人，以度赢人，激励员工的动机和梦想，适当满足员工的正常需求，合理引导和改变员工的行为，最终实现组织目标。

（二）一个好的演说者应具备冷静的头脑、专业的知识、正确的思想、创新的观点，从内容上突出一个"正"字，体现正念、正思维，力求传播正能量。深圳华为公司总裁任正非在一次演讲中曾提出"要提倡思想上的艰苦奋斗”之新观点，他说：“生活上工作上的艰苦奋斗，比较容易引起人们的关注，而思想上的艰苦奋斗，看不见，摸不着，难以引起人们足够的重视。正因为如此，有些人就越来越淡化了思想上的艰苦奋斗精神，其突出表现就是身勤脑懒，整天东奔西颠，显得忙忙碌碌，可一旦遇到费脑筋的事，却不肯或不善于下一番工夫去深入思索，因而这些人跑的再勤，也跑不出多大所以然来……所以我们要提倡思想上的艰苦奋斗，本质的要求就是要在思想上吃得起苦，深入进行理论思维……在知识经济背景下的高科技企业的竞争当中，光讲生活上和工作上的艰苦奋斗是不够的，还应该突出强调思想上的艰苦奋斗。”

（三）一个好的演说者在实际讲演前要切实了解听众的需要，设身处地为听众着想，从选材上突出一个“真”字，多讲真情感人的话，多讲正能量有积极意义的话，以便适合听众口味、感染听众情绪、启迪听众心灵。下面是本人的一次就任演说词，予以摘编。

各位领导，各位高管及部门负责人：

大家上午好！

总公司决定，让我到咱们公司担任总经理职务，我非常乐意！在此，我首先感谢组织，感谢总公司领导，感谢你们给了我实际锻炼的好机会！其次，能与咱们公司的全体员工、特别是能与在座的中层以上管理人员尤其是能与赵董事长这位四十开外正当年，精明能干善运筹的领导二次合作共事，我感到由衷的高兴和非常的欣慰！

为了积极地卓有成效地在赵董事长的领导下搞好咱们公司

的生产经营工作，我特从五个方面表明自己的态度。

对待领导，我将坚决服从董事会的决策，听从赵董事长的领导，凡是勤请示，多汇报，勤沟通，多商量，在共同维护本企业利益的前提下，保持与董事会全体成员的高度统一。

对待班子成员，我遵循“一个方向，一盘棋子，分工协作，各负其责”的原则。属于我职权范围内的事情我当尽力负责，不属于我职权范围内的事情非特殊情况我一般不越位介入，并做到四不：不随意介入任何是非圈子；不抱任何个人偏见；不计较任何个人恩怨；不蓄意打击报复任何人。并与其他班子成员勤走动，多通气，真切希望得到其他班子成员的友好协助与诚恳支持。

对待中层及员工，我将以心换心，以诚相待，和睦相处，相互尊重，关注大家的需求，关心大家的疾苦，给大家开辟一个想干事、敢干事、会干事、干成事的工作环境，给大家塑造一个快乐的精神氛围，给大家创造一个视企业为“家”的感觉。

对待权力，我将做到一不争权、二不揽权、三不越权，严格在董事会赋予的权力范围内行使职权。即使在非常特殊非常特定的环境条件下，假设行使了某些职权，处理了某些事情，事后也将及时予以通气，并取得领导班子成员的谅解。

对待事业，我将以身作则，敬业负责，奉行“干事不多事，成事不坏事，没事不寻事，遇事不怕事”的原则，保质保量保时完成董事会谋划的各项事业以及制定的年度目标任务。

最后，作为一名共产党员，作为一名国家干部，我将牢记宗旨，不辱使命，夹着尾巴老老实实做人，虚心学习踏踏实实做事，并将自觉接受企业监事会及全体员工的监督，与大家一道为振兴我们公司做出自己不懈的努力！

谢谢大家！

（四）一个好的演说者在实际讲演时要谈自己熟悉而确信的东西，从语言上突出一个“实”字，做人实，讲话实，实话实说，必要时提出统计数字，举出亲身事例，讲自己亲历过的事情、讲身边人的故事、讲大家关注的事情，以理来服人。为什么让群众增收、百姓富裕起来还需要政府倡导和号召？在“泛渤海经济圈发展”高峰论坛会上，中国国情研究中心主任刘吉，实实在在列举了两个例子，就让在场的人沉默了。

之一，深圳郊区的一个自然村，原本那里的居民有的逃荒要饭，有的偷渡香港。可是经过十多年发展，那里的常住人口达到 11 500 人，村里的企业一年向国家交税 11 亿元，村里的小邮局一年里为那些打工的人向全国寄出 5.5 亿元。在那个村流行一句说法，家里资产 100 万元以下是贫困户，500 万元以下刚起步，1 000 万元以上才算是富户。

之二，我曾经到浙江慈溪的一个村，那个村的书记请我吃饭。在饭桌上，我发现，他点的都是鲍鱼、鱼翅等价格昂贵的菜，我觉得这要是吃公家的可不行，书记说这是他私家的，请客不花公家钱。我就想这个书记一定是个百万、千万富翁，一问村长，才知道书记是个亿万富豪。他们村里有一个不成文的规定，要是中央来的干部都是书记私人请客，因为那些宾馆、饭店都是书记私人开的，除此之外还有两个工厂。

从以上两个事例说明，只有政府倡导，先行转变人们的致富观念，大家才会从思想深处觉得纵向比较有发展，横向比较差距大。要步入中等收入群体，就必须不等不靠、自觉行动起来！

克服演说恐惧心理

美国爱默生讲过："所有伟大的演说家在开始的时候都不擅长演讲。"但经过激发潜能，增强信念和自信心，一股强烈的使命感和责任感最终驱使他们鼓足勇气，走上讲台，发表强有力的演说。一场生动、简洁、激情、风趣的演说下来，他们的魅力将深深打动面前的听众、准客户和观众，他们将教会别人如何看待他们，这就是上台演说的力量。

我国早期的演讲家箫楚女，为了改变自己的羞怯心理，他每天天刚亮就跑到学校后面的山上，找一处僻静的地方，把一面镜子挂在树枝上，对着镜子开始练演讲，从镜子中观察自己的表情和动作，经过这样的刻苦训练，他充分树立起演讲的自信心，成为成功的演说家。

演说前，外表坚强，镇静自若，内心澎湃，热情洋溢，关键时候的善举义行、肢体语言令人感动，是成功演说的开端。

三秦十佳律师雷西萍，曾经代理了一起离婚案件，女当事人由于不堪忍受丈夫的家庭暴力，提出离婚。有一天庭审前，她与当事人刚刚准备走进法庭，当事人的丈夫就与其姐一把拖住当事人，将其强行推进了早就停在庭外的一辆出租车上。就在出租车启动的那一刹那间，雷西萍发现女当事人的双腿还伸在车外，且车门还没关上，女当事人大声疾呼："雷律师救救我"，情况非常危险。就在这危急关头，她一个箭步走上去，死死抓住车门把手不放，当事人丈夫催促司机急忙踩下油门，车

克服演说恐惧心理

子呼地蹿了出去，她被拖了长达数十米远……但她始终没有松手，而是大声喊道："小伙子快停车，要出人命了"。司机被迫停下了车，惊心动魄的一幕让旁观者纷纷报以热烈的掌声。事后，当事人丈夫被拘留，出租车司机被罚款。雷西萍的肩膀却疼痛地整整一个月抬不起来，她的丈夫埋怨地说："你怎么那么卖命?"雷西萍抚摸着受伤的肩膀说："我如果不拦住车子，接下来会发生什么大事谁也不知道。如果说我的付出，能够避免一场恶性事件的发生，那绝对是值。"她接着说："法律是社会正义的最后一道防线，中国的老百姓怕打官司，传统文化中有着深深的'冤死不告状'的厌诉情绪，所以当他们寻求司法救济的途径解决纠纷时，官司本身往往凝结着他们最后的希望。"

雷西萍律师紧急状态下的"义举"胜过她法庭上100遍的慷慨陈词与激烈辩论！

把握演说技巧方法

一个人的思维是通过他的语言来表达出来的，要把我们的思维表达清晰，就要借助我们的声音和肢体语言来配合完成。所谓演说首先是有演技，然后才是说。演说的效果就是要让听众听得清楚、听得明白、听得感动、听得触动灵魂、听得发人深省，达到传道授业、解君疑惑、鼓动人心、鼓舞士气之目的。在一个完整的演说中，大家一致认为，内容仅占7%，而语音、语调、语速、语气占38%，肢体语言就占55%。所以，声音洪亮、身体协调自然，恰到好处地以手势、动作，目光、表情来帮助说话，是非常必要的。这里需要特别把握好以下两点：

第一，注意头尾技巧。要讲好凤头，注意开场白吸引人；摇摆虎尾，结束语激励人。要善用排比句，增强语气；善于讲故事，引人入胜；尽量脱稿演讲，演说时间一般控制在90分钟以内。

第二，注意语言技巧。包括语句、语气、语速、语音、语调的综合运用。

1. 语句突出一个“精”字，口舌突出一个“顺”字，善于总结，简洁精炼，顺口押韵，通俗易懂。说话不拖泥带水，说清楚即可，时而顺口溜式，便于人们接受。只要能够达到讲话、把事情讲清楚的目的，正如金可言所说：“演讲应如女人的裙子，越短越好。”

有两位给领导开车的司机，由于单位精简，必须裁掉一个。于是，两人竞争上岗，开始演讲。

第一个司机讲：“我将来要是还能继续开车，一定要把车的卫生状况搞好，把车辆检查保养好，保证领导随叫随到，遵守交通规则，保证领导的安全，另外还要节省油料，降低出行成本……”好长时间才讲完。

第二个司机说：“我给领导开车始终遵守三条原则：第一，听得，说不得；第二，吃得，喝不得；第三，开得，用不得。今后如果领导继续让我开车，我依然遵守这三条原则。”领导听后，觉得这个司机讲得既简短有力、又非常到位。为什么呢？

“听得，说不得”的意思是，领导的行踪以及领导们坐在车上讨论、探讨一些工作、接打一些电话，往往在没有形成正式决议和公开发布之前都是保密的，司机只能听不能说，说了就会泄密。

“吃得，喝不得”的意思是，司机要经常随领导到这儿开会，到那儿考察，最后总得吃顿便饭，但是千万不能喝酒，酒后驾车法不允许，不但不利于保护领导安全，而且有损领导形象。

“开得，用不得”的意思是，领导不用车的时候，我也绝不会为了私利，擅自开车，吃官饭放私骆驼。

2. 语气突出一个“强”字，铿锵有力，高亢激昂；语速突出一个“快”字，快言快语，流畅自然。其基本功是要加强口语的日常训练。一是速读，就是快速的朗读。主要是锻炼我们口齿伶俐，语音准确，吐字清晰。二是背诵，背诵有关文章以及有些文学作品，以此来培养我们的记忆能力和口头表达能力。三是复述，就是把别人说过的话重复地叙述一遍。如看一段视频，然后复述视频的情节或人物的对话。四是模仿，把我们喜欢的播音员、演员的声音录下来，反复听反复进行模仿。或每天在听广播，看电视时，随时跟着播音员进行模仿，注意他们的语音、语调和语气，他们的神态、动作，边听边模仿，边看边模仿。五是描述，只要看到生活中的一些景、物、人、事，就用描述性的语言表达出来。六是讲故事，经常练习给人讲。

1995 年 4 月，本人因为工作调动，在局里的欢送会上，发表了《唯有友谊长在，唯有事业长存》的告别演说，现予摘编。

尊敬的局领导及全体同事：

局里今天特意举行欢送会，我感到十分欣慰，也觉得值得纪念。在此我感谢领导的备至关怀，感谢同志们的深情厚谊！

对于局里决定的我工作和职务上的变动，几天来，有些同志向我表示祝贺，有些同志为我表示惋惜，还有一些同志更表现出担心，这都使我发自内心十分感动。我谢谢了！其实，我非常乐意接受这个决定。因为它首先合乎我的选择，而且从某种意义上讲，可以说是对我的职业兴趣及工作能力的一次客观鉴定和鼓励。回忆四年来的机关生活，我有值得感谢的方面，也有内疚的地方，有遗憾之处，当然也有欣慰之心。

感谢的是，四年来曾经与我同甘共苦、并肩工作的领导及同志们，你们对我在学习上的共勉、工作上的帮助、生活上的照顾，以及体现出的同志之情，将成为我宝贵的精神财富和强大的感情支柱。当然我也要感谢曾经批评过我、教育过我的同志，我今天特别能体会到你们当初善良的心情和良苦之所在，你们使我从中得到不少有益的启示和反思，也使我变得更加成熟和明了人世间情理之所在。我更要感谢我们的局长，是您帮我奠定了事业的基础，是您扶我跃上了事业的征程，今天我即使有万语千言，也难以用确切的心声来表达。总之，我感谢这四年来的机关生活，它使我学到了许多有价值的东西，它使我遇到并冷静地思考了许多人生难题，也使我深切地体会到做人的艰辛、做事的艰难、当一个合格的办公室主任所要付出的辛劳和睿智。

内疚的是，四年来由于本人工作方式粗糙、方法简单，加之修行养性不够，在工作中难免和一些同志有过争执、有过摩擦、有过矛盾，当然更多的是误解。在此我向同志们表示深深的歉意，并请求得到你们的宽容、理解和原谅！

遗憾的是，作为局办公室主任，我为领导服务不周，为机关服务不到，为基层服务不够。有许多事情一时觉悟不来，当然也有许多觉悟到的事情没有及时化为个人的行动，以至工作被动，贻误事业，给机关工作造成一定影响。对此，还望领导及同志们多多包涵。

欣慰的是，好在接替我工作的同志在许多方面有着比我更好的条件，有着比我更强的事业心和责任感，有着比我更多的做人处事智慧，他一定会比我干得更好更出色，他一定能为领导服好务，为机关好服务，为基层服务好！

领导及同志们，“人有悲欢离合，月有阴晴圆缺。”尽管随着时间的流逝，一切都会烟消云散。但我坚信在人生的旅途中，唯有事业会永远，唯有友情会长留。我虽然离开局机关去企业任职，但我们依然坚守在轻工战线，我们将仍然是同行和同事，我们还将重新牵手，铸造辉煌！

最后，再次谢谢大家！

3. 语音突出一个“准”字，口齿清晰，语音准确，声音洪亮，纯正磁性；语调上突出一个“柔”字，声调柔和，抑扬顿挫，富有激情，感染自己，激发别人。

对于一场婚礼怎样才算成功，在金牌司仪黄立新看来，单单是现场的气氛热烈还是不够的，还必须表现出现代、文明、高雅，让一对新人和来宾感受到中华民族的传统美德和现代文明。一场感动人的婚礼是一生完美姻缘的开端，一个感人的婚庆细节将会让一对新人终生难忘。2010年10月，老孙张罗着想给儿子举行一场中式婚礼，于是特意找到司仪黄立新。黄立新经过了解，原来老孙一家人真是不容易，老伴是个地地道道的农家妇女，一家人靠老孙蹬三轮车维持生计。而老孙的儿子却非常争气，从小品学兼优，老孙每天起早贪黑地奔波，靠着一点微薄的收入一直供儿子读完博士，这在十里八乡传为佳话。老孙的儿子刚刚在上海参加了工作，有着一份不菲的收入，也找到了心爱的恋人，老孙便催促儿子回老家完婚。黄立新被老孙的故事所感动，他想，一定不能让老孙失望。于是，他为这场婚礼精心策划了如下的感人情景：婚礼当天，老孙的儿子和儿媳妇身穿大红色的传统服装，婚礼现场就设在老孙家的院子里。黄立新开始主持婚礼，中间他问道老孙："昨晚你睡好了没有?"老孙回答道："一夜没睡，只等着看儿子的幸福婚礼。"随后，黄立新动情地说，"儿行千里母担忧，孩子大了，有出息了，但在父母眼中，却永远都是孩子。小孙，你的父亲就在你眼前，你在外边学习很努力，学业也很优秀，乡亲们都以你为骄傲，你的父亲更是为你感到自豪。小孙啊，你可能很长时间没有仔细端详一下父亲的脸庞了，你就拿出半分钟的时间好好看看吧，他老人家的白发是不是又多了，他老人家脸上的皱纹是不是又深了，他为你的付出无怨无悔，因为你就是他生命中的全部，小孙啊，这个时候去送给父亲一个深深的拥抱吧!"黄立新话音刚落，一段动情的音乐《我的老父亲》响起，小孙和老父亲俩人紧紧地抱在一起，任凭眼泪尽情地流淌……就在这一刹那间，小孙想起父亲真的不容易，为了供他上学，父亲风里来雨里去，为了多挣几块钱起早贪黑……从小到大父亲照顾他的情景，这时就像演电影一样，一幕幕全部浮现在眼前。小孙连忙说，“儿子长大了，您老人家也该歇歇了，您放心，儿子现在成家了，也有能力照顾你们了，我们会好好孝敬你们的。”多么感动人的场面啊，多么使人难以忘怀的情景啊！它不仅加深了孙家父子情深，更让孙家父子和在场的来宾终生难忘！

可见，会演说就是善于演讲，善于表达，说得巧妙，说得煽情，说得恰到好处，说得他人心动，达到了演说的目的。会演说能使听众有五点感觉：一是听得明白；二是确信有用；三是非常感动；四是产生想法；五是催人奋进（抓住机会就去做）。特别是讲出的话能够使人听后开心愉悦，精神振奋或触动思想，能带给人们希望与动力，对人有难忘的印象。正因为我们的演讲能够调动观众视觉，感动观众听觉，深深牵动观众的心，所以观众回报我们的才是掌声和赞美之声！

五、创新创业致富式

创新创业致富及其途径

创新展示未来，创业改变世界。历史发展的经验证明，创新精神是一个民族不断发展的力量源泉，是确保一个民族能够长久屹立于世界民族之林的重要支柱。我们只有具备超越别人20%的“微创新”智慧，我们才会实现超出别人80%的创造收益。《失落的致富经典》作者华莱士·沃特尔斯对创造性思维评论道：“你并不需要夺走任何人的任何东西，你并不需要在交易时斤斤计较，你并不需要欺骗别人或占别人的便宜，你要成为创造者，而不是竞争者，就一定会得到想要的一切。”未来我们不必看竞争者在做什么，而要专注于使用者要什么，然后去创新思维。如何进入新生领域、创造新生事物、满足人们的求新意念去致富，这才是未来发展的契机。唯有让我们的产品传递出更高更新的有形及无形价值，才能持续得到顾客的青睐。

（一）创新就是横空出世，推陈出新，闪亮登场，或者对传统的东西赋予新意，对普通的产品增加科技艺术含量，使其与众不同，赢得眼球，创造需求，从而产生应有的经济效益和社会效益的过程。

创新的原则应以市场急需、社会需要、政府倡导、消费者渴望为前提，求新、求奇、求特、求异、求高，追求与众不同，实行差异战略，彰显独特卖点，打造核心竞争力，通过新的创意来抢占顾客眼球，赢得顾客的购买欲，从而获得新的利润增长点。

创新具体体现在：引入或借鉴一种新观念；采用一种新的艺术手法或生产技术方法；研究开发或引入一种新产品；给予产品一个新的包装；赋予商品一个新的寓意；实行一种新的企业组织形式；推广一种新运营规则；采取独特的销售模式或者推销方式；使用一种新管理方法；践行不同风格的领导方式等方面。

创新致富的具体途径和要求表现在以下五个方面：

一是思想理论上的创新。政治家、企业家、文化家、思想家、理论家、作家在思想理论观点上的创新，获得著作权和版税。要求我们要与时俱进，不断创新对实际工作有指导作用、对人生有指导意义的新理论、新思想、新观念、新提法、新思路、新方法。

中国古代形成的“五家”即儒家、佛家、道家、法家、兵家思想及其代表作如“四书五经”、《道德经》、《孙子兵法》等，其代表人物和主要观点至今流传，漂洋过海，创造价值。其中，道家观点适用于高层管理人员按照客观规律去决策；儒家观点适用于中层管理人员去人本管理，法家观点适用于基层管理人员依合约去管理，佛家以慈悲为怀，讲究人要有爱心和感恩之心，社会才能和谐。

香港黎智英1990年决定进军文化产业，投资传媒事业。他的《壹周刊》创刊，很快以其独特的风格占去了周刊市场的大部分江山。1995年他又创立《苹果日报》，销量直线上升到日发行70万份。1995年8月又创办《忽然一周》、1997年7月创刊《饮食男女》，黎智英在媒体竞争相当激烈的香港市场硬是杀出一条血路，继而进军台湾传媒界，逐步建立起自己的传媒王国。2008年他凭借96亿元的财富身价，跻身香港40大富豪之列，荣登福布斯世界富豪榜名录。目前黎智英持有壹传媒74%的控股权益。2008年10月2日他辞去壹传媒行政总裁职务，只担任董事会主席。启用职业经理人朱华煦接替行政总裁一职，基本年薪350万元，另按经营情况给予分红。对此有人可能要问，黎智英办报刊有什么特点呢?

其实就是一句话，擅长创新，写读者爱看的新闻。他反复强调读者的地位，要求记者要在报道中表示立场、价值、感觉，让读者产生共鸣。

二是科学技术上的创新。科学家、技能家在技术发明、新产品开发和操作技能上的创新，获得科学技术奖励和技术转让费。要求我们要不断研制和开发适销对路的新产品和新的操作技能。

技术创新是推进企业转型升级的核心驱动力。科技创新，尤其是信息科技带动的新一轮工业革命，已经成为新经济的重要推手。技术创新的方法有头脑风暴法，类比创新法、检核表法、逆向思维法、信息交合法。另外创新还有创新工程法、直觉创造法等。

二十年前，邱继宝创业之初只有300元的创业金。现在却拥有

1 000多名员工和10多亿元资产的飞跃集团，产品远销100多个国家和地区，其中50%进入了欧美日等发达国家和地区，成为我国最大的缝纫机生产和出口基地。原因是什么呢？他自豪地说："你说这个缝纫机有什么呢？不就是一点铁，一点铜吗？怎么能这么赚钱，就因为它的芯片是我们自己研制开发的，我们卖得贵，是在赚技术的钱！"

西安临潼区的田英申，从贩卖粮食到从事粮食加工，脱贫致富。后来因为盲目扩张规模，养鸡养鸭，结果三个月赔了上千万元。为了还债，他通过分析国家退耕还林还草，发展畜牧业的政策，认为饲草加工产业前景广阔，于是开发出秸秆变草新型加工设备，破除了玉米秸秆中间的那个结，使秸秆饲草有效量居然增加30%以上，从而给他带来源源不断的财富。他的饲草年销售额已经达到了3500万元以上。

又如，农业方面，开发种植水果玉米，一亩收入可达2万元；开发种植一种生吃的黑土豆、紫红薯，每斤可以卖到7元多，等等。

三是形象艺术上的创新。画家、书法家、雕刻家、建筑艺术家、动漫设计家、舞美设计家在富有个性特色的形象设计或表现艺术手法上的创新，获得文化艺术品拍卖收入、设计奖、设计费用和艺术表演场次费。要求我们要不断借鉴国内外建筑、家装、舞台及文化艺术风格，利用现代思维、高科技手段和新材料，不断创出新视野、新风景。《注意力经济》作者托马斯·达文波特指出，商业社会最稀缺的资源就是注意力。当资讯的供给超越需求时，如果你能掌控视角的冲击，时不时给予消费者视角感动，吸引消费者的注意力，你就能成功。一种视觉创意有时比科技更能改变世界的面貌。一场富有创意的文化艺术大餐，不知可以膨胀多少人的口袋。

福建漳浦台商云集，一个普通艺人的剪纸艺术店，每年也能赚到10万元钱。

曾宇佳创业一年多，靠卖创意设计就获利近40万元。爱琢磨的他，通过给网络付费的方式，将拉业务的事情交给了网络，让自己的公司在百度搜索中置首，就利用这样简单的方式，他收获的第一笔单就是为大品牌凯迪拉克汽车做会议策划服务。他公司经营的方向是专为企业进行品牌推广。经营中，他常常为了拿出好点子，几个晚上通宵达旦，不能入睡。付出了勤奋和努力，自然会得到多于常人的回报。他所期待的人生，是充满创意和激情的人生，不断思考不断冒出火花的人生。

四是业态创新和商业模式的创新。营销家在经营理念和营销模式上的创新，获得营销收入。要求我们要不断采用新型业态和适合企业发展的商务运营模式。

业态创新常常带有革命性、颠覆性的影响，成就一个行业的核心竞争力。自选超市的出现，改变了世界商品零售业的竞争格局；集装箱的发明，改变了国际远洋航运的模式。渤海商品交易所所长阎东升创立了现货交易新模式，改变了全球商品交易所只做期货交易的格局，结束了近200年来商品交易所只做期货交易的历史。

成功的商业模式，必须明确回答三个问题：我靠什么赚钱（即我有什么核心卖点）？我赚谁的钱（应聚焦自己的服务市场、服务客户和最擅长为客户做的事情，聚焦自己的高利润市场和利润客户）？我赚钱的方式是什么（即采取的营销组合模式或营销方法）？

例如，都是生产经营健康产品的企业，广东紫微星有限公司赚钱的途径是为慢性病患者提供多功能健康理疗仪产品与至诚服务，赚钱的方式是实行五级通路（公司、分公司、专卖店、服务站、店员），集特许专卖连锁于一体的复合型营销模式，并在专卖店采用体验营销+教育营销+服务营销的销售策略。而无限极（中国）有限公司却是通过为所有亚健康人士提供功能性、营养性保健品、个人美容护理用品、家居用品，并采用直销模式来赚钱的。

的确，改革开放三十多年来，国内市场营销的方式不断得到创新：①从营销理念上推出品牌营销、体验营销、服务营销、教育营销、关系营销、绿色营销、数字化整合营销。②从营销模式上采取品牌许可经营、虚拟化经营、多品种经营、专业化经营、差异化经营、网络连锁运营（人网、店网、互联网）、电商运营、营销联盟等。③从营销手段上采用人脉口碑传播营销，会议营销，数据库营销，电话、信函、邮件、电视、电子网络视频等直复营销。④从广告媒体上采用电视营销、互联网营销、报刊行销、图书营销、音像营销、广播营销、磁带营销、广告牌营销、公交车辆流动营销。⑤从营业推广与应用上推出借势营销、娱乐营销、体育营销、城市营销、政府营销、事件营销、名人营销、新闻营销、非营利组织营销。

曾繁林先后投入 1 400 万元建滑雪场，生意冷静。后推出体育比赛营销这一招，通过多次举办国家级大型滑雪比赛，相继推出雪地接吻大赛、光猪大赛、雪地婚礼等活动，使不会滑雪的市民也能走进曾繁林的滑雪场玩个痛快。参与人数从 1996 年的 1 000 人次上升到 2006 年的 1 000万人次以上，10 年增长 1 万倍。现在滑雪场的人气在一天天飙升，最多的时候一天就达到4 000多人，2010 年滑雪场游客门票收入超过 1 000万元。

云南丽江雪桃开发有限公司特装2 000盒“李勇牌”雪桃献礼建国60周年庆典活动，个大、饱满、色红，艳丽、自然，平均单果重500克，最大单果重达1 600克，立即抢占众人目光。李勇用经营文化产业的思路、颠覆了桃子按斤卖的概念，因而销售策划走在了全国水果市场的最前面，市场上1斤桃子卖5元，他却创下了单个1 000元的水果价值，因而亩均收入都在2万元。

有个商场在圣诞节将苹果经过包装、赋予一种“平安果”的文化内涵，一个就卖到了20元钱；有些果农生产苹果时，给果面上精心粘贴“恭喜发财”“四季平安”等吉祥语，有些推出SOD牛奶苹果，都是一种意在提高产品附加值的营销创新。

五是管理理念和方式上的创新。管理家在管理理念和管理方法上的创新，获得管理效益。要求我们不断研究和推出卓有成效的降能节耗、控制成本、减少费用、提高质量和效益的管理理念和方法。

从20世纪50年代以来，企业管理相继提出了全面（品质）质量管理、全员设备管理、精益（生产）管理、企业（流程）再造、变动成本核算、企业文化与企业形象管理、企业资源计划与管理信息系统、建立学习型组织、全球经营、战略管理、企业重构、人本管理、企业的社会责任等新的理论，引起了管理上的一次次革命，有效地提高了企业经营效益。

在管理方面，海尔首席执行官张瑞敏借鉴日本的团队合作精神和吃苦精神，借鉴美国的个性舒展和创新竞争，他更继承中国的传统管理精髓。他认为：“市场是每个人的上级。管理者必须进行问题管理，而不是危机管理。看不出问题是最大的问题。重复出现的问题是作风问题。

管理者要是坐下，部下就躺下了”。他说过：“简单的事情做好了就不简单，平凡的事情做好了就不平凡”。提出“有缺陷的产品就是废品。”从而确立了“海尔名牌战略”的思路，取得显著的经营效益。

汪中求创造性地提出了《细节决定成败》的管理理论，得到国人认可和普遍接受，取得应有的效益。

（二）凡人激情创业，演绎不凡人生。

对一个有志创业的人而言，打工就是一个借助别人的平台来积累创业经历的过程。当我们的能力、经验、眼光、人际关系、财力资源、创新能力等各方面因素都具备时，就是为自己打拼的时候了。

创业就是发现市场需求，寻找市场机会，通过投资创办企业、引领产业、开创事业、满足这种需求的活动过程。

创业的经商类型是：

一当科研商：以研发和转让科研成果为主。可通过企业化运作来实现。

二当生产商：以从事农产品、工业产品、建筑艺术品、文化产品生产为主。可通过创办农场、工厂、包工程、办公司等途径去运作。

三当经销商：以分销产品为主，有代理商（总代理、区域代理）；批发商；普通零售店商；超市零售店商；许可加盟零售店商、摆摊零售商、电商、直复营销商、行销商等。可通过行销、摆地摊、开门市、办网店等途径来实现。

四当服务商：以从事各种服务产业为主，如银行、证券、保险、饭店、宾馆、酒店、洗浴、美容美发、交通运输、物流、物业管理、医院、学校、演艺、养老等。可通过跑运输、开门店、办学校、办医院、搞演出、从事养老产业服务等途径实现。

五当消费商：以自我消费带动他人消费的商业行为，即生产消费商、直销商等。可通过直销运营形式实现。

创业的三个层次和要求是：

第一个层次是生存型创业。做个普通生意人，以商业贸易为职业，以赚钱为目的，什么商品赚钱就调整方向做什么。生存型创业要求我们：干自己必须干且会干、能迅速做活做赚的事情。

第二个层次是事业型创业。当个合法守信的商人，以创办实体为职，以追求利润为目的，有所为有所不为，一旦选定进入一个行业，就持之以恒当作事业去经营。事业型创业要求我们：干自己有兴趣且一定能做精做优、有很好发展前景的事情。

第三个层次是使命型创业。做个伟大的企业家，以办企业为荣耀，以追求效益为目的，既考虑经济效益，同时兼顾社会效益。有自己的人生价值观、社会责任感和历史使命感，不但为个人和社会创造物质财富，而且为企业和个人创造知名度、美誉度和精神财富、为社会做慈善事业。使命型创业要求我们：干自己应该干且能做强做大、体现人生最大价值的事情。

面对创业，是走本地经营之路还是走异地发展之路；走先商贸后实业之路还是走实业营销之路；走推销之路、摆摊之路还是走店销之路；走加盟模式之路还是走自创模式之路；走专业化经营之路还是走多元化经营之路；走个体经营、独资经营、合伙经营之路还是走公司化运营之路；走家族式发展之路还是走股份制发展之路；走品牌化经营之路还是走贴牌、无牌化经营之路；走永不满足、勇往直前之路还是走知足常乐、满足现状之路；定位生存型创业、事业型创业还是使命型创业，自己一定要想清楚。

（三）创新创业致富就是通过自我决策、自主创新、自主经营来创造财富。

创新创业致富之道重在知卖善卖，善于创新，营心营信营销，实现经济效益。即知道我们能卖什么，怎么去卖，我们卖的招数比竞争对手略高一筹，能卖到人心，卖到人信，卖出效益。

罗光明大学毕业后，找了一份商场营业员工作。因为对电器产品感兴趣，每当有新产品时，他都要从产品的功能和构造，技术和成本，搞个一清二楚。

一天，有位顾客前来购买用于清新空气、杀菌的机器。他向她推荐了时下正热销的臭氧消毒机。可是，顾客却还想要具有过滤空气、清除颗粒灰尘的功能。他又向她推荐了空气净化机，可是老人又嫌多买一台机器占地方，而且价格也贵。最后这位顾客因为买不到称心的商品，遗憾而去。顾客走后，他很内疚，就动起了脑子，动什么脑子呢？

他要搞技术革新，研制新产品。商场现有的空气净化器和空气消毒机，都只具备单一功能，如果能将多种功能集于一机，这样将能很好满足顾客的需要，让顾客从中受益。这个想法使他看到了创业的曙光，于是，他查找数据，开始实施这个创意：国内外空气净化普遍采用 HEPA 过滤技术、活性炭、负氧离子、臭氧技术，经过多年的应用，技术已十分成熟。他要将这四种技术集中在一起，设计出具有多重功能的空气清新机。高效 HEPA 过滤网，可过滤空气中 99.9%以上的尘埃微粒、花粉、细微毛发、螨虫尸体、烟雾等；活性炭，具有强大的吸附作用和脱臭功能；负氧离子，每秒钟散发150万个，可增强心肺功能、提高人体免疫力；臭氧，经过空气干燥后，纯度更高，杀菌能力更强。如果每天使用空气清新机3小时以上，对流行性感冒、肺炎、鼻炎、哮喘等有一定的预防作用。产品技术改造方案初步形成，他用了较短的时间，就设计出符合人性化、外观独特又新颖的样机。

这个新产品投放市场，使罗光明成为拥有100万元资产的富人。他以技术折价100万元入股，与香港百事（厦门）分公司林老板合作，由林老板投资，使这个新产品投入生产，投放市场，赢得巨大的发展空间！

创新创业致富的前提条件

创新的前提是具有超前思维、敏捷思维、新奇思维，具备创先、创造、创作的习惯和能力。

创业的前提条件是创业者身体健康，项目选择正确。项目构思应走好关键四步：评估市场，找对伙伴，筹到资金，财务预测，最后形成创业计划书，做到心中有数。

选对创业项目的基本原则有三条：

第一，符合国家产业政策，未来有广阔的市场前景。

第二，本人有兴趣去做并且力所能及。

商之道，在变幻莫测的商场中，做生意要量力而行，量力而出，千万不要人心不足蛇吞象，一味逞强。要根据自己本身现有的实力去办事，根据自己现有的融资能力确定项目。切莫心血来潮，想干什么就干什么，否则力不从心，必败无疑。为此，选对创业项目，财力应有支撑，启动资金充足或后续融资有保证；能力应有保障，有实施项目相应的技术开发或操作能力、或市场营销能力、或一定的领导能力；精力可应对，个人体能适合操作该项目，精神状态饱满，吃苦耐劳。

第三，风险可担当，收益率最少20%以上，回收期较短。

创新适合于一切研发型、创新型、创作型、设计型、谋略型、导演型人才。

创业是一切身心健康、精力充沛的人都可以干的事情。只要我们从实际出发，量力而行，就没有不能闯的事业。世界上只要是自主经营、自主决策、自负盈亏、自己给自己发薪水的人，都可算作创业之人。农村居民自主经营，搞养殖业、种植业，自己养活自己，是创业；城镇居民跑行销、摆地摊、搞中介、租柜台、开商店、办公司，自负盈亏，也是创业。

然而，说到创办法人企业或者法人实体单位（工厂、商超、公司、民营医院、民办学校、民办演出团体等），那可不是谁都可以干的事情，必须有超常的能耐。那么什么样的人最适合创大业呢？我们说创业就是要从没有路的地方带领团队成员踏出一条新路来。其本质是通过融资、投资和理财来创造财富的事业，是当老板、领导人的职业。因而，创办企业之人一般应具备六种特质：有企图心，梦想挣大钱，想过上富翁生活；有社交习惯，擅长交际，善于与人打交道，有融资借贷和投资理财能力；有德行、有胆识、敢作敢为、敢于创新、敢于负责、敢于担当、敢于适当冒险、有决断力；肯吃苦，精明能干，风风火火，说干就干，行动力强；有个性、有韧性，性格倔强，意志坚强，做事执著、有一股神奇的激情和精神力量；有领导才能，善于谋划决策、选人用人、激励指挥、沟通协调、教育监督，不愿尾随于别人之后，总想鹤立鸡群。

一般说来，交往能力强，融资能力和营销能力就强，如果再有卓越领导能力的人，就适合去创大业，干大事，办实业类大公司；交往能力强，营销能力强，财力足够的人，就适合去创办营销商贸类公司；交往能力强，推销能力强，财力小但又不愿意借贷融资的人，就适合搞推销、直销，从事营销业务或当自由职业人、经纪人，专门替人跑腿办事情；交往能力一般，推销能力一般，但自有财力足够的人，就适合投资理财或者去开店、办农场；交往能力一般，推销能力一般，财力小，但有某种操作技能或技艺的人，就适合以小的资本金投入、用雄厚的技术实力去撬动市场，办店或前店后厂；交往能力一般，推销能力一般，财力不多，但有吃苦耐劳精神、务实开拓精神的人，就适合从摆地摊、小种植、小养殖开始；交往能力一般，推销能力一般，财力很少，还不想吃苦的人，就适合去从事科研、技术开发、管理咨询、家教、创作、演讲、卖点子等高智慧事业！

需要指出的是，创新不一定去创业，但创业一定要善于创新。创业应本着“以人为本，项目带动，园区承载、规模经营、技术支撑、品牌服务”的原则去运行。只有打造出与众不同的商业模式、技术含量和品牌风格，经营才会有新作为，企业才会有新成就！

从创业形式来讲，我们可以做行销、摆地摊、开店，也可以从事种植或养殖业、创办以“吃农家饭、住农家屋、做农家活、看农家景”为主题内容的农家乐，还可以揽活包工程、从事运输业、创办加工企业等。

但白手创业，一般应从营销做起。如果我们相信自己有销售能力或者相信自己能获得这种营销能力，那我们只要尽情发挥就可以去致富了。这里，不在乎我们所销售的商品种类，重要的是我们的营销模式、推销办法一定要比竞争对手高明。

在武汉有一个靠80元起家，从在路边摆地摊给人修理自行车开始，到后来改修各种进出口高档客运轿车，如今已经是身价过亿之人，当地人称他为“修车大王”。写到这儿，可能有人会问，这位修车王是谁？他是怎样把80元变成6个亿呢？

这位修车王，穿着简朴，谈笑随和，声音洪亮，步履轻盈，爱打手势，凸显其做事的气势，人称老万或万总。

老万当过兵，部队塑造了他坚韧的性格。转业后，他竟失去了发展方向，稀里糊涂地混了十几年。直到40岁，他才头脑清醒，决定去深圳闯一闯。在那里，他发现比他的头脑还略逊一筹的人都做着很大的生意，而他自己却要忍受很多的屈辱给别人卖力气干活。工钱，仅够他自己生活而已。于是他心里很不平静，有点想不通，他是人，我也是人，为什么我就不能创业？我就要给人打工呢？想到这儿，他决定辞职，回家创业去……

抱着鸿鹄之志，一心想干大事情的他，回到生他养他的故乡，在没有足够创业资本的客观现实面前他缩了手。无奈之下，只好挥了挥手臂，活络了一下筋骨，操起修理自行车的地摊生意，推销起自己的修车技术。开始有些不习惯，见了熟人不敢扬头，总觉得摆地摊不光彩。有些熟人再故意激他一下，这不是从深圳工作回来的老万吗？他就更觉得惭愧。但也只好硬着头皮笑着说：“生意应从大处着眼，小处着手，等着瞧，大生意在后边哩！”时间一长，老万也就适应了。变得快和乐观，常常和修车人说说笑笑，边修车边建立起自己的人脉圈子，生意愈来愈兴隆，收入也在不断增加。虽然是个地摊，除过养家糊口，还有了积蓄，比在深圳打工好多了。一天，有个开汽车的熟人跟他聊天，说修自行车修得再好，肯定不如修汽车赚钱。修理一天汽车顶你修十天自行车，换个汽车配件都多少钱……于是他庞然醒悟，想了想，确是这个理。

凭着修自行车几年积累起来的人脉关系，老万很快筹借了些款，就迅速掉头，租地方开张。由于老万手艺精，重义气，为人豪爽，收费还低，风趣幽默，大家到他这里修车感到心情舒畅，用年轻人的话说就是一个字："爽"。所以老万的生意果真一天比一天好。他一次次扩大店面，一次次添置新设备，一次次的招工，高薪聘技工，生意越做越大，越做越红火。经过10多年时间的经营，老万的汽车修理有限公司在武汉发展为超大规模级了。当有人为他的成功赞叹时，他就说："致富要有创业心，只有创业才能打造平凡人的财富人生。"

从老万的成功创业经验，我们理出白手创业的基本思路有三：

第一，从商品选择来讲，应以当地居民所需为主。

创业之初，面对有限的资金、有限的人脉关系资源、有限的工作经验和能力，我们只有眼睛朝民，为民所需，盯住群众最基本的需求：衣食住行用游乐、柴米油盐酱醋茶、果蔬肉蛋禽奶糖、靓丽爱美保健康等去开发市场，进行销售。如，老万选择销售修车技术、销售车配件。

第二，从专业角度来讲，应以专业化见长。

白手创业，要坚持不会不做、不熟不做的原则。不争第一，只做特长，只做唯一，小而特、小而专、小而精。无论是高科技，还是低科技，只要具有专业特色，小产品一样可以进入大市场、形成大产业、创造大品牌。如，老万就会修自行车。

第三，从企业规模来讲，以适度规模为宜。

为降低风险、较快完成原始积累，创业规模大小应综合各方面情况予以适度把握，一般不宜贪大求全。如，老万从摆地摊开始。

如果我们善于与人合作，或者有融资借贷能力，当然可以立足当地资源，经商开店或者搞农产品深加工。还可以为当地农业产业配套加工和经营相关生产资料。为小城镇建设提供建材、经销建筑装潢装饰材料、栽植繁殖苗木花卉等，为大型企业配套生产。大企业其所不能、其所不盈、其所不包的空间正是小微企业创业者的立足之地。因此，小微型企业创业者应积极承接大中型企业非核心业务的外包。

进入意境，产生灵感

高山流水、五彩缤纷、诗情画意般的环境可以调动起一个人的想象空间和创作灵感。所谓灵感就是第六感，就是潜意识中被称作创造性想象力的那一部分。通过它，我们的想法和点子才能在头脑中闪现。一个人要创新，就得发挥自己的创造性思维，只有创造性想象力和理性的思维相结合，才能把我们带入创造财富的天堂。

大学毕业后，一心想创业的小周做起了玩具生意，结果赔了本。山穷水尽之际，面对五颜六色的玩具世界，他忽然想起了小时候的一个记忆，这个记忆是什么呢？

那是妈妈用一分钱纸币折成小小的三角形，再把上百个小三角一层层垒成的、颜色黄澄澄的纸工艺，十分形象。当上百张纸币插出的大菠萝出现在眼前，那种大功告成的感觉让他现在还记忆犹新。

当年流行过的东西经过改进，没准儿能再度流行，这比卖玩具更靠谱儿。想到就做，小周立刻开始了他的“插纸”生意。小周把目光锁定在那些人见人爱的卡通形象上。他的第一件作品是一个黑色的卡通小球。为了这个小球，他在家里关了两个星期，废弃的纸三角扔得满地都是。这个小球做出来后，小周的心又凉了：这么个简单的小球，会有人买吗？得做出更有技术含量的东西才行。他试着把一个个小球粘到一起，变方向组合，终于做出了一个可爱的卡通小老虎，正是这个小老虎为他带来了第一单生意。

进入意境　产生灵感

现在小周已经设计出了 24 种插纸卡通人物，最少的要用去 300 多张小纸片，复杂的则要用掉 1 800 多张纸片，新的人物还在以每个月一款的速度增加。货架上的货品一天天丰富，生意也一天天兴隆了。小周说："我每做成一个卡通人物的插纸都很有成就感，如果能让消费者也享受到这种乐趣，一定更有卖点。"现在，他不仅出售自己做好的插纸作品，还附上图样和小纸片，让顾客照着图样上的标示自己动手完成作品。

这个创意为小周赢得了大量回头客，很多人在亲朋好友过生日时会到他的店里买插纸图样，用自己亲手制作的插纸作品当生日礼物，既独特，又显得情谊深厚。

现在小周又有了新想法：卡通人物固然招人喜爱，但是只能看不能用；如果能插出既好看又实用的东西，生意一定会更好。他又陆续设计了一些彩色笔筒，可以放杂物的天鹅形小篮，漂亮的相框，等等，这些新产品上架后，他的销售额直线上升。生意最好的店一天就能卖出几十个产品，每个月都可以卖出一万多元，净收入 8 000 多元。

有了生意，是因为有了创意。从经营玩具到手工艺品的创意开发，一念之间，给小周的生意带来了转机，带来了现金流，带来了发展前景。

独辟蹊径，占领先机

要想在激烈的市场竞争中立于不败之地，就必需观念超前，谋划超前，行动超前，别人没有想到我们先想到，别人没有开始做我们先人一步开始做。只有干他人没有干过的事情，才可赢得时间上的先机，才会进入无竞争领域，才是“蓝海战略”在经营中的具体体现。

金利来领带的创始人曾宪梓曾经说过：“做生意要靠人的创意而不是靠本钱!”他开始创业时，只有三台破旧的缝纫机，专为客户量体裁衣，生意十分惨淡。后来他想，要扩大生产规模，必须更新设备，购买大量新机器。可没有那么多的资金怎么办呢？这时他想到了不做时装改做领带，其成功的关键就是快设计、快制作、快投产、快上市，以便占得市场先机，从而成就了今天的驰名品牌“金利来”。

无限极（中国）有限公司首席业务总监刘莉，之所以现在年收入达千万元以上，除自己对直销有特殊的感情、兴趣和非常的业务能力外，还有一个很重要的因素，就是她非常有眼光，提前考察进入了一家直销企业。20世纪90年代初，她就开始接触美国的仙妮蕾德，做得富有成效，积累起直销经验。十多年前的1998年9月28日，她二次进入直销界，就选择了尚未发展起来，但非常有发展前景和市场发展空间的广州南方李锦记营养保健品公司，现更名为无限极（中国）有限公司。因为赢得了运作市场的先机，所以她的市场几乎扩展到全中国的版图。现在如果谁还要超越刘莉，在国内市场恐怕很难，除非进军世界市场。

由此可见，创新首先是创先。当你在工作中发现了某些不足的地方、不完善的地方、不理想的地方、空白的地方、不成熟的方面或需要加以改正、修正的方面、有市场前景的东西，你只要有着强烈的好奇心、探索之心、钻研之心、奋斗之心，你就可获得创先成果。

横店集团的老总徐文荣当年在横店决定投资1.5亿元兴建度假村，有人提出横店既无交通优势，又无旅游资源的优势，只怕投资难收回。那么，徐文荣是怎样考虑的呢?

他是这样解释的：横店现在没有美景，但我们建设了人工美景，留给后人的就是旅游资源了。美国有个好莱坞，当年也是兴起于洛杉矶郊外一个荒凉小镇，经过二三十年的快速发展，成为美国电影产业核心和世界电影工业重镇，历经百年不衰，电影工业成为美国如今的第一出口产业。中国现在没有一个好莱坞，我就想建一个东方的好莱坞。

如今，横店东方好莱坞的梦想正在一步一步地实现。

到目前，横店集团已经涉足影视业，投资30亿元巨资，建起了13个适合各种题材拍摄的实景基地和亚洲最大的摄影棚，拥有130亿元资产，被美国好莱坞杂志誉为“中国好莱坞”。

经原国家广播电影电视总局批准，全国唯一一家影视产业实验区落户在横店。省里跟着把它列入文化体制改革和文化产业发展的重点项目，政府将批给实验区一系列优惠政策，包括税收、用地、行业政策都将向这里倾斜。这样一来，将会有许多影视企业落户到横店。影视这个产业将很快会超过工业，若干年后相信横店可以跟好莱坞抗衡。

无中生有，落地生根，创先发展。这正是横店集团老总徐文荣的做事风格。经过十多年的发展，横店已经成为中国综合性的影视产业发展基地。

面向市场，创新创业

四川周小衡，经营杂技30年，行事大胆，敢想敢干，他的财富人生就像他的杂技一样惊险、传奇。他编排的杂技剧《飞翔》在北京朝阳剧场演出2000多场，在30多个国家巡回演出。周小衡的杂技走红了国内，走出了国门，走向了世界，到底靠什么样的秘诀使之紧紧地抓住了中外观众的眼球呢？

原来北京朝阳剧场是专门针对欧美游客表演中国杂技的。外国游客来北京上至总统，下至平民游客，都会到朝阳剧场观看杂技。对杂技界而言，朝阳剧场就像音乐家心目中的维也纳金色大厅，是体现杂技团综合实力的最好地方。而中国的传统杂技只有技巧，没有情节，谁家的演技好、难度高就能赢得市场。有着创新思维的周小衡一直想，如果能颠覆传统，做一台有剧情的杂技秀，就能用新亮点先人一步抢占市场。

财富往往源于一个念头或想法，也源于一个机遇。当时，朝阳剧场正好要打造一台别致的奥运献礼剧目，这个消息极大地刺激着周小衡，如果能抓住这个机会，他不但能够成功挑战国家级杂技团，财富也将会快速聚集到他的身边。可是，怎样才能达到朝阳剧场别致剧目的要求呢？一次三星堆之行让他找到了灵感。

只有奇特的思维，才会产生奇特的创意。有一次，他陪一个客人来到被称为世界第九大奇迹的四川广汉三星堆文化遗址。进去一看，忽然灵光显现，演出的那种场景，一下就装进自己的脑海里。如果能够把这个三星堆文化元素融进到杂技里面，那不但是极高的艺术创新，而且肯定会有轰动效应。于是他下定决心，一定要把三星堆的太阳轮、神鸟、千里眼、顺风耳等元素搬到舞台，完成这项创作。最后他克服了创作过程的种种困难和问题，终于成功演出。靠着一个又一个的好点子，一次又一次对传统杂技的精心包装，周小衡把他的家庭杂技团带向了全国，走向了世界。

一个点子可以挣到几百万元、上千万元，一个点子也可以扭转一种困局。山东淄博农民吴胜营做生意亏了 30 万元钱，一心想打翻身仗，整天就在琢磨：做什么产品投入少，还能很快赚到钱呢？于是他到集贸市场转悠，看到有人卖烤羊肉串、烤牛肉、烤烧饼、烤烧鸡、烤面包等，应烤尽烤，他就想什么还能烤呢？终于有一天他发现没有烤鸡蛋的，想想这可能就是机会。他便回家试验，开始一次次地被烤焦。三个月后，经过反复琢磨，反复烧烤，结果还真烤出了黄灿灿的烤鸡蛋，不光外表好看，色泽鲜艳，吃起来鲜滑爽口，营养丰富，而且还是好配菜，能和其他蔬菜配做好多个菜呢！半年不到，他不光在集贸市场零售，还通过精心包装进入了大超市，开始批量生产。就因为这个发明创新，他不仅还清了 30 万元亏空借款，扭亏为盈，还正式申请了国家技术发明专利证书。现在他正通过各种媒体面向全国，大规模招商加盟呢！

【第四章】

抓住五个要素

本章提示：财富之路，艰辛险阻，致富要有坚持力。坚持就是简单的事情重复做的过程，坚持就是在机械、繁琐、单调、枯燥中完成目标任务积累经验的过程。坚持力就是面对失败、挫折、困难时的硬撑、忍耐、顽强和进取精神，就是在学习中不断明白事理、不断找到答案、不断坚持学习、思考与行动的过程。坚持之所以难，就在于克服当前困难难。克服困难需要勇气，需要毅力，需要智慧、需要找到解决问题的方法。

成功的二八法则告诉我们，人生80%的时间在做累积性工作，取得的成就也可能只有20%；人生80%的成就就是在最后20%的时间内突破或快速创造的。我们可能已经做了80%的工作积淀，只要再能提振精神，坚持做好最后的20%工作，熬过黎明前的黑暗，我们就一定会取得最大的成功！伟大的人也从来都是通过伟大的目标把日常一些琐碎细小的行动累积起来，形成一个伟大的事业！

坚持既是一种心态，更是一种行动的精神状态，还是一种智慧的做事方法。

坚持＝理智＋信念＋自信＋修炼＋毅力，表现在理智处事、信念坚定、自信满满、修炼提能、毅力顽强，不达目的不罢休！

一、理　智

静下心来理智思考

追求财富人生，我们可能选择了勤奋打工致富，追求权力，追求名望，追求高薪，也可能选择了投资理财致富，选择了人脉关系致富，选择了口才演说致富，选择了创新创业致富，或是几种致富形式的组合，取得了一定的成功，正在沾沾自喜。或者我们一个胜仗接着一个胜仗的打，我们已经被胜利冲昏了头脑，认为我们的决策能力、执行能力、运作能力永远是高超的，我们是常胜将军。我们开始目中无人，我们开始狂妄自大，我们开始骄奢淫逸。或者我们在致富的道路上，受到了指责与批评、遇到了困难，出现了挫折，甚至遭到失败，正在一筹莫展，正在垂头丧气，正在懊悔怨恨。冲动之下，我们可能正在做出不理智的决定，或者固执地坚持，或者不假思索地放弃，这都是不足取的。

其实，当我们在致富实践当中遇到困难、遭受挫折，甚至面临失败时，往往会产生以下心理状态：一是抱怨，抱怨别人，是别人的错；抱怨天不时，抱怨地不利，抱怨自己命苦，甚至由抱怨引发仇恨、雪耻等。二是后悔，悔不当初，自责、责备，我为什么要这么做，后悔死了。三是轻易放弃，再不干此事了，坚决不做了，我就不是这方面的料子，打死我也不干了。四是一味坚持，我就是不服气，我就要干到底，我就要干成功……其实这个时候我们既不能轻易放弃，也不能一味地顽固不化，而需要的是冷静、理智与深刻反思。

我们在走运的时候，自然有更多的人愿意亲近我们帮助我们。我们在走背时，好多的人见了我们都会躲开，生怕感染上霉运，牵连到他。所以，这个时候我们不要轻易暴露自己的失败和无奈，一定要继续告诉别人，我们在走好运。同时，我们应该理智地思考自己成功的方法和失败的诸多原因，以便更加清醒地认识自己选择的职业前景、性格匹配度和个人能力上的优势和缺陷，从而有的放矢。

因为书本上、演讲中有太多坚持到底、永不放弃的故事，所以我们便似乎认为坚持一定是正确的，放弃一定是错误的。坚持做一件或者一项事情就一定会成功，放弃某一件或某一项事情就会失败。其实坚持也有理智与盲目之分，经过理智思考后的坚持能够看到胜利的曙光，而盲目不假思索的顽固不化就只会一步步地走向死亡。如果我们做的生意、运作的项目已经步入夕阳，国家开始限制、市场开始淘汰，开始走下坡路，不怎么赚钱了，我们就要快刀斩乱麻，实行战略性撤退，赶紧扭头去找另一个突破口，以退为进去做赚钱的生意和买卖，才是明智之举，绝对不能一条路走到黑。否则，这样只能害了我们自己。

李老板20世纪90年代开始给药厂生产天然橡胶塞这种包装材料，开始几年市场前景很好，经营效益也不错，每年销售利润都在30多万元左右，最好的年景能赚到50万元。时间进入2002年，它的销售情况就不如往年，2003年大幅度下滑。当时他简单地想，只要坚持下去，情况总会好转，结果呢？越坚持越被动。

是忍痛放弃还是继续坚持

李老板经过广泛调查和深刻反思，知道了其中的缘由。不是自己生产上出了什么问题，而是经营上慢了半步。南方一些先知先觉的公司在国家政策未明确淘汰这种老产品以前，已经研发生产出一种叫做丁基胶塞的新产品，不但外形美观，而且密封性能相当好，开始打入一些药厂先行试用，从而挤占了一部分市场，所以导致他厂的销售状况连年下滑。在此情况下，李老板该作何决策呢？

是继续坚持做下去还是果断地予以放弃？他是这样思考的：

一是职业前景，经过科学分析与预测，他认为未来10～20年，天然橡胶塞必然淘汰，丁基胶塞因其密封性能优良而有着广阔的发展前景和市场空间。

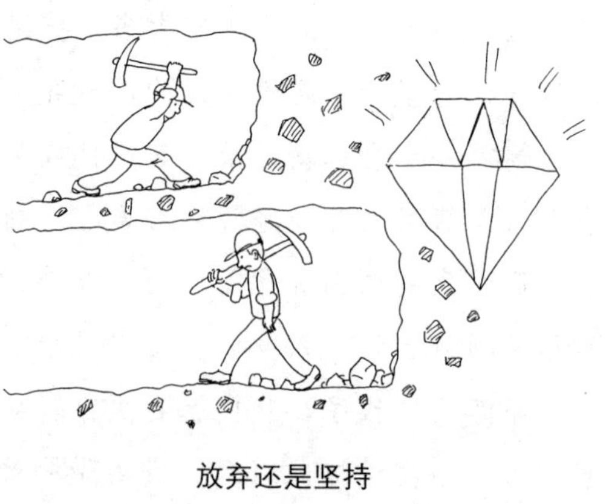

放弃还是坚持

二是性格爱好，经过深刻反思，他认为现在的职业和所做的事情非常适合自己的性格和爱好，自己对此表现出了应有的赤诚之心、钻研之心、敬业精神和吃苦精神。

三是能力特长，经过认真评估，他认为自己对这方面的事情干起来专业精通、得心应手。

为此，李老板经过认真考虑，本着大稳定小调整的原则，决定如下：

1. 坚持创业不放松，在创业的道路上要依然走下去，决不能半途而废。

2. 坚持所在行业不变，继续搞胶塞，这样原有的销售渠道不变，市场资源还可以继续利用。

3. 果断放弃原来的天然胶塞产品，开始研制丁基胶塞产品。因为原产品已经不具有市场竞争力，何况国家政策开始限制和淘汰这种产品。

4. 马上筹集资金，购进先进设备，进行企业技术改造。

5. 高薪聘请技术人员，培养熟练技术工人，争取尽快生产出合格的丁基胶塞。

二、信　念

信念及其力量

中国革命之所以取得胜利，就是因为以毛泽东主席为首的一代共产党人有坚定的共产主义信念。不论前进的道路上，遇到多大的困难和挫折，哪怕是爬雪山，过草地，经历二万五千里长征，都不能动摇他们心中的信念——那就是共产主义社会一定是人类最美好的社会。

希特勒说："一个人如果掌握了信念，那是最可怕的武器。"信念就是我们坚信自己所走的道路、从事的行业和职业、要做的事情，前景是光明的，成功是有望的！

人生德行是根本，健康是前提，事业是基石，经济是保证，好姻缘是基础，幸福是归宿。虽然拥有金钱和财富的日子不一定过得幸福，但没有金钱和财富的日子绝对过得不轻松、不顺心、不舒心、不幸福。为此我们应树立这样的人生信念：干自己喜欢的工作，自然快乐；做自己得心应手的事情，自然成功；从事未来有广阔市场和发展前景的事业，自然赚钱。走对一条适合自己情况的致富路子才是最重要的事情。只要我们愿意为社会大众创造价值和服务，我们就有机会获得相应的社会财富。世界上赚钱最快的职业就是会做买卖会销售的人。我们要用欣赏去认同客户，用赞美去鼓励客户，用形象去影响客户，用魅力去吸引客户，用观念去引导客户，用故事去打动客户，用真诚去感动客户，用价值去激励客户，用数字去说服客户，用服务去留住客户。没有我们说服不了的客户，只是我们对客户还不够了解。我们有办法解除客户的任何抗拒点，我们是最受客户欢迎的人。没有客户的拒绝，只有我们放不下的面子。说服客户是信心的传递、情绪的转移，为此我们将展现最好的情商。营销沟通中没有对与错，只有彼此表达的观点不同。抓住客户的心态，定会沟而通之。彩虹总在风雨后，成功总在困难后。永远比别人多走一里路，有付出终究就会有回报。

一种观念，只有通过反复的灌输和不断的学习与培训，我们才会逐步相信，进而形成一种信念。正如姜岚昕老师在《信念的力量》中讲道：“信念一旦被接受，就有如对我们的神经下了一道紧箍咒，它可以激发潜能，也可以毁灭潜能，它可能扩展、也可能毁灭掉你的现在和未来。成功繁衍成功，失败滋生失败，都是信念的力量。信念的力量告诉我们：信则‘灵’，不信则‘零’。”生命中唯一的限制就是信念的限制，信念的大小决定成就的大小。“想要”和“一定要”是两回事，对某种事情感兴趣和“铁了心”去干是两个结果。成功者相信投入、付出看得见，我们付出了还没有得到说明我们付出的还不够，还需要大量付出，付出的量会决定质的变化。所有成功者都曾经是一个或几个事件的失败者，只不过是他们有成功的信念在坚持。这个世界没有失败，只有暂时停止成功。过去不代表未来，今天不代表明天。发生什么事并不重要，重要的是发生了什么想法。不为钱而选择工作，做喜欢和特长的工作自然赚钱。与美女谈恋爱，收获的是喜悦；与金钱谈恋爱，收获的是财富。既然人人都会谈恋爱，那么人人就都能去致富。的确，不是所有的人、所有的家庭都能够成为亿万富豪，但经过努力，所有的人和所有的家庭都可以步入中国中等收入群体，进而成为百万富人或者千万富翁，即便是残疾人也不例外。信念不认可“不可能”三个字，也不接受失败。专心用心，专注执著，专业精通，没有干不成功的事情。世界上没有绝望的处境，只有对处境绝望的人。想办法总会有办法。没有不赚钱的生意，只有暂时不赚钱的人，贫穷永远是自己的错。自食其力远胜过无所事事，从最底层做起，也会爬到最高处。

信念与坚持

有记者问南存辉：从 1984 年到现在 30 多年时间，您从一个修鞋匠成了《福布斯》排行榜上的财富人物；同时，又从一个初中生到研究生。身份、角色变化的背后使您的企业从一个家庭作坊走向现代企业，其中的艰辛、挫折是可以想象的。问题是您的内心里，是否有一种信仰、一种力量在支撑着你？

南存辉这样答道："问得好！是有一种信仰、一种理念在支撑着我走过所有的艰难，那就是正泰的核心理念：创世界名牌、圆产业报国之梦。"他认为，中国企业要长大，就必须打造国际品牌。品牌是企业长远发展的关键，缺乏自己的品牌，就只能为他人作嫁衣裳，拥有自己的品牌，企业才能获得长远的发展，真正成为百年老店。他最大的愿望就是要在世界工业电气领域叫响"正泰"品牌。

坚信自己所选之路前景灿烂

紫薇星西安雁塔专卖店经理杨馥侠，原先教过书，摆过地摊，办过咖啡屋，卖过家电，经营过旅店，做过直销和保险，但都没有找到她财富人生的事业归宿。自从朋友介绍，经过认真考察和反复定位，开办了自己的紫薇星理疗产品形象店后，通过给顾客免费做足疗、臀疗、热疗、电疗、静磁疗、超长电磁波疗、脉冲、电子刮痧、电子针灸、电子美容等物理康复、保健、治疗服务，同时销售紫薇星"王中王"多功能理疗仪、紫薇星白蛋白、核酸等食疗产品。第一年就实现营业收入40万元；第二年实现营业收入80万元；第三年，开办紫微星星级专卖店，实现营业收入120万元，并按照"大店多点"的经营发展思路，发展加盟连锁体验店5个。杨馥侠经过三年时间的经营累积，销售业绩逐年递增，不仅基本实现了财务自由，财富增长，而且给全家带去了健康、和谐与幸福。当别人问道："你觉得经营紫薇星专卖店前景如何时？"她毫不含糊地回答："伴随着中国老龄化时代的到来，针对亚健康及慢性病人群体，进行理疗加食疗绝对是1+1>2的朝阳产业。你的健康需求，就是我们努力的方向，我们将竭诚为广大中老年人的身心健康多服务、服好务!"

三、自 信

自我暗示，建立自信

通用电器首席执行官杰克·韦尔奇从1981年入主通用电器，在短短的20年时间里，使通用电器的市值增长30多倍。事业的成功使他成为世界上最令人仰慕的商界领袖。那么如此杰出的人物，有什么精神支柱呢？

少年杰克·韦尔奇出身于普通家庭。他身材矮小，但爱好体育，可在体育上并没有表现出特别优秀的才能。胆小，对父母有很强的依赖性，学习成绩优良。他从小送过报纸、卖过鞋子、做过临时工、当过球童。如果他现在拥有任何领导者的风范，可以和大家和睦相处，那他觉得这都应该归功于忍耐而又有进取心、热情而又慷慨的母亲。他的很多管理理念都可从他的母亲身上找到原型，譬如，通过努力奋斗去获得成功；敢于面对现实；利用欲擒故纵的方式来激励别人；确定苛刻的目标；严格地追问别人以保证任务的顺利完成。

一是她的母亲给了他最大的礼物就是自信心。始终对他抱有坚定的信心，并且把这种感觉传递给他，从而树立起他的自信心。他从小就得了口吃症，似乎根除不掉。为了不让他难堪，母亲总是为他的口吃找一些完美的理由："这是因为你太聪明了。没有任何一个人的舌头可以跟得上你这样聪明的脑袋瓜。"他的母亲不厌其烦地鼓励他，对他充满信心。母亲对他说："你想做什么，都会成功，你尽管去做好了！"这句话总是萦绕在他的耳边。

二是她的母亲给了他最大的耐心督促和引导，培养兴趣和耐心使他具有坚持的心态。他的母亲总是在不厌其烦地检查他是否在做家庭作业，就好像他现在总是检查每天的工作一样。

三是她的母亲支持他参加很多的球类运动，以便使他得到最宝贵的拼搏精神和坚强意志。

杰克·韦尔奇的故事说明，人生不但要有某种信念，更要有实现信念的自信心。信念是自信的基础，自信是信念的保证。强烈的自信心是创造财富的内动力，是通往成功彼岸的桥梁。自信就是我们有信心通过自我暗示来激发潜意识的能量，以便达成预期目标。激发潜意识的能量有梦想板、大声喊、默默念三种方法。

梦想板。我们要致富，可以把预期的致富目标写成梦想板，悬挂于自己每天能看见的地方，目标天天植入我们的眼帘，影响着我们的视角，不知不觉就会根植于我们的潜意识中，从而焕发起能量。

大声喊。我们要致富，还可以通过大声演讲将自己的财富计划和坚定信念植入到潜意识中。宇宙吸引力法则告诉我们，我们整天心里想着什么，口里念叨着什么，我们就会吸引到什么，最终就会得到什么。心里想好事就会走好运。这就好比谈恋爱，首先心里要想着她，惦记着她，到了一定地步，还必须大声地喊出来说爱她，对方才会强烈地感觉到对她的爱，她才会决定回应，最终就可能得到她。

默默念。我们要致富，还可以把自己的致富梦想变成确切数字的金钱，用心里暗示的方法告诉潜意识来实现。我们可以每天一遍又一遍地重复默念着“今年我会拥有20万块钱。”其目的就是要让潜意识相信我们必须拥有自己想得到的这笔钱，相信这笔钱非我莫属。这时潜意识就会说：“你每天祈祷的诚心感动了我，我决定给你指点一下，有这么一个计划可以帮助你实现自己的目标。”于是我们恍然大悟，照此办理，这样我们就可以去数钞票了。这就好像我们为了办一件事情，坚持天天去找那个办事的人一样，时间一长他就觉得我们是非要办成这件事情，这件事情对我们非常重要，我们那么执著，看来不办不行，他必须帮我们办成这件事。

至于如何建立起自信心，马克·费舍尔和大为·舒尔茨在《想大才能做大》一书中提出五种建立自信心的练习方法：

一要做个重要人物（坐前排）。要成功就要敢于往前坐，敢于成为一个重要的人。

二要习惯眼睛的接触。正视别人的眼睛，等于宣布：“我是诚实的、光明磊落的，请相信我说的话。另外，我不怕你，我有信心”。

三要将行动加快1/4。挺起胸膛，抬起头来，加快矫健的步履往前行，我们会感到信心百倍。

四要练习大声说出来。要习惯于主动、踊跃的发言，敢于批评、建议、提问，不要等别人来问你“有没有什么好说的”，遇到僵局要首先打破，除此以外，还要大声地说！让大家都听见，尤其要吸引会上那个举足轻重的人物的注意，这样一来，我们的发言就更加有意义了。

建立自信

五要展开笑容。对别人来说，微笑是一种鼓励，他至少说明对方是受我们欢迎的；对自己来说，微笑是信心不足时的良药。

然而，在下列四种情形下，我们又很容易发生自信危机。

当工作业绩一时不佳，提升无望、收入上不去，看不到生命里久违的曙光时；

当工作难度大，环境艰苦，前景渺茫，个人能力适应不了时；

当工作上遇到困难、阻力和挫折时；

当有人煽风点火，甚至威逼利诱，介绍其他事情时。

于是，对自己所干工作就会发生怀疑、思想动摇、失去自信心，结果不断跳槽，选择新的事情。由于在哪一个领域和专业都没有积淀，所以就很难成功。这个时候对我们来说，积极适应、不断努力、克服困难、安心等待将是最好的决定。当我们耐住了寂寞，蓄积起能量，等待属于我们的那一时刻，成功就会向我们招手！

相信自己有这方面的潜能

也许是初生牛犊不怕虎，杨军把茶叶店址选在了茶叶一条街。他当初只是想扎堆的生意好做，并没在意这条街上对手们的来历。事后他才发现这里的人个个都是茶叶高手，不论是茶道还是销售，从骨子里有着对茶的理解。唯独他是个门外汉。那么，如何由门外进入门内呢？

他第一次采购茶叶，由于没有经验，又缺乏茶叶知识，采购的茶叶无论在色泽上还是质量上都给日后的批发和销售带来了困难。为了不再犯同样的错误，他买来好多有关茶叶的书，仔细研读，凡是上门的客户都提供最优惠的价格，以便发展市场。即使这样可仍然是门庭冷落。杨军开始托朋友介绍茶叶销售渠道，稍有空闲亲自背着茶叶样品去零售店推销。很多时候，他都吃了闭门羹，偶尔听到“我们有供货方，以后考虑吧”，他都激动半天。那时他一心想着尽快发展客户，有时一天只能吃到一顿饭，一个月下来整个人都快虚脱了。在两个月里他跑遍了6个城市的茶叶零售店，但是没有得到回报，他处在了崩溃边缘。杨军的茶叶店经历了整整一年的萧条。期间，他不断听到类似他这种门外汉茶叶店倒闭的消息，他的朋友也劝他收手。那他究竟是准备收手还是准备干下去呢？

杨军经过激烈的思想斗争后自信地告诉朋友：“我已经喜欢上了这个行业，每个行业起步都会有艰难和困苦，更何况我还没有认输。”随着杨军茶经的提高和市场的辛勤开拓，第 13 个月开始有了一点利润，就在春节前的一个月，他的商店赚回了之前的所有投资，还略有盈余。第三年，杨军的茶叶经营纯利润达到 20 多万元。

决定的背后是胆识，自信的背后是潜能。相信自己，别人能做到做好的事情，我们也能，甚至做得比别人更棒、更好。我们是最好的，我们是最棒的，我们通过奋斗一定能实现预期的致富目标。我们多一份自信，就会少一份自卑；我们多一份自尊，就会少一份自弃。要自己先相信自己，别人才会相信我们。自信不是相信自己现在强，而是相信自己有这方面的致富潜能，经过社会实践的锻炼、学习与思考而后会变强。杨军的处事风格就是自信、执著和坚持，所以他成功了！

四、修 炼

专心专注

无限极澄城经销商韦润莲老师，在从事无限极事业当中，由于做得比较好，有些公司就来找她，要她同时代理他们公司的产品。当时给她说的是，一支团队的建立很不容易，你干嘛不重复利用这支团队呢？这样能赚到很多的钱。当时她听了以后也觉得挺有道理的，就开始走了这么一段路。可是这样做了以后，不但对无限极事业有耽误，而且两边的事情都没能做好。特别是在向顾客推介产品时，人家就会问她，你这东西是无限极的吗？这时候她就答不上来了。通过这次的教训，她觉得既然从事无限极事业，一定要专心、专一，绝对不能三心二意。从此以后，她明确地告诉顾客，我们是无限极专卖店，只销售无限极公司的产品，有什么问题你找我，我随时会为你负责到底的。这样慢慢地就增加了顾客对她们店的信任度，从此销售走上正轨，业绩连年增加，个人也荣获公司东南亚旅游培训资格。

黄建兵默默行走了10年，以其独特的安静和耐力，只专注于一件事——实战销售训练。在这10年中，多少培训界的同行来了又走了，多少话题热了又冷了，多少神话飞起又坠落。他还是坚持自己的作风与观点，走正道不走捷径，用心做事，从实战中来，到实战中去。

《弟子规》里讲道："居有常，业无变。"就是说，我们一生居住的地点、从事的行业、所干的职业要相对稳定，不要变来变去。人一辈子专心干好一件事情，远比干了好多事情，都泛泛一般，收效要好。事实上，只要我们一辈子专心专注在一个行业奋斗，就没有干不成的道理。如果我们常常去更换行业，那就代表着我们过去几年甚至几十年的行业积累将付诸东流，白白失掉，一切又得从头开始。一个人，不论你这辈子是干仕途、办企业、还是从事某项事业，就没有哪一个行业不会遇到困难、不会遇到瓶颈，而是任何一个行业都会碰到带有共性的问题和某些行业特有以及特定的困难。熬过去了我们就能向前迈上一步，领先别人；熬不过去我们就只能原地踏步，无法进步。成功人士一般都是专注甚至执著于某一个行业、某一种职业、某

专心专注

一项目、某一品牌、某种服务、某一市场，专心进取，坚持去做，熬过去了的结果！可见，我们一旦做出正确的选择后，成功考验的就是我们的定性了。能否专心、专注、聚焦能量，全力以赴，永不放弃，十多年只做一样事情，这是成功的关键所在！

专业极致

2001 年，根据中共中央安排，地方党委、政府、人大、政协四套班子换届，我当选为本地政协第八届委员会委员，于是对各级政协委员有了一点点的兴趣与追踪。当看到全国政协委员张晓梅的报道时，还真为她的创业奋斗历程所敬佩。

张晓梅当年在成都市以 3000 元起家，创办了引领当时潮流的美发店；从美发店的经营中她看到了国人对美的向往、追求和攀升，加之自己爱好美，当时手中也正好有几万元积蓄，刚好够得着这个行业的门槛，于是就投资办起了引领时尚的美容店。为了不断提升美容水平，她曾先后赴美国、法国、日本、新加坡、德国进修，并在美国知名美容学院、好莱坞化妆造型学院、法国色彩鉴定专科学校完成了美容、化妆、造型、色彩设计等专科学习。后创立了西南美容学校，先后培养了 3.6 万名美容人才。她的美容加盟店在全国也达到了几百家。新世纪之初，张晓梅正式开始办报，成为美容行业内权威性的媒体。她说："魅力是一种力量，获得和拥有它便有了感染、影响、甚至驱动和驾驭他人的力量，拥有了对未来生命的掌控力。魅力是挑剔的，它只会为那些用心的女性而生；魅力是慷慨的，只要你尽心，它的光辉无时无刻不萦绕着你。"她曾经是《国家美容师职业教材》、《国家造型师职业教程》主编，先后获得“联合国世界青年企业家杰出成就奖”“2004 中国十大经济女性年度人物”“2005 中国十大财智人物特别奖”“全国三八红旗手”“中国美媒大使”“美容经济女掌门”等荣誉称号。

对此，有人要问，为什么短短的十多年时间，她能获得如此多的殊荣呢？正如媒体评论所说：“如同潘石屹之于地产，张朝阳之于IT的意义一样，张晓梅这个名字与一个行业——美容行业紧密地连接在一起。”她之所以能在很短的时间内成就她的美容事业，就在于她钟情于自己的美容行业，专业于自己的美容职业，走专业化、品牌化、事业化发展道路的结果。为此我认为，凡事不学则已，学就精通；不干则已，干就专业；不做则已，做就极致。专业包括专业的知识、专业的技能、专业的理念、专业的管理、专业的识人用人与谋划决策艺术；极致包括创新创造，游刃有余，至善至美，与众不同，超然卓越。只有专业，才有信任；只有极致，才会赢人！我们也只有把自己的兴趣修炼到专业水准，把自己的特长创造性地发挥到极致，才会经营出最大的经济效益和社会效益。

国际金融家罗斯·柴尔德家族经过九代人的经营，能够把他们特长的银行业务发挥到顶峰，所以铸就了一个财富达50万亿美元的“金融帝国”！

比亚迪王传福，把他对电池和电动车的专业研究兴趣和经营智慧发挥到了极致，所以他们创办的高科技型企业成功了！

杨澜把他的人物访谈做到了专业极致，所以她成为一代传媒企业家！

陈安之把他对行销成功学的研究兴趣和演讲艺术发挥到了专业水准，所以他成为“世界华人成功学权威”！

打工皇帝唐骏，把他的职业经理人和管理智慧发挥到了专业极致，所以他成为一代很有影响的高级打工领袖！

青年导师李开复，把他关注大学生成长的兴趣和教导智慧发挥到了极致，所以他成为一代青年“做最好的自己”的偶像！

张艺谋把他的导演艺术发挥到了极致，所以成为一代国际名导！

唐国强把他的演艺才能发挥到了极致，所以他成为演艺明星！

姚明把他的球艺发挥到了极致，所以他成为国际球星！

五、毅　力

克制忍耐，笑对人生

温州人为了赚钱能忍受浪迹天涯、抛家离舍、思念亲人的思乡之苦，脏活累活苦活全干的身体之苦，寄人篱下、看人脸色、屡遭白眼、受人发难、冷嘲热讽、煎熬心灵的内心之苦，等等。吴绍达创业之初，在安徽开了一家商店，经营印刷品、工艺礼品等。每天不管刮风下雨，阴天晴天，他都得骑着一辆三轮车前往各大商场推销送货，有时为了赶时间，早餐顾不得吃，中午饭用几块饼子打发，晚上回去还要分装打包货物，累了就睡在店里的地板上。就是这样的工作和生活环境，他在忍耐中坚持了五年，每天还要给客户赔着笑脸，期间他共骑坏了五辆三轮车，但却换来了100多万元积累。赚到这笔资金后，他投资了一家装饰设计公司。八年后，他成为千万富翁，由创业家变成投资家，开始投资建设商品大市场、物流仓储中心、商务大厦、三星级酒店等。他觉得，立身处世，以忍为上；与人为善，能忍自安。人生应学会包容、学会体谅、学会忍耐。忍既包括身体之忍、言语之忍、环境之忍、等待之忍、煎熬之忍，更包括承受痛苦、承受债务、承受困难、承受挫折、承受失败的压力之忍，容忍和克制确是成功者的一大法宝。

磨炼意志，品味人生

四川思博建筑机械有限公司总经理龚晓思是一个挺喜欢冒险的人，她常常会选择比较探险的地方去磨炼自己的意志。2008 年，她去登了珠穆朗玛峰，从尼泊尔那边上山。第一天登的时候，可能是中午，她就看到自己的球鞋全是血，但是又不疼，袜子一脱，里面很大的一个蚂蟥就盯在她的脚上，她穿短裤没有经验，脚上全被 100 多个蚂蟥盯在那儿，刚开始她还去打，后来根本她就没法儿打，一打它又上来，所以一条腿全是血，只好继续往下走。8 月份正好是那边的雨季，所以她什么都看不到，每天就是背着一个包和一个向导，还有一头驴，背上驮的是干粮，就是她们三个，孤独地往上走，每天走八九个小时，淋八九个小时的雨，到第 16 天的时候，她也没看到珠穆朗玛峰，没看到最高的九座雪山。这时她想我既然来了，我就一定要往前走下去，然后到了第 18 天的时候，早上 4 点向导就开始敲她的门，因为心里的喜悦，往上跑到观景台，突然云开雾散，所有雪山的真容景象就显示在她的眼前，这种美景当时让她震撼得无法用言语来表达……后来她在下山的过程中，就想，这就是人生。你在这个漫漫的长路中间，你要承受多少别人看不到的辛酸和眼泪，你要承受多少别人背后不知道的故事，你要面对多少双别人质疑的眼光和非议，你要经受多少次的考验、定心和磨炼，最后才能有结果！

专业的运动锻炼以及艰苦的劳动、险恶的环境固然能磨炼人的心志，但是平凡的生活小事也能磨炼人的意志。我们可以坚持每天早晨准时起床，如果有一次做不到就罚做100次俯卧撑。每天坚持完成当天的工作计划，完不成就不睡觉。每天坚持微笑和表扬，将会使我们活得更开心。每天坚持做一件不求回报的善事，同时做一些自己不感兴趣但有积极意义的事情。

承受担当，直面人生

台湾歌星周思洁淡出演艺圈之后，将所有积蓄投资在自己的公司上，开始因为缺乏应有的“钱商”，先是经历被诈骗5 000万元，之后一场“东科大火”烧掉了她苦心经营的事业王国，造成财产损失3 000万元，两次意外事故个人因此负债8 000万元台币。站在熊熊大火前，她打开皮夹一看，里面只剩两百块！残酷的现实不容她花太多的时间去伤痛，她一心只想着如何去面对。这些负债既有银行的贷款，又有地下钱庄的高息借款，也有一些好心朋友的款项。随后的一段时间，她几乎每天都会面对以上众多人的上门讨债，甚至狼哭鬼叫，大吵大闹，威逼胁迫，对此她没有选择回避躲藏，而是以一颗应

承受担当　直面人生

有的平常心、平静心选择勇敢地去接电话、去面对、去谈判、去沟通、去协商，你高声我低声，你要态度我平静，你不能接受我反复讲给你听，不断争取得到债权人的同情、理解与协助，终于她的态度感染了债权人，取得了债权人的理解，债权人同意逐年分期付款，即便是地下钱庄最后也同意只收回本金不要利息。同时她采取债务归零法，决不再积累新债，更不使用借新还旧的恶性循环累债，而是利用自己掌握的理财知识开始演讲挣钱，从一间10平方米大的小房间重新起步，走出了她第二条绚丽的人生之路，从而实现了一年还1 000万元台币的金钱密码。她那句充满智慧的口号“理财先理债，理债先理心”更是破了理财之道的本质。正是周思洁深信所有的苦难必有上天赋予的秘密任务与礼物，因此她才能坦然面对困难，从而走出困境！

战胜挫折，傲视人生

“美女爱虫”的山东郎氏虫业有限公司总经理郎影菲，从18岁开始，先后经受了两次婚姻的挫折和两次创业的失败，赔了丈夫又损失500多万元。失败给她带来极大的心灵负担和心理包袱，使她曾几度深深地陷入迷茫之中……

又是一个不眠夜，她在互联网上不断地寻找新的出路，突然饲养黄粉虫几个字跃入眼帘。郎影菲决定去山东泰安一趟。一是考察市场，二是学习养殖技术，三是购买种虫。她盘算了一下，去一趟伙食费、交通费、学习费、购买种虫、运输费需要13万元。可钱在哪儿呢？

曾经承包万蛇山庄建筑工程的一位老板听说郎影菲正需要钱，就马上让自己媳妇给郎影菲送去了15万元。因为这位老板的媳妇知道，她是守信用的。在丈夫承包万蛇山庄建筑工程时，郎影菲对工程款从不拖不欠，不扣不压，让这位老板很感动。

在蒙蒙细雨中，郎影菲出发了。两天后，郎影菲租了一辆卡车，把在山东花12万元买来的2000斤种虫小心翼翼地放在车里上路了。七个小时后，车驶入河南省周口境内。此时，天空乌云翻滚，电闪雷鸣，一场大雨降临了。一车的黄粉虫因为长时间密闭不透气全憋死了。活生生的12万元，就这样又没了。

看来，命运往往总会在你大意之时把你捉弄一番，在你即将成功之时出来绊你一脚。郎影菲的这次引种失误，再一次给他的身心带来严重的摧残。她几天不出门，不吃不喝，坐在床上，头倚着墙，面容憔悴，目色呆滞，脸上的泪水在无声无息地往下流，心里在不断地向苍天发问：我郎影菲这倒霉的日子何时才是尽头?

郎影菲再次暗示自己：不行，我不能这样消沉，我要再拼一次！郎影菲擦干眼泪，决定再去山东购进种虫。她勇敢地向大学的几名同学求援。不到一星期，十几万元钱就汇到了郎影菲的手里。这次去山东引种虫，郎影菲吸取上次的教训，注意车内通风，勤停车查看，顺利地把种虫运回。

为了找到市场，她在互联网上发布黄粉虫供货信息。终于浙江省一家专门做黄粉虫出口生意的公司要求马上发4吨货，并要求虫体完整，色泽金黄。郎影菲一听，天啊！咱们没有干虫，就是烘干，2.5斤鲜虫加工1斤干虫，手里的这些鲜虫全加工成干虫，也不够4吨啊。这可怎么办呢?

总不能眼睁睁地看着这飞来的订单又飞走了。想办法就会有办法。她马上到一家商场买来100台微波炉，不歇机地昼夜加工。很快那2万斤鲜黄粉虫都加工完了。可是离客户要求的数量还差很多。怎么办呢?

在关键时刻，郎影菲眨眼的频率又加快了，办法很快出来了：她先把这部分货发出去，然后自己背着两台微波炉去了山东。在山东，她租了一间民房。白天，她走乡串户，3斤、5斤、10斤地收购农户手里的鲜黄粉虫，晚上，打开两台微波炉对黄粉虫进行烘干。20天过去了，她终于在对方要求的期限内，完成了4吨黄粉虫的供货合同。去掉所有的费用，包括那100台家用微波炉的费用，纯赚到了两万多元钱。

虽然这两万元钱不多，可她心里高兴的简直没法形容。之后，她在自己的日记本上写了这样的一句话："相信自己，在这个世界上只要敢想敢做，那就一切皆有可能！"

郎影菲通过做这第一笔黄粉虫生意，发现黄粉虫的市场发展空间很大。如果要赚很多的钱，就必须走公司＋基地＋农户的发展路子。2003年年底，她用两个月的时间，就在当地培植起100多家黄粉虫养殖户。她又在最短的时间注册了中国第一个黄粉虫网站，用中英两种文字，以图文并茂的形式，通过互联网向全世界介绍自己的企业，推介自己的产品。没几天，德国、日本、韩国、美国等国家的订单纷至沓来，一箱箱包装好的干黄粉虫不断地向港口汇集。她算了算：一个月就能赚10多万元，这一年就是上百万啊！

为了把黄粉虫开发成添加剂直接投入饲料市场，郎影菲斥资1000万元，成立了山东郎氏虫业开发有限公司，搞起了黄粉虫产品深加工。到现在，郎影菲已在全国建起了70多个黄粉虫养殖基地，并相继建成了七条黄粉虫加工生产线，年产黄粉虫1800吨，成为全国黄粉虫出口行业的领军人物，得到中央电视台的特别关注和采访报道。

郎影菲辛酸痛苦的创业经历和她那感人的事迹说明，坚持不被命运打垮，生命就会给我们很多意想不到的机会。挫折是人生旅途中的磨炼，是意志和能力的培养，是寻求新的挑战所付出的代价而已。战胜一次又一次的困难和挫折，我们将会变得更坚强、更成熟。成功的大门也从来都是向意志坚强的人敞开的，伟大的事业也从来都是靠意志和智慧的力量完成的。意志就是决定达到某种目的而产生的心理状态，毅力就是坚强持久的意志，就是顽强的韧性和持久的耐性。试想想，人活一世，不论我们是干什么职业的，谁没有或多或少地碰到过“钉子”，谁没有遇到过挫折或者失败？要么仕途险恶、被竞争对手或政敌打倒，要么受过批评、处分或遭受处罚，要么面对公众的种种质疑和不解、面对一些流言飞语、面对某些恶意造谣和中伤，要么受过骗、遇过抢、遭人暗算，要么生意亏得身无分文没脸面回家，要么没钱住宿露宿街头，要么财产遭遇重大损失，要么情场失意、婚姻受阻、家庭不幸，要么身体犯病、卧床不起、人身事故……古往今来，似乎凡是事业上有所成就的人，无不经受种种困难和挫折的磨炼，承受超人的痛苦。然而，“宝剑锋从磨砺出，梅花香自苦寒来。”没有经历千辛万苦的人，永远也尝不到胜利的甘甜。这个时候我们千万不要有心理负担，这个时候我们更应该持有一个正确的心态，我们要认识到这是老天爷在考验我们的意志力。如果我们是强者，老天爷就会帮助我们淘汰一些竞争者；如果我们是弱者，老天爷就会帮助竞争者淘汰我们。我们究竟是在竞争中被他人所淘汰还是我们淘汰掉他人，完全取决于我们的心理素质。挫折面前，我们应以宽广的胸怀、超强的心理承受能力，克制自己的情绪，克制自己的冲动，克制自己一些与目标无关的欲望，勇敢承受起不公、承受起委屈、承受起痛苦。忍辱负重，笑对人生；冷静对待，细心观察；自我疏导，自我排解；及时总结，积累经验。迎着困难挫折上，在化解矛盾、化解冲突、化解困难的过程中，锻炼自己为实现目标而坚韧不拔、百折不挠、急中生智的精神和能量，持之以恒、不懈努力，随着时间的推移，矛盾的转换，个人的自立自强，我们最终就会走向成功！

毅力

【附　录】

国务院办公厅关于发展众创空间推进大众创新创业的指导意见

国办发［2015］9号

各省、自治区、直辖市人民政府，国务院各部委、各直属机构：

为加快实施创新驱动发展战略，适应和引领经济发展新常态，顺应网络时代大众创业、万众创新的新趋势，加快发展众创空间等新型创业服务平台，营造良好的创新创业生态环境，激发亿万群众创造活力，打造经济发展新引擎，经国务院同意，现提出以下意见。

一、总体要求

（一）指导思想。全面落实党的十八大和十八届二中、三中、四中全会精神，按照党中央、国务院决策部署，以营造良好创新创业生态环境为目标，以激发全社会创新创业活力为主线，以构建众创空间等创业服务平台为载体，有效整合资源，集成落实政策，完善服务模式，培育创新文化，加快形成大众创业、万众创新的生动局面。

(二)基本原则。

坚持市场导向。充分发挥市场配置资源的决定性作用，以社会力量为主构建市场化的众创空间，以满足个性化多样化消费需求和用户体验为出发点，促进创新创意与市场需求和社会资本有效对接。

加强政策集成。进一步加大简政放权力度，优化市场竞争环境。完善创新创业政策体系，加大政策落实力度，降低创新创业成本，壮大创新创业群体。完善股权激励和利益分配机制，保障创新创业者的合法权益。

强化开放共享。充分运用互联网和开源技术，构建开放创新创业平台，促进更多创业者加入和集聚。加强跨区域、跨国技术转移，整合利用全球创新资源。推动产学研协同创新，促进科技资源开放共享。

创新服务模式。通过市场化机制、专业化服务和资本化途径，有效集成创业服务资源，提供全链条增值服务。强化创业辅导，培育企业家精神，发挥资本推力作用，提高创新创业效率。

(三)发展目标。到2020年，形成一批有效满足大众创新创业需求、具有较强专业化服务能力的众创空间等新型创业服务平台；培育一批天使投资人和创业投资机构，投融资渠道更加畅通；孵化培育一大批创新型小微企业，并从中成长出能够引领未来经济发展的骨干企业，形成新的产业业态和经济增长点；创业群体高度活跃，以创业促进就业，提供更多高质量就业岗位；创新创业政策体系更加健全，服务体系更加完善，全社会创新创业文化氛围更加浓厚。

二、重点任务

(一)加快构建众创空间。总结推广创客空间、创业咖啡、创新工场等新型孵化模式，充分利用国家自主创新示范区、国家高新技术产业开发区、科技企业孵化器、小企业创业基地、大学科技园和高校、科研院所的有利条件，发挥行业领军企业、创业投资机构、社会组织等社会力量的主力军作用，构建一批低成本、便利化、全要素、开放式的众创空间。发挥政策集成和协同效应，实现创新与创业相结合、线上与线下相结合、孵化与投资相结合，为广大创新创业者提供良好的工作空间、网络空间、社交空间和资源共享空间。

(二)降低创新创业门槛。深化商事制度改革，针对众创空间等新型孵化机构集中办公等特点，鼓励各地结合实际，简化住所登记手续，采取一站式窗口、网上申报、多证联办等措施为创业企业工商注册提供便利。有条件的地方政府可对众创空间等新型孵化机构的房租、宽带接入费用和用于创业服务的公共软件、开发工具给予适当财政补贴，鼓励众创空间为创业者提供免费高带宽互联网接入服务。

（三）鼓励科技人员和大学生创业。加快推进中央级事业单位科技成果使用、处置和收益管理改革试点，完善科技人员创业股权激励机制。推进实施大学生创业引领计划，鼓励高校开发开设创新创业教育课程，建立健全大学生创业指导服务专门机构，加强大学生创业培训，整合发展国家和省级高校毕业生就业创业基金，为大学生创业提供场所、公共服务和资金支持，以创业带动就业。

（四）支持创新创业公共服务。综合运用政府购买服务、无偿资助、业务奖励等方式，支持中小企业公共服务平台和服务机构建设，为中小企业提供全方位专业化优质服务，支持服务机构为初创企业提供法律、知识产权、财务、咨询、检验检测认证和技术转移等服务，促进科技基础条件平台开放共享。加强电子商务基础建设，为创新创业搭建高效便利的服务平台，提高小微企业市场竞争力。完善专利审查快速通道，对小微企业亟需获得授权的核心专利申请予以优先审查。

（五）加强财政资金引导。通过中小企业发展专项资金，运用阶段参股、风险补助和投资保障等方式，引导创业投资机构投资于初创期科技型中小企业。发挥国家新兴产业创业投资引导基金对社会资本的带动作用，重点支持战略性新兴产业和高技术产业早中期、初创期创新型企业发展。发挥国家科技成果转化引导基金作用，综合运用设立创业投资子基金、贷款风险补偿、绩效奖励等方式，促进科技成果转移转化。发挥财政资金杠杆作用，通过市场机制引导社会资金和金融资本支持创业活动。发挥财税政策作用支持天使投资、创业投资发展，培育发展天使投资群体，推动大众创新创业。

（六）完善创业投融资机制。发挥多层次资本市场作用，为创新型企业提供综合金融服务。开展互联网股权众筹融资试点，增强众筹对大众创新创业的服务能力。规范和发展服务小微企业的区域性股权市场，促进科技初创企业融资，完善创业投资、天使投资退出和流转机制。鼓励银行业金融机构新设或改造部分分（支）行，作为从事科技型中小企业金融服务的专业或特色分（支）行，提供科技融资担保、知识产权质押、股权质押等方式的金融服务。

（七）丰富创新创业活动。鼓励社会力量围绕大众创业、万众创新组织开展各类公益活动。继续办好中国创新创业大赛、中国农业科技创新创业大赛等赛事活动，积极支持参与国际创新创业大赛，为投资机构与创新创业者提供对接平台。建立健全创业辅导制度，培育一批专业创业辅导师，鼓励拥有丰富经验和创业资源的企业家、天使投资人和专家学者担任创业导师或组成辅导团队。鼓励大企业建立服务大众创业的开放创新平台，支持社会力量举办创业沙龙、创业大讲堂、创业训练营等创业培训活动。

（八）营造创新创业文化氛围。积极倡导敢为人先、宽容失败的创新文化，树立崇尚创新、创业致富的价值导向，大力培育企业家精神和创客文化，将奇思妙想、创新创意转化为实实在在的创业活动。加强各类媒体对大众创新创业的新闻宣传和舆论引导，报道一批创新创业先进事迹，树立一批创新创业典型人物，让大众创业、万众创新在全社会蔚然成风。

三、组织实施

（一）加强组织领导。各地区、各部门要高度重视推进大众创新创业工作，切实抓紧抓好。各有关部门要按照职能分工，积极落实促进创新创业的各项政策措施。各地要加强对创新创业工作的组织领导，结合地方实际制定具体实施方案，明确工作部署，切实加大资金投入、政策支持和条件保障力度。

（二）加强示范引导。在国家自主创新示范区、国家高新技术产业开发区、小企业创业基地、大学科技园和其他有条件的地区开展创业示范工程。鼓励各地积极探索推进大众创新创业的新机制、新政策，不断完善创新创业服务体系，营造良好的创新创业环境。

（三）加强协调推进。科技部要加强与相关部门的工作协调，研究完善推进大众创新创业的政策措施，加强对发展众创空间的指导和支持。各地要做好大众创新创业政策落实情况调研、发展情况统计汇总等工作，及时报告有关进展情况。

国务院办公厅

2015 年 3 月 2 日

后　记

到此，我们读完了这本书，也似乎悟出了实现中等富裕之道。它要奠定致富的五大基石，它要掌握致富的五步要领，它要灵活运用致富的五种方式，它要明确坚持致富的五个要素。那么，扪心自问，我们创富了吗？我们过上了中等富裕生活了吗？如果都没有，请自查自问：

我了解自己的秉性特点吗？我具备中华民族的四大成功品性吗？我找到了改变自己命运的途径和方法吗？我有致富的道德理念和积极心态吗？我有致富的专业知识、技能和智慧之方吗？我将自己的好性格、好观念、好心态、好技能、好方法这五个基本的条件转化成财富了吗？

我有致富欲望吗？我有富裕梦想吗？

我碰到机会了吗？我抓住机遇了吗？

我的职业怎样？我做对事情了吗？我的人生平台怎样？我站对位置了吗？

我致富有目标吗？我有详细的实施计划吗？

我付诸行动了吗？我执行计划的决心怎样？胆识如何？动力怎样？

我应该选用哪种方式和方法去致富？主要依靠勤奋打工，靠投资理财，还是靠人脉关系，靠卓越口才，靠创新创业呢？等等。

在致富的具体行动中，在计划的执行当中，我碰到阻力了吗？我遇到困难了吗？我有挫折吗？我失败过吗？对此，我理智思考了吗？我对选择的致富之路信念坚定吗？我自信个人能成功吗？我专心去钻研了吗？我对专业是否达到了精益求精、融会贯通、游刃有余之地步？我有坚强的意志力吗？我有惊人的毅力吗？我不达目的决不罢休吗？

查清了问题所在，我们必须想方设法予以自纠。自纠的过程，我们就会真正品味出实现中等富裕之道。有学习不思考等于零，有知识不会用等于零，有能力不发挥等于零，有价值没体现等于零，只知做事不知做人等于零。有梦想没机会等于零，有机会没抓住等于零，有职业不干事等于零，有目标没胆量等于零，有计划没决心等于零，有思考不行动等于零。有打工没工钱等于零，是名人没效应等于零，有投资没产出等于零，有人脉不利用等于零，有口才不演说等于零，有创造不推销等于零，有创业没收益等于零。有事业没信念等于零，有行动不自信等于零，有热情没定力等于零，有意志不坚定等于零，想致富没恒心等于零。

创富之道就在于选对自己的行业、职业与平台，同时把握好需求与供给、天时与地利、修行与人和，并把个人追求事业的良好心性和核心技能不断发挥到专业水准，坚持经营到满意程度！

在本书的编写过程中，我参阅并吸取、借鉴了拿破仑·希尔著《思考致富》、曾仕强著《中国式管理》、达观著《职场说话技巧》、陈鸿毅著《认识你的职业性格》、霍兰德著《职业决策》、何君著《赚钱要学温州人》、马克·费舍尔和大为·舒尔茨著《想大才能做大》，得到单位领导、热心同志、同事李锐和出版社编辑的指导，在此一并表示衷心的感谢！如果读者在阅读中有什么观点还不太明白，需要与作者沟通，请登录 QQ2589679762 或者邮箱 ljf416128605@sina.com，予以深层次交流！

图书在版编目（CIP）数据

如何实现中等富裕 / 李俊峰著. —北京：中国农业出版社，2015.4
ISBN 978-7-109-20326-6

Ⅰ.①如…　Ⅱ.①李…　Ⅲ.①农业经营-案例-中国
Ⅳ.①F324

中国版本图书馆 CIP 数据核字（2015）第 069545 号

中国农业出版社出版
（北京市朝阳区麦子店街 18 号楼）
（邮政编码 100125）
责任编辑　赵　刚

北京中兴印刷有限公司印刷　　新华书店北京发行所发行
2015 年 4 月第 1 版　　2015 年 4 月北京第 1 次印刷

开本：720mm×960mm　1/16　　印张：19
字数：238 千字　　印数 1～3 000 册
定价：35.00 元